Bänz Friedli

WENN DIE MICH NICHT HÄTTEN

DER HAUSMANN WIRD DURCHGESCHLEUDERT

orell füssli

Bänz Friedli

WENN DIE MICH NICHT HÄTTEN

DER HAUSMANN WIRD DURCHGESCHLEUDERT

KOLUMNEN AUS «MIGROS-MAGAZIN», «DER BUND»,
«NZZ AM SONNTAG», «TAGES-ANZEIGER»,
«NEUE ZÜRCHER ZEITUNG» UND «WELTWOCHE»

Texte und Fotos: Bänz Friedli
Korrektorat: Sam Bieri
Umschlagfoto: Vera Hartmann
Gestaltung und Satz: Wernie Baumeler
Druck: fgb • freiburger graphische betriebe, Freiburg

ISBN 978-3-280-05446-8

Bibliografische Information der Deutschen Nationalbibliothek: Die Deutsche Nationalbibliothek verzeichnet diese Publikation in der Deutschen Nationalbibliografie; detaillierte bibliografische Daten sind im Internet abrufbar über http://dnb.d-nb.de.

Cool shadows fall through the moonlight
Soft as the breeze through your hair
And the smile on your face when you're sleeping
Is the answer to anyone's prayer

Fill your heart for the mornin' tomorrow
You've still got a long way to grow
And the love that you're dreamin' will guide you
And live like a song in your soul

And darlin' if we're not together
There's one thing I want you to know
I'll love you from here to forever
And be there wherever you go

Kris Kristofferson, «From Here to Forever»

Dieses Buch ist meiner über alles geliebten Familie gewidmet: B., Anna Luna und Hans.
Und, gäu, ihr haut es mir dann später nicht um die Ohren?

IM FALL.

IM FALL. Wenn die mich nicht hätten! Welche Hausfrau, welcher Hausmann hätte diese Worte nicht schon vor sich hin geseufzt, sie sich nicht schon selbstgerecht selber zugeraunt? «Wenn die mich nicht hätten…!» Ein Schulterklopfen in eigener Sache – es klopft einem ja sonst niemand auf die Schulter. Gratisarbeit im Wert von 370 Milliarden Franken wird in der Schweiz jährlich geleistet, der Grossteil davon in Haushalt und Familie, versteckt und unbeachtet. Meist bleibt diese Arbeit ohne Applaus. (Ausser man blufft, wie ich, damit in der Zeitung rum.)

Wenn die uns nicht hätten! Wer wäre dann besorgt, dass die Panini-Bildchen nicht getumbelt werden? Wer würde nach vermissten Socken fahnden, wer kurz vor Pfingsten Christbaumnadeln vom Boden klauben? Wer würde die Oberfläche der Dampfhaube abstauben (richtig: die Oberfläche! Dort, wo keiner hinsieht), wer im Putzschrank putzen? Hä? Und wer würde sonntags einen frisch gebackenen, goldgelben Butterzopf auf den Frühstückstisch stel… Okay, schlechtes Beispiel, lassen wir das. Nobody is perfect. Aber wir geben verdammt nochmal unser Bestes, ein «Wenn die mich nicht hätten!» zwischendurch spornt an. Und es tröstet. Denn uns wird dauernd gesagt, wie unbedeutend unsere Arbeit sei. Nein, nein und nochmals nein: Hausarbeit ist nicht mindere Büez. Sondern der anspruchsvollste und schönste Job der Welt. Im Fall.

«Wenn die mich nicht hätten!», denke ich, wenn ich Fischstäbchennachschub fürs nächste «Alles, was Gott verboten hat»-Essen besorge. Und bemerke, als ich die Fischstäbchen ins Kühlfach stecken will, dass meine Frau schon vor mir dran gedacht hat… Das wunderbar komplizierte Familienmodell halt, in dem jeder für alles und niemand für nichts zuständig ist. Und insgeheim hätte ich es ja auch so gewusst, dass es umgekehrt ist: nämlich, dass ich ohne meine Liebsten nicht sein könnte. Wenn ich sie nicht hätte! *Herbst 2011, Bänz Friedli*

LOVE ME TENDER

GUT GEDÜTSCHT, MONN! «Hast du gewusst, Vati?», kommt

Hans aufgeregt von der Schule heim, «Muscheln haben ein Herz, das aussieht wie ein Ringuswili!» – «Ein was?» – «Ein Ringuswili! Chunnsch nid druus?», sagt er, greift sich einen Kugelschreiber und kritzelt auf eine herumliegende Zeitung, dem Berlusconi mitten ins Gesicht, zwei konzentrische Kreise. Ringuswili? Der Lehrer, der mit ihnen das Thema Muscheln behandelt, ist Norddeutscher – Hans wird ein Wort falsch aufgeschnappt haben. Früher verstand er auch immer «Lindenbluten» statt Lindenblüten und verschmähte daher den entsprechenden Tee. «Okay, wie ein Ringuswili», antworte ich. Hat keinen Sinn zu insistieren. «Aber willst du nicht mal die Jacke ausziehen?»

Als kleiner Bub fragte ich mich jedes Mal, wenn die Mutter etwas gesagt hatte, von dem ich nur «Vati, geh!» verstand, warum nun dennoch ich zu Bett gehen musste und nicht mein Vater. Fand ich fies. Irgend mal kam ich ihnen dann auf die Schliche, «Vati, geh!» war Französisch, bedeutete müde – «fatigué» –, und wenn sie es sagten und dabei mich anschauten, verhiess dies nichts Gutes. Bald verstanden wir Kinder freilich Welsch, die Eltern mussten der Reihe nach auf Italienisch, Englisch und Latein ausweichen, zuletzt gar auf Altgriechisch, und sie gaben erst auf, als ich auch dieses verstand. Wenn mir auch nicht viel Altsprachliches geblieben ist: «Puer fessus est, lectum adeat», bedeutete so viel wie: Dr Bueb isch müed, är ghört i ds Bett. Dito in Griechisch: «Ho pais katáponos estín, eunasthéto.» Niemals, schwor ich mir damals, niemals würde ich vor meinen eigenen Kindern so bescheuert in einer Fremdsprache reden, um ihnen etwas zu verheimlichen. Heute sagt Anna Luna nur gelangweilt: «Chöits scho uf Dütsch säge, i verstahs eh», wenn ich wieder mal «Our daughter looks zimli tired» zu meiner Frau gesagt und vergessen habe, dass heutige Kinder Frühenglisch können, will heissen: früh Englisch.

Eher gewöhnungsbedürftig ihr Frühgermanisch. Dauernd heissts «Mach scho!», «Na und?», «Gib här!» und, wenn sie an einem Nicht-Glace-Tag um eine Glace betteln: «Vatiii, chumm scho!» Ich weiss gar nicht, ob es mich mehr irritiert, wenn sie hochdeutsche Wendungen ins Berndeutsche übertragen oder wenn Hansli im Balkanslang mit mir spricht, Frühalbanisch, sozusagen. Ich: «Bist du sicher, dass du keine Ufzgi hast?» Er: «'chschwörsmonn!» Dabei sind sie selber auf dem Pausenplatz gnadenlos, die Kinder. Radebrecht dort einer «Ey, Bettnässer, söll ich dich Schlägerei im Gsicht gä odrwass?!», erntet er ein ironisches «Gut ge-dütscht, Monn!» oder, ganz direkt, «Lern Dütsch!».

Aber Sprache bleibt Glückssache. Neulich wollte Hans unbedingt, dass ich ihm neue Chäpsli für seine Chäpslipistole kaufe. Ja, ja, wenn wir dann wieder mal in der Stadt seien, sagte ich. Er: «Neiiin, jetzt gleich, heute!» Und als Begründung: «Dir selber kaufst du auch immer grad sofort neue Chäpsli, wenn sie dir aus-gehen.» – «Ich kauf mir Chäpsli?! Hab doch gar keine Pistole!» Bis ich merkte: Er meinte die Kapseln meiner George-Clooney-Kafimaschine, und er hatte recht.

Was nun die ringuswiliförmigen Muschelherzen betrifft, klärt Anna Luna mich auf. Weil Andrew Bond in seinem Liedli «Zimetschtärn han i gärn» die Wil-lisauer Ringli um des Reimes willen zu «Ring us Willisau» machte, verstand Hans beim Singen offenbar: «… Tirggel und Spitzbuebe und Ringuswilis au».

Ob Muscheln wirklich Herzen wie Willisauer Ringli haben, weiss ich nicht. Aber dem Hans glaube ich alles.

Chunnsch nid druus?_Begreifst du denn nicht? / Dr Bueb isch …_Der Kleine ist müde, der gehört ins Bett / Chöits scho …_Ihr könnt es ruhig auf Deutsch sagen, ich versteh es ohne-hin / Chäpsli_«Munition» für Spielzeugschreckpistolen / Willisauer Ringli_Süssgebäck

ES GRÜNT SO GRÜN. Kinder sagen, wenn sie mittags heim-

kommen, nicht «Hoi», «Hallo», «Tschou» oder «Grüess di». Nein, sie rufen nur: «Was gits z ässe?», und zwar noch unter der Tür. Es gibt Tage, da könnte ich antworten: «Gute Frage!» So verhühnert bin ich durch den Morgen gehetzt, dass ich um fünf nach zwölf noch nicht mal eine Ahnung habe, was ich kochen könnte. Dabei kommt nun Kind zwei mit dem ultimativen Mittagsgruss in die Wohnung gestürmt: «Ha Hu-un-ger!», lautstark als Dreiklang in der Tonfolge do – so – mi – do dargebracht.

Aber ich darf mich nicht beklagen. Unsere Schätzi essen sogar mein berüchtigtes Fenchelgratin, aus der Not geboren an einem jener Tage, da ich nicht wusste, was kochen, weil der Schülkrank (heisst bei Ihnen bestimmt auch so!?) halb leer war. Ein paar Fenchelknollen rasch gedämpft, dann hurtig im Ofen mit reichlich Mozzarella und Reibkäse überbacken, fertig. Und: Anna Luna und Hans mögen es!

«Wie schaffst du das?», fragte Astrid entgeistert, ihre Kids ässen nicht mal Erbsli. Hmm, hat vermutlich früh begonnen, die Hinwendung unserer Kinder zum Grünzeug. Meine Liebste hat sie pränatal dazu erzogen, indem sie während der Schwangerschaft Salate, Früchte, Kräuter, Beeren ass, besonders Kapern und Oliven. (Sie! Das wirkt! Haben gescheite Forscher rausgefunden!) Zweitens haben wir nie ein Aufhebens gemacht, Gemüse nie zur Strafaufgabe erhoben, nie mit «Igitt!» gleichgesetzt, sondern dessen Konsum, drittens, einfach vorgelebt: Mueti und Vati essen selber fürs Leben gern Vegizeugs. Eine Selbstverständlichkeit. Nur schäme ich mich fast, wenn Hansli dann ins Freundebuch einer Klassenkameradin unter Lieblingsspeise «Krautstiele» schreibt. Die denken wohl, wir seien die hinterletzten rigiden Körnlipicker.

Sind wir nicht. Beim Fenchelgratin ist der Trick der, dass ich die Kräuter und Gewürze verstecke: Oregano, Dill, Bohnenkraut, Pfeffer – alles direkt aufs Gemüse und dann mit dem Käse kaschieren, schon sind die Kinder übertölpelt. Was sie beim Essen nicht sehen, stört sie nicht. Mein lieber ehemaliger Lateinlehrer Meier schrieb mir auf die letzte Kolumne, sie hätten ihrer Mirjam, wenn diese als Kleinkind besorgt fragte, ob es Lauch im Gemüse habe, jeweils geantwortet: Es habe «Poireau» drin. «Das ass sie!», schreibt mein Exlehrer. «Als sie später selber Französisch lernte, hatte sie sich so an den Poireau gewöhnt, dass sie ihn auch als Lauch mochte.» Das erinnert mich an Anna Luna, die Couscous zu mögen begann, nachdem sie gefragt hatte, wie das denn heisse. Ich: «Couscous.» Sie: «Aha, Sugus!» Namen wirken Wunder. Eine Leserin schreibt, seit die lästigen Fieberzäpfli bei ihnen «Fudizältli» hiessen, lasse der Fünfjährige sie sich liebend gern verpassen.

Aber denken Sie bloss nicht, ich sei ein lustfeindlicher Gesundbeter. Habe zur Abwechslung eigens «Vatis Verwöhnungsresti» eingeführt: Immer montags koche ich den Kindern alles, was Gott verboten hat, Hotdogs, Fischstäbli, Frites, Burger. Unlängst war ich stolz mit dem Verwöhnungsmenü parat. Nichts von verhühnert, nichts von konzeptlos! Habe meine Hamburger schön gebrutzelt, das Weissbrot geröstet und das Ketchup im Anschlag, als Anna Luna zur Türe reinkommt. Doch sie stöhnt nur: «Börger? Nid scho wieder!»

Tschou, Grüess di_Begrüssungen / Was gits z ässe?_Was gibt es zu essen? / Schätzi_Lieblinge / Fudizältli_Po-Bonbons (Fieberzäpfchen) / Börger_Burger

IM REGENWALDFIEBER. Und ich hatte mich auf einen

stickerfreien Sommer gefreut! Heuer ist ja keine Endrunde angesagt, fuss-
ballerisch, weder EM noch WM, ergo keine Panini-Bildli, kein Sammelfieber –
dachte ich. Dann kam die Migros mit ihrer «Stickermania». Da bist du als
Hausfrau chancenlos. «Alle in der Klasse haben schon ein Album, A!L!L!E!!!»,
schimpfte Hans schon am dritten Mittag, also wusste ich, was ich am Nachmittag
zu tun hatte. Seither sammeln wir halt wieder Bildli.

Aber ich will jetzt mal die Vorteile aufzählen. Dass solch ein Sammel-
album das Kopfrechnen fördert, zum Beispiel. Wenn es pro 20 Franken Einkauf
eine Tüte à fünf Bildli gibt und das Album 200 Sticker enthält, rechnet Hansli
flink zwischen zwei Bissen Risotto-Muffins, «dann kostet das volle Album Minimum 800 Franken». Der Vorteil für uns Mütter und Väter ist freilich, dass wir
dieses Geld, anders als bei Panini, ohnehin ausgegeben hätten. Okay, ich hab um
der Tauschbilder willen schon zwei-, dreimal den Umweg in die Migros gemacht,
wiewohl die Supermärkte der Mitbewerber eher am Weg gelegen hätten – aber
Einkauf ist Einkauf. Und weil Ömi, Grosi und Grosätti wacker mitsammeln,
kommen wir rassig voran.

Lobenswert ist, zweitens, die Solidität des Albums. Ein Panini-Heftchen
ist, hat man es endlich vollgeklebt, jeweils schon völlig zerfleddert, so dünn ist
das Papier, von so mieser Qualität der Umschlag. Das Regenwaldalbum hingegen
ist ein richtiges Buch, dafür zahlt hausman gern einen Fünfliber. (Sie können
jetzt hier schon sagen, ich stünde ja im Sold der Migros, ich dürfe gar nichts anderes behaupten, aber, hey, das meine ich im Fall ernst!) Drittens hat der Grafiker
die Felder, auf welche die Abziehbildchen geklebt werden müssen, allesamt so
schön schräg angelegt, dass man sich, anders als bei den Fussballbildli, gar nicht

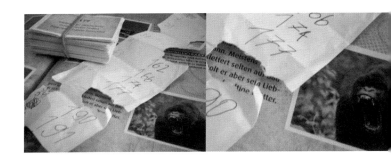

verkleben kann. Viertens ist «Abenteuer Regenwald» für mich der endgültige
Beweis, dass Panini bescheisst, also einzelne Sujets künstlich verknappt, andere
inflationär oft druckt. Diesmal nämlich gibts viiiiiel weniger Doppelte.

Ausserdem sieht ein Grünveilchenohr weit zierlicher aus als, sagen wir
mal, Bastian Schweinsteiger. Und hat die wunderschöne Krontaube – Hans'
Lieblingsbild – nicht die bessere Frisur als Valon Behrami? Gut, es gibt auch Ähn-
lichkeiten zwischen Regenwaldbewohnern und Tschüttelern: Der Berggorilla
sieht Benjamin Huggel zum Verwechseln ähnlich. Und wie im Fussball sind
nicht alle Tauschbilder gleich wertvoll. «Wow, supi! Der gefällt den Mädchen!»,
ruft Hansli beim Auspacken und meint den Nektarvogel. Ich muss, obwohl Geschlechterklischees mir missfallen, einsehen, dass Mädchen offenbar liebliche
Vöglein den grauslichen Fröschen vorziehen. Meine Obliegenheit ist, täglich die
Doppelten neu zu ordnen, von 1 wie «Wasserschwein» bis 200 wie «Wiederauf-
forstung». Denn dass meinem Sohn das sortierte Bigeli in der Hitze der grossen
Pause auseinanderfällt, darauf kannst du Gift nehmen.

Was den Nachschub betrifft, war es etwas fies, als meine Frau für
Fr. 59.35 einkaufte und trotzdem nur zwei Tüten bekam. Die Kassierin hätte
doch aufrunden können! (Nein, Migros-Bosse, ich werde Ihnen nicht verraten, in
welcher Filiale das war …) Tags darauf schicken wir Anna Luna in den Laden, sie
postet Aprikosen für Fr. 4.75, sonst nichts – und kommt mit fünf Päckchen heim.

Tschütteler_Fussballer/ Bigeli_Stapel

UNSERE TÄGLICHE INKONSEQUENZ. Es ist

schon verzwickt. Wir geben uns Mühe, die Umwelt zu schonen, und sind doch jeden Tag wieder ein kleines bisschen inkonsequent.

Unsere Wohnzimmerlampe mit den nostalgischen Sichtglühbirnen ist so schön, dass wir sie vermutlich erst ersetzen werden, wenn es dafür im Handel wirklich keine Ersatzbirnen mehr gibt. Sparlampen passen da nämlich nicht rein. Und wie wollte man Anna Luna davon überzeugen, dass sie nach ihrem strengsten Tag – Vor- und Nachmittagsschule, jede Menge Ufzgi, Klarinetten-stunde, Fussballtraining – vom Velokeller im zweiten Untergeschoss via Treppe in die Wohnung im ersten Stock steigen soll, wenn sie gegen zwanzig Uhr kaputt und hungrig heimkommt – wo man doch selber eben erst wegen des schweren Einkaufskorbs den Lift genommen hat?

Meist wissen es die Kinder ohnehin besser als man selbst. Lege ich die Pa-piertüte des Zopfmehls zum Altpapier, sagt Hansli nur beiläufig: «Bei der Migros sind jetzt alle Verpackungen FSC.» Und er spricht dieses «Äffässcee» lässig aus, als wärs die schiere Selbstverständlichkeit. «Klar, alles FSC», antworte ich. Und gehe nachher schleunigst googeln, was er gemeint haben könnte. Et voilà: FSC steht für Forest Stewardship Council, eine Organisation, die gewährleisten möchte, dass Holz menschen- und umweltfreundlich gewonnen wird, also für «sauberes» Papier bürgt.

Und woher der Bub das weiss? Natürlich aus dem «Stickermania»-Album. Das hat er nämlich, im Gegensatz zu mir, nicht nur angeschaut, sondern auch gelesen. Wir sind übrigens komplett, vor allem, weil meine Frau im Büro so eifrig mit ihren Kolleginnen, alles Mütter, getauscht hat. Es geht eben nichts über berufstätige Frauen!

Nun hoffe ich, unsere Kinder wollen nicht vier weitere Alben vollkleben wie der Bub aus dem Baselbiet, von dem mir berichtet wurde. Das wäre dann doch… Papierverschwendung.

Lift_Aufzug / Baselbiet_Kanton Basel-Landschaft, Gebiet rund um Basel

ADOPTIONSSCHNÄPPCHEN. Könnten die Promis mal bitte mit Adoptieren aufhören? Jetzt hat sie es also wieder durchgestiert, die Madonna. Und ich muss vorausschicken, dass ich sie als Popkünstlerin grandios finde, zumindest grandios fand bis zu ihrem desaströsen Dübendorfer Auftritt letzten Sommer, und dass ich auch nach dieser missratenen Show noch grosses Interesse an ihr als Gesamtkunstwerk habe, sie für die umwerfenden Konzerte verehre, die ich früher von ihr gesehen habe, für zahlreiche gescheite Provokationen und die vielen Denkanstösse, die sie in ihrer Karriere gegeben hat. Aber darum gehts hier nicht. Es geht um die Privatfrau Madonna Louise Veronica Ciccone, geschiedene Ritchie, vormalige Penn, die ihr Leben, das private, als Fortsetzung ihrer popkulturellen Inszenierungen betreibt, und das ist eine fatale Verwechslung.

Madonna hat dem obersten Berufungsgericht der Republik Malawi abgetrötzelt, dass sie die vierjährige Halbwaise Chifundo zu sich holen darf. Rettet der Megastar mit dieser Adoption ein armes kleines Mädchen? Ach was. Dem Kind ging es doch vorher besser. Madonna nahm sich nicht mal die Zeit, die Kleine selber abzuholen, sie schickte einen Privatjet samt Kindermädchen. Fortan darf Chifundo auf den Namen Mercy hören und wird zwischen London und Los Angeles hin und her und im Rest der Welt herumgeschleikt. «I'm a material girl», wird sich die 51-jährige Queen of Pop gesagt haben: Sie hat sich mal eben ein neues Kind angeschafft, wie man sich einen Büstenhalter oder eine Gucci-Tasche postet. Jetzt hat sie vier Kids von vier Vätern und drei Müttern.

Sie adoptieren um die Wette, die Stars. Hier ein Kambodschanerlein, da ein schnuckeliges Afrikanerbaby – auf dass ihre Patchworkfamilien möglichst multikulti, möglichst United Colors of Weissnichtwas werden. (Wer nicht adoptiert,

lässt, weil selber Austragen der Figur oder der Karriere oder beidem schaden könnte, die Kinder von einer Leihmutter gebären wie «Sex and the City»-Aktrice Sarah Jessica Parker.) Aber Kinder sind tami nochmal keine Accessoires, Kinder kriegen ist keine hippe Performance, sie aufzuziehen kein Zeitvertrieb, den man, wenn gerade genug Paparazzi ihre Linsen auf einen richten, kurz mal betreiben und dann wieder fallen lassen kann. Was wird, wenn sich die glamouröse Frau Jolie und der glamouröse Herr Pitt mal trennen, aus ihren fünf, sechs, sieben Kindern… – wie viele sind es? Hab aufgehört zu zählen.

Und dann wechseln sie die Kids, sind sie ihrer überdrüssig, aus wie ihre Filmrollen. Nicole Kidman zum Beispiel zeigt sich nur noch mit Sunday Rose, ihrem druckfrischen Baby von Countrysänger Keith Urban, dem Ex- und Immer-mal-wieder-Alki. (Sie sehen, als pflichtbewusste Hausfrau lese auch ich beim Coiffeur die «Gala».) Aber was ist aus Isabella und Connor geworden, ihren Adoptivkindern aus der Ehe mit Tom Cruise? Die beiden, mittlerweile fünf-zehn- und dreizehnjährig, wurden zu einer Pflegemutter abgeschoben, Cruise kümmert sich kaum um sie, Kidman schon gar nicht. Die muss mit ihrer süssen Sunday Rose posieren und ihr Botox-gestrafftes Lächeln in die Kameras lächeln. Die früheren Kinder, sagte sie, seien ja nun erwachsen und bräuchten sie nicht mehr. Erwachsen, mit dreizehn? Aber hallo! Dafür möchte Frau Kidman nun gern ein brandneues Kindlein aus Vietnam adoptieren.

Kann man es ihr bitte verbieten?

NO, WE CAN'T.

Vielleicht erinnern Sie sich? Wie ich von der Begeisterungskraft der Kinder geschwärmt, wie ich erzählt habe, dass Hans jeweils meine Zweifel, ob wir etwas würden bewerkstelligen können, mit einem «Klar chöi mer, Vati!» wegwischt. Wissen Sie noch, wie er eines schönen Sommertages eine Planskizze machte und dann befand, wir würden nun im Garten ein Piratenschiff bauen? «Aber, Hansli…» – «Klar chöi mer, Vati! 's hesch de gmeint?»

Wir konnten. Und es war mein persönliches «Yes, we can!», ein Erweckungserlebnis, wie er mich – wiewohl mit zwei linken Händen gestraft – anstiftete, mit ihm ein Piratenschiff zu bauen. Wochenlang nagelten, sägten, schraubten und pinselten wir wild drauflos, seither segelte die Kinderschar des Quartiers in unserer Magerwiese dahin, als wäre die Wiese die offene See, in einem begeh- und besteigbaren Kahn von sechs Meter Länge, auf dessen Segel ein Piratentotenkopf und die Aufschrift «Kinderpiraten Die Wilde 13!» prangten. Und jedes Mal, wenn ich die Reling reparieren oder den Bug neu lackieren musste, war ich dankbar, dass ich mich vom «Klar chöi mer!» meines Sohns hatte anstecken lassen.

Drei schöne Sommer lang war Kinderpiratenzeit. Nie ist etwas passiert, nicht die geringste Schürfung. Aber die 13 scheint doch irgendwie Unglück gebracht zu haben. Vor einigen Wochen – wir hatten mit Hilfe von Schreiner Lehmann gerade ein Betonfundament für einen neuen, höheren Mast samt Ausguck gelegt – wurde es der Verwaltung zu gefährlich. Sie zog eigens einen Spielplatzspezialisten bei. Der zückte ein vierhundert Seiten dickes Buch voller Reglemente, Bauvorschriften, sicherheitstechnischer Anleitungen und juristischer Fallgruben, referierte über Quetschstellen und kritische Fallhöhen und befand unser Schiff schliesslich für nicht reglementskonform. Zwar räumte er, der

Spezialist, von sich aus ein, die Tatsache, dass in der Schweiz jährlich Dutzende Kinder zu Tode gefahren würden, werde einfach hingenommen – wohingegen man auf Spielplätzen schon wegen der Möglichkeit eines Zwischenfalls, der sich noch nicht ereignet habe, ein Aufhebens mache. Das sei verhältnisblöd. Und wehe, wenn dann mal ein Kind auf einer Rutschbahn den Arm breche! Auch fand der Fachmann es eine gute Sache, dass wir Eltern und Kinder das Schiff aus Eigeninitiative gebaut hätten, statt uns eine teure Anlage hinstellen zu lassen. Aber – nun kam das Aber – es sei nun mal unter anderem so, dass die Fallhöhe von unserem Achterdeck einen Meter und vier Zentimeter betrage, wo doch höchstens ein Meter erlaubt sei. Kurzum, das Schiff müsse weg.

Das Reglementarische mag sogar einleuchten. Nur: Unmittelbar – und ich sage Ihnen: wirklich un-mit-tel-bar!! – hinter dem Schiff beziehungsweise hinter der Grasnarbe, wo eben noch Hanslis Schiff stand, erhebt sich riesig ein Betonklotz – der Notausgang der Tiefgarage, Fallhöhe: 2,42 Meter. Die Kinder springen täglich runter und landen auf harten Steinen. Bestimmt auch der Hans, wenn ich gerade nicht hingucke (ich habe es ihm verboten). Ob das denn nicht die viel gefährlichere Fallhöhe sei, wollte ich von Spezialist und Verwaltern wissen. Antwort: «Das ist ja kein Spielgerät. Es fällt nicht unter das Reglement.»

Aha. Aber erklären Sie das mal einem Kind!

Klar chöi mer, Vati! 's hesch de gmeint?_Aber natürlich können wir! Was hast du denn gedacht?

MICH TRIFFTS EH NICHT. «Schreib über München!», sagt meine Liebste, während Michael Jacksons Töchterchen am TV gerade unter Tränen beteuert, sie habe den besten Daddy der Welt gehabt. München? Was soll auch ich noch über die sechzehnjährigen Schweizer schreiben, die auf dem Schulausflug mehrere Menschen halb tot geprügelt haben? «Die Sache lässt mich ratlos», entgegne ich. «Dann schreib darüber: über die Ratlosigkeit», sagt sie.

Ratlos. Hilflos. Fassungslos. Das war ich schon vor einigen Wochen, als mir in der Berner Altstadt ein Jugendlicher einfach so, im Vorbeigehen, seinen Ellbogen ins Gesicht donnerte. Er war vielleicht vierzehn, zog mit drei Kollegen umher. Wir waren mit Freunden im Ausgang gewesen, waren aufgeräumter Stimmung – dann dies. Ich erschrak sehr. Klar, man liest von grundlosen Gewaltattacken, hört von Happy Slapping, von Jugendlichen, die mir nichts, dir nichts Passanten niederschlagen. Aber man denkt doch immer: Mich triffts eh nicht. Nun traf es mich, mitten in der hell erleuchteten Stadt, mitten im Menschentrubel, und es traf mich voll in die Fresse. Ich taumelte, benommen, und ich weiss nur noch, dass ich danach als Erstes sagte: «Ich werde die Jugendlichen trotzdem weiter in Schutz nehmen.» – «Schlaf erst einmal darüber», riet meine Frau. Aber ich fand in jener Nacht keinen Schlaf.

Prellung, Schwellung, Schock, Schmerzen. Ich hatte Glück, kam mit einem unglaublich blauen Auge davon. Seither bin ich abends vorsichtig, wenn ein Pulk Burschen auftaucht. Was mich selber ärgert, denn ich möchte Jugendlichen nicht von vornherein misstrauisch begegnen.

Tage später, auf dem Polizeiposten, zeigte man mir einige Dutzend Verbrecherföteli. War es der? Oder der? Wie gern hätte ich meinen Schläger erkannt, wie gern würde ich ihn fragen, was er sich dabei gedacht habe.

Erschütternd an den Fotos war: Es waren Buben, Kinder noch. Allesamt straffällig.

Ich halte an allem fest, was ich hier schon über die «heutige Jugend» geschrieben habe; die gibt es sowieso nicht, es gibt nur einzelne Jugendliche. Und diejenigen, die ich kenne, sind überaus reif, sie sind engagiert als Pfadileiter und Fussballtrainerinnen, sie sorgen sich um die Umwelt, sind interessiert, informiert und belesen, sie sind gewappnet für eine rasante Welt, sie gehen SMS-elnd und twitternd ungemein flink und originell mit Sprache um, sie hören zwar struben Gangsta-Rap, durchschauen seine Posen aber locker. Sie sind gut drauf, die Jugendlichen. Einige wenige nur sind es, die mir… nicht Angst machen, nein – aber Sorgen bereiten und irgendwie leidtun. Schon machen Politiker scharf, bemühen die Schlagzeilen Schlagworte – «Kuscheljustiz!» –, weisen Experten hurtig die Schuld zu: den Gewaltvideos, dem Rauschtrinken, den Eltern, den Raps. All das macht mich noch ratloser. Diese Buben wissen nicht, was sie einem Menschen antun – und was sich selber. Die Dreinschläger von München haben doch auch ihr eigenes Leben versaut. Und ich wüsste gern, was einen Jugendlichen so blindwütig macht, so dumm, ihn jegliche Verantwortung für sich und andere vergessen lässt. Aussichtslosigkeit, schon mit sechzehn? Angst? Grössenwahn? Oder, im Gegenteil, Ohnmachtsgefühle? Als Vater denkt man sich: So etwas werden meine Kinder nie tun, da bin ich mir sicher.

Das haben die Eltern von Benji, Ivan und Mike bestimmt bis vorigen Dienstag auch gedacht. «Nein!», sage ich zu meiner Frau, und am TV heult noch immer die kleine Paris Jackson. «Nein, ich schreibe lieber über etwas Lustiges.»

Am 25. Juni 2009 starb Michael Jackson.

BETRACH UND TENESFRO. Finn spricht jetzt auch

Runterdeutsch. Mit seinen Eltern redet unser unglaublich herziger Nachbarsbub
Hochdeutsch. In der Krippe hat der Zweieinhalbjährige nun auch Mundart gelernt, seither zählt er, ehe er im Garten bäuchlings die Rutschbahn runterrutscht,
stets laut: «Eins, zwei, drüüü…» Und er ist überzeugt, «drüü» sei eben nicht
Hoch-, sondern: «Runterdeutsch».

Aber wissen Sie, was das Beste an dieser Kolumne ist? Die Post, die
ich bekomme! Jüngst berichtete ich, unser Hans nenne die Willisauer Ringli
«Ringuswili», weil er im «Zimetstärn»-Liedli etwas falsch aufgeschnappt habe.
Die Reaktionen waren umwerfend. Luise erzählte, ihr Kleiner behaupte wegen
desselben Liedes, Mailänderli hiessen Mailand-Törli. Maja musste eigens die
Guetslisorte «Liebeni» kreieren, die Kinder hätten darauf bestanden. Eh, ja:
«Läckerli lieben i, Chräbeli no meh…»

Man muss die Versprecher und Wortschöpfungen der Kinder unbedingt
aufschreiben! Später kugelt man sich vor Lachen. Frau Geiger aus Basel schrieb
mir, ihr Mann sei einst als fünfjähriger Knirps felsenfest überzeugt gewesen,
die Hirten der grossmütterlichen Adventskrippe hiessen Betrach und Tenesfro.
Seine Mutter stellte die Figuren auf: «Maria…, Josef…, das Jesuskindlein…»
Der Sohn: «Und Betrach. Und Tenesfro.» Wie er darauf komme, fragt die Mutter,
die Hirten hätten keine Namen. «Doch», insistiert der Bub, «im Lied heissen sie
Betrach und Tenesfro: Maria und Josef, Betrach, Tenesfro…» Ein kluger Junge.
Mich dünkt nämlich, «Betrach» und «Tenesfro» tönten schampar hebräisch.

Franziska aus der Innerschweiz schrieb ins Forum auf Migros-
magazin.ch, ihre Tochter habe sich nach dem Spazieren mal erkundigt: «Mami,
hesch s Muetter-Jäggäli mitgnu?» Sie meinte das gepflückte «Frauenmänteli». Ihr

Sohn sagte als Dreijähriger: «Mami, ich wett kä Maa wärdä, sondern ä Mänsch.» Der Bub ahnte nicht, welch grosses Wort er gelassen aussprach. Kindermund ist unbezahlbar! Vom Mädchen wurde mir berichtet, das ganz aufgeregt vom Kindergartenausflug heimkam, sie seien im Solarium gewesen! (Sie waren im Planetarium.) Ein Sohn sagte seiner Mama, als sie ihm beim Gutenachtsagen «I schänke dir mis Härz, meh hani nid…» vorsang: «Moll, d Läbere und d Niere.» Annemarie warnte ihren Vierjährigen beim Kirschenessen: «Achtung, das isch es fuuls!» – «Das cha ja i mim Buuch witerschlafe.» Wenn Elis Tochter vom Balkon herab viele Touristen erspäht – sie wohnen an einem Ausflugsziel –, sagt sie: «Mama, es hat wieder mal viiiiiele Terroristen unterwegs.» Und Klein Tamara hat das Nachbarmädchen Stella kurzerhand «Stracciatella» getauft. Passt doch zur Glacesaison!

Apropos Sprachwirrwarr, vor den Ferien, die bei uns eben erst beginnen, gab es in Hanslis Schule noch ein «Fest der Kulturen». Tamilische Tänze wurden aufgeführt, chinesische Spezialitäten serviert – und in einem Klassenzimmer ging es um all die Fremdsprachen, die im Schulhaus vertreten sind. Man konnte lernen, was zum Beispiel «Auf Wiedersehen» auf Slowenisch, Portugiesisch, Albanisch, Spanisch, Türkisch, Tamilisch, Griechisch und Englisch heisst, und dies dann in eine Liste eintragen. Italienisch: «Arrivederci.» Kurdisch: «Bi xatrê te!» Ganz am Ende der Liste stand eine Fremdsprache, die hier in Zürich besonders exotisch wirkt: Berndeutsch. Uf Wiederluege.

Schampar_Ungemein / Mitgnu_Mitgenommen / Ich wett kä Maa…_Ich möchte nicht ein Mann werden, sondern ein Mensch / Es fuuls_Ein faules / Uf Wiederluege_Auf Wiedersehen

FREIHEIT HINTER GITTERN. «Ey, waaaas, Mann? Du

gaasch nöd uf de Gurte?», fragt Leyla, die Freundin eines jungen Fussballkameraden in der Matchpause (wir liegen 0:2 hinten, und, Mist, das zweite
Gegentor habe ich verschuldet). Das Programm sei doch so geil in diesem Jahr!
Und die Stimmung! Und: «Hey, duu als Bärner…!» – «Weisst du, ich war an den
ersten zwanzig Gurtenfestivals», antworte ich, «das genügt.» Nun muss ich ihr
sehr, sehr alt vorkommen. Leyla ist einundzwanzig.

Im Sommer 1977 fand es statt, das «1. Int. Folkfestival Bern-Gurten»,
Ralph McTell sang «Streets of London», wir liessen Wunderkerzen an Ballonen
steigen und assen politisch korrekte Bananen aus dem «3.-Welt-Laden». Das
waren noch… Halt! Bin ich jetzt schon so alt, dass ich «Das waren noch Zeiten»
schreibe? Ich bin.

Längst vergessen, wie unbequem es war, auf dem Gurten erstmals einen
Schlafsack zu teilen – 1979 wars –, vergessen, wie klebrig sich alles anfühlte, wie
übermüdet wir waren und wie übel mir vom Hasch wurde. Lieber schwärme
ich, wie wir unserem Edoardo Bennato lauschten, unser Chili con Carne assen
und unseren Frieden hatten damals unterm Sternenhimmel. Wir wurden
in Ruhe gelassen: keine Sponsorenlogos, keine Give-aways, keine Verlock-,
noch Verlosungen.

Wie leid mir heute die Jugendlichen tun, die auf Schritt und Tritt um-
worben werden, hier ein Kondom mit Sponsorenaufdruck, da ein Flug nach
Chicago zu gewinnen, dort ein Sonnencrème-Müsterli von der Versicherungs-
gesellschaft, alles immer mit Ausrufezeichen: «Lebe Musik!», «Obey Your
Thirst!», «Hol dir 200 Gratis-SMS!» Ein kategorischer Konsumimperativ. Kauf!
Trink! Mach! Mit! Greif! Zu! Nimm! 2! Und von der Bühne noch dauernd dieses

«Everybody Say Yeah!!!». Wie ich dieser Rituale überdrüssig bin! Ich bin so frei, nicht mehr hinter Gittern Freiheit zu zelebrieren.

Gut, wenn ich die ersten Ankündigungen sehe, kribbelts jeweils schon. Kanye West in Frauenfeld, Francis Cabrel in Nyon, Nine Inch Nails in St. Gallen, das wär schon was… Und die Glamrocker The Sweet am Brienzersee. Ihr «Fox on the Run» war meine erste Single. The Sweet… Dass es die noch gibt! Doch dann muss ich an den Schlamm denken, ans Gedränge, die Warteschlangen vor den WC-Häuschen – ist man endlich zuvorderst, stinkts mörderisch, und das Papier ist alle. Nein, Leyla, das muss ich nicht mehr haben.

Es gab auch magische Momente, gewiss. Gerade auf dem Gurten: Ben Harper, PJ Harvey, Chris Whitley, Ry Cooder, Jeff Buckley… Midnight Oil haben sich mir in Gampel eingebrannt, die Neville Brothers in New Orleans, Lucio Dalla in Bologna. Einmaliges unter freiem Himmel. Dennoch erlebe ich die Künstler heute lieber trockenen Fusses in einem Saal an einem Abend, der nur ihnen gehört. An Open Airs sind die einzelnen Auftritte doch immer zu kurz oder zu lang. Oder die Sänger, die man sehen möchte, treten gleichzeitig auf wie 1994 Soulpriester Al Green und Pianolegende Dr. John am Gurtenfestival. Ich entschied mich für halbe-halbe und verpasste, weil ich zwischen Ost- und Waldbühne in der Menschenmenge stecken blieb, schliesslich beide. Dafür trat Bob Dylan eine Stunde früher auf als angekündigt. Reiner Zufall, dass ich gerade vor der Hauptbühne stand, als er zu näseln anhob.

Und wenns mal nicht schifft, versengt die Sonne das Gelände wie seinerzeit am Paléo. Wir hatten uns so auf Arno gefreut! Er hatte gerade seine grossartige CD «À la française» draussen, es würde ein unvergesslicher Abend werden. Es wurde. Der Boden war so ausgetrocknet, dass die Zehntausenden Besucher

unendlich viel Sand aufwirbelten. Uns verging Hören und Sehen – und die Lust auf Arno. Wir verliessen das Festival fluchtartig und kehrten stattdessen in einem Fischrestaurant am See ein. Seither bin ich Open Airs abhold. Ist auch besser so, denn bald sind meine Kinder im festivaltauglichen Alter. Denen wäre es «weisch wi» peinlich, im Trubel ihrem Alten zu begegnen.

Warum tut man sich Open Airs an? Das Programm ist zweitrangig. In Frauenfeld und St. Gallen lösen die Besucher ihre Dreitagespässe meist schon, bevor die Auftretenden bekannt sind. Viele berauschen sich gewaltig an sich selbst und ein bisschen an Wodka Red Bull, ihr Jubeln ist reflexartig. Grandios, wie die Britpopper Oasis einst auf dem Gurten den Umstand persiflierten, dass es an Open Airs nicht wirklich um die Musik geht: Während der letzten Zugabe, «Wonderwall», dreht sich Sänger Liam Gallagher ab und verlässt die Bühne. Der Gesang läuft weiter, ab Band. Als wollten Oasis sagen: «Was wir bieten, ist einerlei. Ihr wollt eh nur euren Fun.»

Open-Air-Programme sind Glückssache. Wer als Veranstalter Künstler A verpflichten will, bekommt von der Agentur noch Band B und Sängerin C untergejubelt, die keiner sehen will. Wegen kurzfristiger Absagen gibts unnötige «Surprise Guests», das Line-up ändert sowieso immer im letzten Moment, und als zahlender Kunde hat man dann den Dreck, weil auf dem Ticket ja keine Künstlernamen stehen, sondern nur «24 juillet 1993». Damals hätte Vanessa Paradis nach Nyon kommen sollen. Sie kam nicht, ich war zu Tode betrübt.

Heute würde ich niemals zugeben, je Fan der piepsenden Demoiselle gewesen zu sein.

Viel lieber schwadroniere ich vom Ersatzprogramm: Albert «The Ice Man» Collins sprang ein, der Texasblueser mit der schneidenden Gitarre. Interessierte

mich keinen Deut. Wochen später nur erlag Collins seinem Leberkrebs. Und heute bluffe ich, erst Jahre später zum Blues bekehrt, meinen Kumpanen vor: «Ich sah seinen letzten Auftritt. Fantastisch!»

Das Fussballspiel haben wir übrigens 1:4 verloren. «Du Bä-ä-änz», meint Leyla hernach beim Bier in der Sportplatzkneipe, «bist du sicher, dass du fürs Tschuutte nicht langsam zu alt bist?»

Erschienen in der «NZZ am Sonntag».

VOM GROSSEN KLEINEN GLÜCK. An Donnerstagen

weiss ich selber nie, was es zum Znacht gibt. Muss nämlich warten, bis Hans aus dem Schülergarten heimkommt, meist so um viertel nach sechs. Vorige Woche kam er etwas später, dafür umso schwerer beladen – ich weiss gar nicht, wie er das alles auf seinem Mini-Trottinett balanciert hat: Tomaten, Auberginen, kiloweise Bohnen, Rüebli, Zwiebeln, Kohlrabi, Peperoni, Salat, ein Blumensträusschen und – jetzt kommts! – mein Liebstes: Zucchettiblüten. Worauf wir, Hans und ich, uns sogleich an den Herd gestellt und gefüllte Zucchettiblüten zubereitet haben: Tomaten, Auberginen, Zucchettistückchen und Peperoni köcheln, würzen, zusammen mit Kapern, Oliven und zerhackten Pomodori secchi pürieren (den Pürierstab bedient mein kleiner Chefkoch fürs Leben gern), mit dem Püree die Blüten füllen, im Ofen mit etwas Parmesan überbacken… Ich sage Ihnen: ein Traum!

Naturfremde Stadtkinder? Nein, das sind unsere nicht. Zu verdanken ist dies mithin dem Schülergarten. In fast allen Quartieren der Stadt, gottlob auch in unserem, werden Gärtnerkurse für Kinder angeboten; ich glaube, Zürich steht damit ziemlich allein da, und man kann vor den Kursleiterinnen nur den Hut ziehen. Kommt Hans verschwitzt im Garten an, weil es nach der Schule nur für einen kurzen Boxenstopp daheim gereicht hat – Thek in eine Ecke knallen, pinkeln, Zvieri im Stehen, und weg –, lässt seine Gartenfrau ihn an heissen Tagen erst einmal unter dem Sprinkler duschen. Jedes Kind betreut ein eigenes Beet, von Frühjahr bis Herbst wird einmal wöchentlich gesät, gesetzt, gejätet, gegossen, kompostiert, gehegt, gepflegt und – geerntet. Die Ernte, beschämt gebe ich es zu, übertrifft das Kursgeld von achtzig Franken bei Weitem. Was der Bub diesen Sommer nicht alles nach Hause gebracht hat… Kar-

toffeln, Dill, Schnittlauch, Krautstiele (Eingeweihte wissen: Hans' Leibspeise!), Äpfel, Beeren, Patisson – das ist dieser schön kreiselförmige Gemüsekürbis, und weil keiner seiner Kameraden glauben wollte, dass man den essen kann, der Hans es aber wusste, weil wir schon letzten Sommer einen gegessen hatten, brachte er ihn heim. Welch geniale Einrichtung der Schülergarten ist, weiss ich schon, seit Anna Luna ihn besuchte. Den ganzen Sommer über gartenfrisches Biogemüse frei Haus!

Eine Leserin meinte – und sie schrieb leider anonym, weshalb ich ihr nicht persönlich antworten kann, sondern dies hier tun muss –, ich würde mich über die Hausfrauen und deren Nöte lustig machen. Mich über Hausfrauen lustig machen? Wie wollte ich? Bin ja eine von ihnen. Wenn ich in dieser Kolumne manch kleines Alltagsärgernis, damit wir gemeinsam darüber schmunzeln können, ins Lustige ziehe, heisst das nicht, dass ich mich über die vielen Hausfrauen und wenigen -männer lustig machen möchte. Ich will nur Sorgen teilen, damit sie halb so gross werden, und mitteilen, wie gross es ist, das Glück der kleinen Momente. Wenn zum Beispiel Hans mit Zucchettiblüten heimkommt. Ich freue mich auf Donnerstag. Bin gespannt, was Hans zum Znacht bringt.

Zucchetti_Zucchini

LINKE HÄNDE, GRÜNES DÄUMCHEN. Eines

musste ich den Hans, nachdem wir die wunderfeinen Zucchettiblüten ratze-
putz verzehrt hatten, dann doch noch fragen: Wie er denn zu so vielen Blüten
komme, sie seien doch ein Dutzend Kinder im Schülergarten und müssten alles
teilen? Er grinst. Die Leiterin habe gesagt, man könne die Blüten der Zucchetti
nicht essen. Statt sie eines Besseren zu belehren, raffte der Schelm alle Blüten
zusammen und brachte sie heim.

Woher er den grünen Daumen hat, unser Neunjähriger – keine Ahnung.
Von mir nicht. Vielleicht ist es der Generationensprung: Passionierte Gärtner
haben gärtnerisch unbegabte Kinder, und die wiederum bekommen wie ich später Kinder mit einem Flair fürs Grüne. Anders kann ich es mir nicht erklären.
Mein Vater war nämlich ein vergifteter Gärtner, ich sehe ihn vor mir im blau-
grau gestreiften Sommerhemd, wie er sich tagelang über seine Beete bückte,
sich den Nacken verbrannte und stillvergnügt vor sich hinfluchte. Ja: fluchte. Er
brauchte das. Schaufelnd, sägend, giessend und dreckelnd verbrachte er seine
Ferienwochen im Garten. Und er hatte oft Ferien – Vater war Lehrer.

Nur den Rasen, den musste mein grosser Bruder mähen; zum ersten Mal,
als er acht war. Als ich dann acht war, war er zwölf und mähte den Rasen noch
immer, und als ich zwölf war ... Sie ahnen es, ich habe den Rasen nie gemäht.
Ich war der verwöhnte Nachzügler, und das Gärtnern geht mir bis heute völlig
ab. Nicht, dass ich stolz darauf wäre. Ich wünschte, die schöne Steviastaude
auf unserem Balkon wäre nicht eingegangen. Mit dem Süsskraut süsse ich
gern den Tee, und zwischendurch pflücke ich mir einfach ein Blatt und kaue
es; besser: Ich pflückte und kaute, nun ist das süsse Kraut hinüber. Vermutlich
jämmerlich erfroren.

034

Das Einzige, was auf unserem Balkon prächtig gedeiht, noch dazu in diesen furchtbar bünzligen Eternitkisten, sind Geranien. Ge-ra-nien! Vor fünfzehn Jahren, als ich ledig und unbekindert war, stand auf der Liste der Dinge, die ich nie, nie, nie im Leben tun würde, ganz zuoberst, noch vor «Birkenstöcke tragen» und «Ü-40-Discos besuchen»: «Geranien hegen». Nun hege ich sie mit Hingabe, knipse verblühte Blüten ab, giesse sie, sortiere verdorrte Blätter aus.

Zu mehr bin ich nicht fähig. Hans schon; unserem Sohn ist das Gärtnern gegeben. Leserinnen und Leser meines letzten Buchs erinnern sich vielleicht. Als wir mal im Bernbiet zu Besuch waren, verschwand er mit seinem Götti stundenlang im Garten. Erst beim Eindunkeln kam er zurück: «Ha em Götti ghulfe Haschisch ärnte.»

Erschienen in «Bioterra».

Ha em Götti ghulfe …_Ich habe meinem Paten geholfen, Haschisch zu ernten.

FRIEDLI'S LAW. Ein Buchtipp, liebe Hausfrauen und -männer:

«Flusi, das Sockenmonster». Eines meiner Lieblingsbilderbücher. Und ich sage: meiner Lieblingsbücher, nicht der Kinder. Das Buch beginnt so: «‹Das gibts doch nicht. Schon wieder fehlen einzelne Socken!›, wundert sich Mama. ‹Bestimmt bekommt unsere Waschmaschine manchmal Hunger und frisst einfach ein paar Socken auf›, meint Maja.» Später findet das Mädchen heraus: In den Innereien der Maschine haust das Sockenmonster, ein flauschiges blaues kleines Ungetüm namens Flusi. Es klaut Socken – einzelne, versteht sich – und polstert damit seine Höhle aus. Das Buch ist die liebenswerteste Erklärung dafür, warum uns nach dem Waschen immer einzelne Socken fehlen. Immer.

In meinem Depot befinden sich – Stand Montagmorgen – neun Einzelsocken. Nach jedem Pfadilager werden es mehr. Einzelsocken sind diejenigen, welche beim Wäschezusammenlegen Single bleiben. Die kommen in ein Zwischenlager, man muss sie nämlich aufbewahren. Würfe man sie fort, fände man anderntags den vermissten Zweitsocken. (Dasselbe gilt übrigens für alles, wovon es in einem Familienhaushalt zwei braucht: Anna Lunas blaue Fussballstulpen, ihre Ohrringe, ihre Haargummis, Hanslis Fingerhandschuhe, seine SpongeBob-Pulswärmer und so weiter.)

Möglicherweise muss ich an dieser Stelle kurz Friedli's Law erläutern, angelehnt an Murphy's Law. Murphy's Law nennt man den Umstand, dass, wenn etwas schiefgehen kann, es auch schiefgeht. Gern wird dieses Gesetz mit dem Konfibrot veranschaulicht, das, fällt es zu Boden, garantiert auf die mit Butter und Konfitüre bestrichene Seite fällt. Friedli's Law heisst: «Du kannst etwas entsorgen, und am nächsten Tag fragen die Kinder danach.» Ein doofes Happy-Meal-Figürchen, das wochenlang unbenutzt rumstand, einen nur halb ausge-

malten Malwettbewerb des Quartierbecks, dessen Eingabefrist vor zwei Monaten ablief, eine unvollendete Bastelei vom letzten Oktober – was auch immer: Du wirfst es fort, und just am nächsten Tag fällt es deinem Sohn wieder ein.

Mit den Socken ist es – dies eine Abwandlung von Friedli's Law – so: Solange du einen einzelnen aufbewahrst, so lange kommt der zweite nicht zum Vorschein. Schmeisst du den Einzelsocken aber nach Moooooonaten weg, findet sich am nächsten Morgen derjenige, der dazu gepasst hätte. Ich schwörs. Fies ist, dass man das Schicksal nicht austricksen, das Entsorgen also nicht supponieren kann. Tust du nur dergleichen, du würdest einen Socken in den Kehricht werfen, deponierst ihn aber insgeheim im Putzschrank, dann funktionierts nicht. Nur echt fortschmeissen gilt. Bei Hanslis Basteleien geht Zwischenlagern im Keller ja auch nicht. Dann fragt er nicht danach. Sondern erst, wenn die fragliche Bastelei – unlängst zum Beispiel: ein Flugzeugträger – von der Kartonabfuhr abgeführt worden ist.

Was nun die Socken betrifft, kommt es jedes Schaltjahr mal zur Wiedervereinigung. Dann nämlich, wenn sich beim Anziehen der Betten herausstellt, dass im Falz eines Fixleintuchs, das ich seit 2006 nicht mehr benutzt habe, Muetis lang vermisster rot-grauer Joggingsocken, Grösse 38, gelagert hat.

Was fragen Sie? Ob ich inzwischen imstand sei, Fixleintücher zusammenzufalten? Das ist eine andere Geschichte. Keine lustige, im Fall.

PAARUNGSVERHALTEN. Natürlich hat man mir nun zu
Sockenclips geraten. Aber die kämen ja nur zur Anwendung, wenn man die
Socken schön pärchenweise in die Maschine stecken könnte. Was bedingen
würde, dass von einem Paar beide im Wäschebehälter landen. Wer das voraus-
setzt, kennt meine Familie nicht.

Freund Hanspi übrigens löst das Problem allfälliger Sockensingles, indem
er stets dieselben schwarzen Socken derselben Marke kauft. Wird einer löchrig
oder er geht verloren, wird einfach neu gepaart. Ich selber neige ja auch dazu,
kaufe meist dieselben oliven Rohner-Socken. Aber wer wollte von einem Buben,
der mal SpongeBob-, mal Spider-Man-Socken trägt, mal Ferrari-, mal Simpsons-,
mal Ice-Age-, mal gekringelte, mal gestreifte – wer wollte von ihm verlangen,
sich auf eine einzige Sorte festzulegen? Und wer von einer modebewussten,
assortierversessenen Tochter, immer nur Socken einer einzigen Farbe zu tragen?

Aber, eben, die Clips: handliche Klemmen, mit denen ein Sockenpaar als
Paar in die Waschmaschine gegeben und hernach dank eigens angebrachtem
Häkchen zum Trocknen aufgehängt werden kann.

Nur liegen bei uns von einem Paar selten beide Socken in der schmutzigen
Wäsche. Einer ging im Pfadilager verloren, einer blieb nach dem Schwimm-
unterricht liegen, einer wurde in der Turngarderobe mit einem Socken von
Schulgschpänli Aurel vertauscht, einer müffelt noch in der Fussballtasche
unserer süssen D-Juniorin vor sich hin, einer in Hanslis Thek. Und in Anna
Lunas Bett (Fragen Sie mich nicht, weshalb sie immer besockt zu Bett geht und
sie erst dort auszieht!) finde ich, wann immer ich ihre Bettwäsche wechsle,
mehrere Einzelsocken… Ouu. Hab ich Bettwäsche gesagt? Jetzt sind wir wieder
beim Thema Fixleintücher. Darf ich Sie dringend ersuchen, mir keine weiteren

Tipps zu schicken, wie man sie säuberlich zusammenfalten kann? Ich schnalle es nämlich nicht.

Und diese Woche ist die Wäsche sowieso leintuchfrei. Wir waren Zelten, also habe ich nach dem Waschen nur vier Schlafsäcke zusammenzurollen. Und, hey, das kann ich im Fall! Bin gar nicht so unbegabt, wie man aufgrund meiner Fixleintuchmisere meinen könnte. Schon beim Zusammenpacken auf dem Campingplatz gelang es mir, als wir Schönwettercamper vor dem herannahenden Gewitter flüchteten: Drei Schlafsäcke – wiewohl allesamt unförmig, weil sie gegen das Fussende schmal zusammenlaufen – formte ich zu gleichmässigen Rollen, die spielend in ihre Hüllen passten. Nur der vierte, der modernste, wärmste, den wir eigens neu gekauft hatten, wollte und wollte nicht in die Hülle passen, alles Röllelen und Büschelen, alles Pressen und Drücken nützte nichts, und das Gewitter kam bedrohlich näher. Bis mich ein Zeltnachbar, so ein tipptopp ausgerüsteter Proficamper mit Campingkühlschrank und Chemie-WC, aufklärte: «Du musst wurggen!» – «Ich muss was?» Er zeigte es mir: einfach reinmurksen. Heutige Schlafsäcke, lernte ich, muss man ungestüm in die Hülle stopfen, dann passen sie rein. Wer es ordentlich versucht, scheitert.

Lang lebe das Wurggen! Und was für einen Schlafsack recht ist, ist auch für ein Leintuch gut. Ich werde unsere Fixleintücher weiterhin verzworgelt im Schrank versorgen. Warum mich der Mut verlassen hat, sauberes Falten zu versuchen, erzähle ich Ihnen vielleicht nächste Woche. Falls ich den Mut dazu aufbringe.

Röllelen und Büschelen_Rollen und Zurechtbiegen / Wurggen_Murksen, stopfen

BRING EN HAI!
Ja, ja, ich weiss, die Fixleintücher… Ich verrate es dann schon noch! Aber zuerst muss ich erzählen, was mir am Donnerstag durch den Kopf ging, als Anna Luna, Hans und ich unsere Young Boys gegen Athletic Bilbao anfeuerten: Im Stade de Suisse, das für uns Fans noch immer Wankdorf heisst, wurden Matchprogramme verteilt, und mir fiel ein, wie es mich als Bub beeindruckte, dass die Verkäufer immer den einen Spieler hervorhoben: «Matchprogramm mit Odermatt!», skandierten sie, als gäbe es keinen Brechbühl, keinen Eichenberger, keinen Feuz. Immer nur «… mit Odermatt!». Der Karli, Basler Fussballlegende, war ja auf seine mittelalterlichen Tage noch zu uns nach Bern gekommen. Und selbst, wenn er verletzungshalber fehlte, riefen die Programmverkäufer: «Matchprogramm mit Odermatt!» 1980, nach Odermatts Rücktritt, riefen sie es noch immer. Da endlich haute ich einen von ihnen an und erfuhr, dass ich mich all die Jahre verhört hatte: «Matchprogramm mit Totomat», riefen sie, denn im Programm war nachzulesen, dass es sich bei Spiel 7 auf der Totomat-Resultattafel um Chênois - Chiasso handelte.

Heut ist der Totomat elektronisch und bedarf keiner Zeichenerklärung mehr. Aber immer, wenn ich «Matchprogramm» höre, denke ich «… mit Odermatt!» So was bringst du nicht mehr aus dem Kopf. So werde ich künftig, wenn irgendwo Baschis Fussballheuler ertönt, also oft, an den Hai denken müssen. Leserin Chiantera schrieb mir nämlich dies: «Unser Sohn Francesco erkannte Baschis ‹Chumm, bring en hei› ganz klar als Fussballhymne, fragte mich dann aber eines Tages: ‹Du, Mama, werom wott de Baschi, dass mer en Hai bringt?›» Unbezahlbar, was wieder für Müsterli eingingen! «Schmieren und Salben hilft allenthalben», sagt Frau Bürgin zu ihrem Mann. Darauf die fünfjährige Steffi: «Wer sind die Thalben?» Priskas Tochter will im Hallenbad wissen, weshalb sie die Treppe runtergingen. «Die Garder-obe ist doch sicher obe!» Und Frau Mötteli berichtet dies: «In meiner Jugendzeit gabs zwei Rollermarken, Vespa und Ami. Vespa galt als sehr viel edler. Als sich mein Vater mal ein ‹Gopfertami› nicht verkneifen konnte, fragte ich meine Mutter, was das denn heisse. Das sei ein schlimmer Fluch, meinte sie, und bedeute ‹Gott verdamm-mi›. Ich verstand: ‹Gott fährt Ami›. Dann konnte Ami ja nicht ein so schlechtes Fahrzeug sein, wenn sogar Gott damit fuhr…»

Solang er nicht zu schnell fuhr… Sonst wäre er noch im Gefängnis gelandet. Wie Maria. Aber dazu ein andermal…

Werum wott de Baschi…_Weshalb verlangt Baschi (Schweizer Popsänger), dass man einen Hai bringe? / Obe_Oben / Gopfertami_Kraftausdruck, wörtlich: Gott verdamme mich

041

ALLES VERTRÜLLET.
Eben. Ratschläge sonder Zahl gingen ein, wie Fixleintücher sich exakt falten liessen. Leserin Sarah machte sich die Mühe, mir einen regelrechten Fotoroman zu gestalten, Weblinks und Buchtipps wurden mir zugesandt, jemand schickte gar ein Filmchen – und eine begnadete Kinderbuchillustratorin skizzierte es für mich. Alles sehr lieb. Half aber alles nicht. Den Vogel schoss Eliane ab, meine Beraterin in allen Lagen. Also, eigentlich ist sie ja nicht meine persönliche Beraterin, sondern die Sexberaterin der Nation: «Blick»-Kolumnistin Eliane. Aber ich nehme ihre Tipps meist persönlich.

Und diesmal schrieb sie mir wirklich persönlich: «Ich kann es nicht beschreiben, gopf. Aber du musst am einen schmalen Ende je einen Zeigfinger in die Ecken stecken. Und dann ufe damit, und oben die Ecken umtrüllen, das ist ja das Merkwürdige, aber auch das Geniale, also umtrülle, und die Zeigfinger, also die unteren Enden, so inestecke. Dann kannst es zusammenlegen, schön Kante auf Kante.»

Ähm?! Ich habs versucht. Mail an Eliane: «Es geht irgendwie nicht. Also muss man die Zeigefinger reinstecken und dann mit Ecke unten rechts in Ecke oben links schlüüfen und mit unten links in oben rechts?» Antwort: «Nein, mein Süsser» – sie hat mich «mein Süsser» genannt! –, «sooo kompliziert ist es nicht. Du schlüüfst mit dem Zeigfinger in der Ecke unten rechts in die Ecke oben rechts. Du legst das Ding so hin, wie später das Bett wird, also all die Ecken und die Längen nicht nach oben, sondern nach unten, wie ein fertiges Bett sozusagen, also alles unsichtbar irgendwie. Jetzt klappst unten das Ding ein wenig nach oben, sodass du mit den Zeigefingern rein kannst. Dann fährst mit allem rauf, das Leintuch ist dann nur noch halb so gross, weil dus ja mitschleifst. Jetzt oben, wo die Ecken auf dem Bett liegen, kehrst diese, sodass man alles sieht. Aber man

könnte ja nicht hinein so, weil die Öffnung ja nicht gegen dich liegt, und DAS machst jetzt du, drehst es zu dir, kehrst es um. Jetzt denkst, es sei alles vertrüllet. Ist es aber merkwürdigerweise nicht. Bist jetzt mit den Zeigefingern in allen vier Ecken. Dann rüttelst ein wenig am Ding. Ich legs amigs hin. Und dann büschelst die Seiten, und es gibt dir was! Die legen sich genau so hin, dass sie schön aufeinander liegen. Man kann es gopfertami schwer erklären. Probiers trotzdem! Deine hilfreiche Eliane.»

Das nennt sie hilfreich! Eliane mag eine Meisterin im Erklären sein, was in einem bezogenen Bett zu geschehen habe. Aber ihre Faltanleitung lässt mich rätseln. Ich bin wohl zu blöd.

Neues Mail von mir: «???!» Neue Antwort: «Will dann nicht als die dastehen, die es nicht fertigbringt, eine Gebrauchsanweisung zu schreiben! Also: Stell dir vor, du hast vier Plastiksäcke vor dir. Die oberen zwei liegen sozusagen auf dem Kopf und die unteren richtig. Also es sind die vier Zipfel, gäll! Eben, du legst die zwei unteren mit der Öffnung nach oben auf einen Tisch und die zwei oberen mit der Öffnung nach unten. Wobei die oberen sind gar nicht wichtig. Weil du jetzt Folgendes machst: Damit du die unteren in die oberen eintüten kannst, damit es eine Gattig macht, stülpst die unteren Säcke um, also mit der Faust in die Kante und dann ufewürge...»

Ach, wissen Sie, was? Ich werde meine Fixleintücher auch fürderhin in den Schrank wurggen, wies grad kommt. Das Schlusswort (und ich sage: Schlusswort!!!) hat deshalb die Berner Altgemeinderätin und Bäuerin Ursula Begert: «Sonst bin ich ja eine Tüpflischisserin», mailt sie, «aber es ist ein Ding der Unmöglichkeit, Fixleintücher so exakt zusammenzulegen wie gewöhnliche Leintücher, das kann kein Mensch, Trick hin oder her.» So. Das hilft! Und von

dir, liebe Eliane, lass ich mich weiter gern beraten, wenns ums Umetrülle und Ineinanderschlüüfe und so geht. Aber nicht punkto Fixleintücher.

«Blick»_Boulevardzeitung, der «Bild» vergleichbar / Trüllen_Drehen / Ufe_Herauf / Schlüüfen_ Schlüpfen / Amigs_Jeweils / Eine Gattig machen_Ordentlich aussehen, was hergeben / Ufewürge_ Heraufwürgen / Tüpflischisserin_Pedantin

GEFÜLLTE ZUCCHETTIBLÜTEN «HAUSMANN»

Eine sommerliche Vorspeise oder Beilage für vier Personen, knoblifrei
Dazu passt: Olivenbrot, Reis und Musik von Mimmo Locasciulli

8 bis 12 Zucchettiblüten
4 bis 6 kleine oder 2 bis 3 mittlere Zucchetti, grün und gelb
1 bis 2 Tomaten
1 grosse oder 2 kleine Peperoni
50 g Pomodori secchi (getrocknete Tomaten)
Kapern
100 g fein geriebener Parmesan
Frische Kräuter: 2 Zweiglein Rosmarin, Basilikum, Origano, glattblättriger Peterli
2 Eier
Olivenöl

Zucchettiblüten waschen und ausspülen, beiseitestellen. Zucchetti, Tomaten, Peperoni zerkleinern, im Olivenöl anbraten, mit wenig Wasser einige Minuten köcheln. Mit Pfeffer und Meersalz würzen.

Zerkleinerte Pomodori secchi, 5 bis 7 EL Kapern, 4 EL Parmesan, klein gehackte Kräuter, 2 Eier und 4 EL Olivenöl beigeben, mit dem Pürierstab nicht allzu fein pürieren.

Die Masse süüferli in die Blüten füllen, gefüllte Blüten in gefettete ofenfeste Form legen, restliches Püree darum herum verteilen, mit Parmesan überstreuen, bei 230 Grad 10 bis 15 Minuten im Ofen überbacken.

A/H1N1 = ? Wir hätten ja noch Schwein, meine Frau und ich. An-

genommen, diese Grippe kommt tatsächlich, und die Schulen werden ge-
schlossen, dann ist bei uns ja immer jemand daheim, der zu den Kindern schauen
könnte. Aber wie würden, blieben auch Horte und Krippen zu, berufstätige
Mütter dies lösen, alleinerziehende Väter? Müssten die darauf hoffen, dass auch
ihr Betrieb gerade wegen Pandemie dicht gemacht würde? Und was – wenn dem
so wäre – wird dann aus der Schweizer Volkswirtschaft?

Auf dem Stoffplan unserer Kinder stand in der ersten Woche nach den
Ferien, die nun auch bei uns zu Ende sind, eigentlich einzig dies: Händewaschen.
Hans darf, seit er in der Dritten ist, seiner Lehrerin erst die Hand drücken, wenn
er, eben, die Hände gewaschen hat; den Wasserhahn betätigt hygienehalber
selbige Lehrerin, und sie fasst ihn nur mit einem Lappen an. «Den Seifenspender», erzählt Hans, «bedienen wir mit dem Ellbogen.» Und nach jeder Pause
gehts von vorn los. Anna Luna, neu Sechstklässlerin, muss am Morgen im Schul-
zimmer die Hände waschen, den Seifenspender bedient der Lehrer. Man kann
sich vorstellen, dass das Prozedere bei einem Klassenbestand von einundzwanzig
Kindern Zeit verschlingt. Immerhin wissen sie jetzt, wofür A/H1N1 steht.

Am Mittwoch bekamen wir von den Schulgesundheitsdiensten ein
doppelseitiges Schreiben, und zwar erhielten wir, Eltern zweier schulpflichti-
ger Kinder, den Brief dreifach und jeweils per A-Post. (Die Stadt zählt 27 000
Schulkinder und Kindergärtler. Rechne!) Daraus erfuhr ich, dass Hans, würde
seine ältere Schwester an der Schweinegrippe erkranken, sofort auch nicht mehr
zur Schule dürfte. Erkrankt umgekehrt er, darf Anna Luna den Unterricht (beziehungsweise die neben dem zeitraubenden Händewaschritual verbleibende
Unterrichtszeit) weiterhin besuchen. Warum, wird nicht erklärt. Dafür informiert

der Brief, dass die Kinder bei folgenden Symptomen unbedingt zu Hause bleiben sollten: «Akut auftretendes Fieber (38 °C oder mehr), Schüttelfrost, ausgeprägtes Schwächegefühl, Übelkeit, Erbrechen, Durchfall.» Sorry, aber darauf, die Kinder nicht mit Schüttelfrost in die Schule zu schicken, wäre ich mi Gotts Seel noch selber gekommen.

Beim Fernsehen, wo meine Frau arbeitet, stand Anfang Woche auf jedem Pult als kleines Präsent ein Seifenbehälter mit aufgedrucktem SF-Logo, dazu der Hinweis: «Liebe Mitarbeitende, es gilt: regelmässiges und gründliches Händewaschen mit Wasser und Seife – während und ausserhalb der Arbeitszeit.» Schmunzeln muss ich schon, wie eine alte Hygieneregel neu belebt wird. Aber was soll ich vom Ganzen halten? Keine Ahnung. Die Experten kann man sowieso nicht ernst nehmen. Immunologe Stadler aus Bern, nicht eben kamerascheu, findets Hysterie und Panikmache und tut dies auf allen Kanälen kund – dagegen wäre nichts einzuwenden, hätte nicht derselbe «Experte» vor Wochen noch gesagt, die Sache sei saugefährlich, und alle Schweizer Haushalte aufgefordert, schleunigst Tamiflu anzuschaffen. Was jetzt? Im Herbst wollten meine Frau und ich uns ein paar Tage zu zweit gönnen. Soll ich die nun buchen? Oder wird es nicht möglich sein, weil das Herbstlager der Pfadi ausfällt? Und, wenn buchen, wohin? Mexiko?

Übrigens, das mit dem Händewaschen und der Seife versuchten wir den Kindern zuvor jahrelang vergeblich beizubringen. Soll keiner sagen, sie lernten in der Schule nichts.

PARTYWETTRÜSTEN. Anaïs hatte vorgelegt: Eine regelrechte
Disco samt Spiegelkugel, Schweinwerfergewitter und Nebelmaschine gabs zu
ihrem Geburtstag, und der DJ, offenbar Profi, hatte all die aktuellen Heuler auf
Lager, von «Po-po-po-pokerface» bis «Nothing Sweet About Me». Als ich unsere
Tochter gegen zweiundzwanzig Uhr abholen wollte, grölten gerade vierzig
Kinder im Chor: «I kissed a girl and I liked it …» Auf dem Heimweg im Mobility-
Auto war Anna Luna dann sehr euphorisch. Gleich schmiedete sie kühne Pläne:
«Duvati, also an meinem Geburtstagsfest …»

Streng genommen, hätten wir das Festli ja gar nicht durchführen dürfen. Weil Anna Lunas beste Freundinnen verstreut über den halben Kanton zur
Schule gehen – die eine kennt sie noch von der Krippe her, quasi seit Geburt, die
andere vom Fussball, eine dritte aus dem Lager vom letzten Herbst –, handelten
wir letztes Wochenende aufs Ärgste der schulbehördlichen Weisung zuwider, es
dürfe keine klassenübergreifenden Anlässe geben. Eh, ja, wegen der «Söiligripp»,
wie sie hier heisst. Den Brief, in dem steht, man solle ein Kind mit Schüttelfrost
und Brechreiz nicht in die Schule schicken, bekamen wir inzwischen übrigens
noch ein viertes und fünftes Mal. Dazu von der Bildungsdirektion des Kantons
Zürich eine mehrseitige Anleitung zu richtigem Händewaschen: «Reiben, bis es
schäumt. Dabei nicht vergessen, den Handrücken, zwischen den Fingern, unter
den Fingernägeln und die Handgelenke zu reinigen.»

Aber, item, mangelnde Hygiene war bei den Mädchen, die Anna Luna
zu ihrer «Übernachtungsparty» lud, ja nicht das Problem. Kurz vor Mitternacht
standen sie zu acht voller Gloss und Glimmer in unserem Bad (bitte kurz ver-
gegenwärtigen: acht Girls vor unserem Badezimmerspiegel!!), und Anna Luna
jammerte: «Hilfio, ds Mueti het d Abschminki mitgnoh!» Meine Frau nämlich

hatte von ihrem Job her eine Retraite, sie schlief auswärts. Für mich gabs viel zu tun: Zelt aufstellen, Apéro, gemeinsames Schminken, Pizza, dann Schnitzeljagd kreuz und quer durchs Quartier (Und die sollte, bitteschön, nicht «bubi» sein! Also knobelten Hans und ich schwierigste Kreuzwort- und andere Rätsel aus), schliesslich Kuchen und Kerzen und «Happy Birthday» in zwölf Sprachen, dann ab ins Zelt. Acht Mädchen in unserem Viererzelt! Gegen zwei Uhr konnte ich sie irgendwie zum Schlafen überreden, um viertel vor vier wurden sie vom Gewitter geweckt, sangen «I Kissed a Girl» und rissen sämtliche Nachbarn aus dem Schlaf. Beim Frühstück – Nutella, Gipfeli – hatten sie kleine Äuglein.

Aber wir durften uns nicht lumpen lassen nach Anaïs' Disco. Früher waren wir es ja, die das Geburtstagspartywettrüsten vorantrieben. Das Mehrfamilien-haus, in dem wir wohnten, hatte einen so immensen parkähnlichen Umschwung, dass wir uns von Jahr zu Jahr selber übertrafen und andere Eltern unter Zugzwang setzten. Mal mit einer Hüpfburg, mal mit Eseli-Reiten im Garten. An Hanslis viertem Geburtstag war das, siebenundzwanzig Kinder waren eingeladen, und für deren Eltern hielten wir ein Buffet mit Käse, Züpfe und Prosecco bereit. Siebenundzwanzig Kinder plus Mamis plus Papis … reichlich Betrieb.

Dennoch bin ich heute froh, dass wir die Regel, wonach nur ein Kind pro vollendetes Altersjahr eingeladen werden darf – also vier zum vierten, fünf zum fünften Geburi und so weiter –, nie eingeführt haben. Denn Anna Luna wurde nun elf. Und elf Girls zum Übernachten, das hätte unser Zelt nicht verkraftet. Meine Nerven auch nicht.

Item_Berndeutsche Floskel, etwa: Wie dem auch sei …, lassen wir das … / Hilfio, ds Mueti het d Abschminki mitgnoh!_Hilfe, Mutti hat den Make-up-Entferner mitgenommen / Geburi_Geburtstag

GLÜCKWUNSCH, FRAU HUTTER! Jetzt aber! Frau

Hutter, liebe! Ich bin begeistert. Nie habe ich mich so gefreut über eine wort-
brüchige Politikerin. Keine zwei Jahre ists her, da sagten Sie, Jasmin Hutter,
SVP-Nationalrätin und Baumaschinenverkäuferin im elterlichen Betrieb, zum
«St. Galler Tagblatt»: «Ich bin gut ausgebildet, habe einen guten Job – dennoch würde ich mich, wenn ich Mutter werde, dazu entschliessen, zu Hause
zu bleiben.» Und setzten in «Facts» einen drauf: «Für mich ist es nicht möglich,
Nationalrätin und Mutter zu sein.» Bald darauf heirateten Sie und hätten getreu
Ihrer Gesinnung den prominenten Namen, Ihr Markenzeichen, ablegen und
fortan, zum Beispiel, Schlumpf heissen müssen. Diese Hürde nahmen Sie elegant
und ehelichten einen Mann namens… Hutter – Namensänderung hinfällig.

Aber eben, die Kinder. Was haben Sie nicht alles erzählt, früher! Dass
die Mutter und nur die Mutter zu Kindern schauen müsse. Gegen öffentlich
mitfinanzierte Krippen wetterten Sie, gegen berufstätige Mütter sowieso. Als
wir mal zusammen im «Club» auf SF diskutierten – ich der Hausmann, Sie die
Familienpolitikerin ohne Familie –, bekam ich fast Vögel ob Ihrem Weltbild (und
Sie vermutlich ob meinem). «Wir werden ja sehen, wenn Sie mal Mutter sind!»,
hab ich noch zu Ihnen gesagt.

Und siehe: Im Dezember kommt Ihr erstes Kind zur Welt. Glückwunsch!
«Jasmin Hutter will an den Herd», las ich in den Sommerferien in der «Süd-
ostschweiz». Sie legten, hiess es, das Vizepräsidium Ihrer Partei ab. Und zur
Frage, ob Sie nun auch den Nationalrat verliessen, sagten Sie: «Sie können davon ausgehen, dass ich mein Wort nicht breche.» Was aber darf ich nun in der
«Schweizer Illustrierten» – Anna Luna hat wieder mal hinter meinem Rücken
ein Probe-Abo bestellt – lesen? Frau Hutter-Hutter, bald Mutter, bleibt National-

rätin. Mehr noch, Sie bleiben nun doch als Verkaufsleiterin in der Firma, Teilzeit, denn Sie haben gemerkt: «Berufstätige Mütter sind extrem motiviert!» Und der Clou: Ihr Mann reduziert sein Pensum als Netzelektrikermeister. Grossartig! Bei einem solch zeitgemässen Familienmodell, liebe Jasmin Hutter, stellt sich einzig die Frage, die ich hier schon vor Jahren aufwarf: Sind Sie jetzt am End in der falschen Partei? Oder, nein, Sie werden Ihre Partei nun von innen heraus erneuern! Stimmts? Wer wie viel arbeite, sei noch nicht klar, sagten Sie, «aber zusammen nicht mehr als 100 Prozent». Easy, Frau Hutter, jede Familie muss herausfinden, was für sie stimmt. Vielleicht merken Sie dann, wenns mit Job und Session halt doch eng wird, dass auch ein, zwei Tage Fremdbetreuung ihrem Kind nicht schaden, und zuletzt reden Sie Ihrem Kollegen Ueli Maurer seinen Fimmel aus, nur Mütter dürften Kinder betreuen, Begründung: «Zum Kalb schaut ja auch die Kuh und nicht der Muni.»

Diese Woche wird wieder ein älterer Herr in den Bundesrat gewählt. Schade, wir bräuchten dringend mal eine Bundesrätin, die nicht kinderlos oder bereits Grossmama ist, sondern Mutter – mit einem Mann zu Hause, der ihr den Rücken freihält. Sagen Sie jetzt nicht, das sei linkes Geschwafel! Im Thurgau regiert eine Mutter von kleinen Kindern, Monika Knill, und daheim hat sie einen Hausmann. Partei: SVP.

«NUR» HAUSFRAU?

Jesses, nein, liebe Jasmin Hutter! Kaum lag die letzte Ausgabe dieser Zeitung in den Briefkästen, schon taten Sie am Radio kund, Sie seien falsch verstanden worden, denn Sie würden ganz bestimmt aus dem Nationalrat zurücktreten, sobald dann Ihr Kind da sei. Und mir schrieben Sie: «Also, lieber Herr Friedli: Sie bekommen mein Rücktrittsschreiben im Dezember natürlich noch persönlich.» Eigentlich schade. Jetzt, da Sie dank dem Baby, das bald zur Welt kommt, auf die Welt gekommen sind, da Sie Familienpolitik nicht mehr aus dem hohlen Bauch, sondern aufgrund Ihrer eigenen Erfahrung als Mutter betrieben hätten, bedaure ich es fast, dass Sie sich aus der Politik verabschieden. Aber Hauptsache, es bleibt privat bei Ihrem Sinneswandel, zu dem ich Sie letzte Woche beglückwünscht habe, und Sie ziehen sich nicht gänzlich an den Herd zurück, sondern bleiben entgegen früherer Beteuerungen berufstätig. Denn Sie sind – Ihre Worte! – «gut ausgebildet» und haben in Ihrer Baumaschinenfirma «einen guten Job».

Ein Mami, das Bagger vermarktet – geil! Womit ich nicht gefordert habe, alle Mütter müssten arbeiten gehen. Der fünffachen Mutter aus Neuendorf, die fragt, ob sie denn als «glücklich ausgefüllte Vollzeitmutter» verspottungswürdig sei, kann ich nur antworten: Nein! Von mir haben Sie den Ausdruck «‹nur› Hausfrau» nie gehört. Kinder und Haushalt zu betreuen, ist die denkbar wertvollste Arbeit. Was gibt es gesellschaftlich Wichtigeres, als Kinder auf ihrem Weg zu möglichst verantwortungsbewussten, vernünftigen Wesen zu begleiten? Das ist – sorry, ich wiederhole mich – der taffste und der schönste Job der Welt. Wie froh ich bin, am Mittag da zu sein, wenn die Kinder heimkommen – mal tränenaufgelöst, mal sprudelnd vor Erlebnissen, mal übermütig, mal hilfsbedürftig. Und wenn ich nicht daheim bin, ists meine Frau. Natürlich sind wir dankbar,

ohne Fremdbetreuung auszukommen, und als Freund Martin SMS-elte: «Du bist dieser Hutter näher, als dir lieb ist», hatte er vermutlich recht…

Warum Hausfrauenbüez jedoch reine Frauensache sein soll, will mir nicht in den Kopf. Und es ist jammerschade, wie viele Väter das Aufwachsen ihrer Kinder verpassen.

Wir wollen doch im Jahr 2009 nicht ernsthaft darüber diskutieren, ob es legitim sei, wenn Mütter arbeiten? Ohne berufstätige Frauen stünde unser Land still, und könnten Berufsfrauen keine Kinder mehr bekommen, stürbe die Schweiz aus – was gerade Ihre Partei schade fände, oder, Frau Hutter? Nicht jede Mutter geht in der Hausmutterrolle voll auf, manche Frauen wollen ihre Fähigkeiten auch ausserhalb des Haushalts zum Tragen bringen – meine Liebste zum Beispiel als TV-Journalistin –, manche müssen dies schlicht tun, weil sie das Geld benötigen oder alleingelassen wurden. Also brauchts halt Krippen und Horte.

Und es braucht Väter, die daheim echt mit anpacken. Ihrem Mann Ralf kann ich daher nur gratulieren zum Entschluss, sein Jobpensum zu reduzieren! «Ich freue mich auf die Zeit mit unserem Kind, und ich freue mich, mich vor keinen Bänz Friedlis mehr rechtfertigen zu müssen», haben Sie, geschätzte Baldmutter Hutter-Hutter, mir gemailt. Wissen Sie, was? Sie werden mir fehlen, irgendwie. Alles Gute!

MIT KINDERAUGEN. Wieder mal auf ein Bier mit Mark, man

sieht sich ja viel zu selten, seit wir Kinder haben, was bei ihm, dem Dauersingle, eher ausgeschlossen ist. Von einem One-Night-Stand berichtet er zwar, einem desaströsen: Es haperte bei ihm konditionell. Sollte halt weniger rauchen. Dann reden wir natürlich über Fussball, ich nehme Busacca in Schutz, den Schiri, dem es den Nuggi rausgejagt hat. Mark findets unverzeihlich, dass der Unparteiische sich hinreissen liess, pöbelnden YB-Fans den Stinkefinger zu zeigen, ich aber weiss, wie primitiv pöbelnde YB-Fans sein können. Bin selber einer.

Mark zündet sich eine Gauloise Bleue an und schwärmt vom neuen Tarantino. «Die Dialoge! So witzig!» Er sagt etwas von «genial postmodern», schwadroniert von «filmhistorischen Zitaten, ich höre zu, schweige, nuschle schliesslich: « … Ja, und der Dings, dieser … äähm … Waltz spielt hervorragend – scheints.» – «Was ‹scheints›?», entfährts meinem alten Kumpel, «du willst doch nicht sagen, du hättest ‹Inglourious Basterds› nicht gesehen!?» Natürlich nicht. Genauso wenig, wie ich «Pepperminta», «Los Abrazos Rotos», «District 9» und all die anderen Filme gesehen habe, die «man» derzeit «gesehen haben muss». Dafür könnte ich Mark einen Vortrag über ein grandioses Drehbuch halten, wunderbare Figuren, über Hochspannung und Szenen, die zum Heulen schön sind. Wir haben uns letzten Sonntag mit den Kindern «Oben» angeschaut, den Zeichentrickfilm, in dem ein einsamer Greis sich mit einem schusseligen kleinen Jungen anfreundet. Hans sass neben mir, wir waren beide sehr ergriffen.

Klar möchten wir Eltern gern auch «The Yellow Handkerchief» sehen, der in unserem geliebten Louisiana spielt. Aber Kinobesuche mit meiner Liebsten sind etwas vom Schwierigsten. Meist kann unsere Babysitterin gerade nicht – und die Grosseltern wollen wir ja nicht eigens aus dem Bernbiet anreisen lassen,

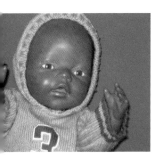

nur, um ihre Enkel zu Bett zu bringen. Lässt jemand, was in unserem Bekannten-kreis oft geschieht, ein «Weisst, wie im neuen Almodóvar…» fallen, nicke ich wissend und habe keine Ahnung; könnte höchstens von «Ice Age 3» erzählen. Wenn unsereiner es mal ins Kino schafft, dann in Kinderfilme … Halt! Beginne ich schon zu jammern wie die furchtbar urbanen Mamis, die in Blogs dauernd beklagen, was einem wegen der Kinder alles versagt bleibt? Himmel, nein! Ich liiiiiiiiiiiebe Kinderfilme. Wenn ich Mark zum nächsten Mal treffe – falls der sich überhaupt noch mit mir Langweiler treffen mag –, werde ich ihm von «Alvin and the Chipmunks 2» und «Toy Story 3» vorschwärmen und den Plot von «G-Force» erzählen. (Hamster als Geheimagenten! Wir haben schon die Vor-ankündigung gesehen, und Anna Luna meinte nur lässig: «Das isch dänk e Trailer.») Und dann läuft auch bald «Wolkig mit Aussicht auf Fleischbällchen» an, in dem es Donuts und Hamburger hagelt … Yeah! Zuerst aber schaffen meine Frau und ich es ja vielleicht nächste Woche in einen Erwachsenenfilm, denn beide Kinder fahren ins Lager.

Sollte ich den neuen Almodóvar dennoch verpassen, macht es nichts. Wirklich betrübt bin ich einzig, dass mir «Lauras Stern und der geheimnisvolle Drache Nian» versagt bleibt. Der erste Laura-Film war vor einer Ewigkeit von fünf Jahren Anna Lunas allererster Kinobesuch, auch den Hansli haben wir rein-geschmuggelt, obschon er noch zu jung war. Schön wars! Doch den Nachfolge-film wollen die Kinder leider nicht mehr sehen: «Babyzeugs!»

Schiri_Schiedsrichter / Nuggi_Schnuller / Wenn es einem «den Nuggi rausjagt»_Wenn man die Nerven verliert / Das isch dänk e Trailer_Das ist ein Trailer, kapierst nicht?

PEINLICH. ABER FÜR WEN? Dass wir uns diese Woche,

da die Kinder je in einem Lager sind und wir also jede Menge Zeit hätten, den neuen Polanski ansehen, ist unwahrscheinlich. Eher werden wir uns in Spielzeug- und Kinderkleiderläden tummeln, meine Liebste und ich, aus lauter Längizyti. «Was laberst du Tubel, es gibt gar keinen neuen Polanski, der kommt frühestens nächstes Jahr in die Kinos», mault Mark am Telefon, und von ihm, meinem cinephilen Kumpel, halte ich mich dieser Tage besser fern. Er gehört zu denen, die sich schampar über die Verhaftung des Regisseurs ereifern: «Ist ‹wäisch wi› peinlich für die Schweiz!»

Unter uns: Ich befürchte fast, ich Banause habe – ausser ein paar Sequenzen von «Chinatown» mal spätabends beim Zappen – nie etwas von Roman Polanski gesehen. Weiss nur, dass er berühmt ist und preisgekrönt. Und ein Grüsel. Die Fakten: Polanski füllte 1977 ein dreizehnjähriges Mädchen mit Champagner ab, verabreichte ihm eine Psychodroge und missbrauchte es sexuell. Vor dem Gerichtsurteil floh er aus den USA und konnte das Land seither nie wieder betreten. Der Oscar für «The Pianist» wurde in Abwesenheit verliehen. Nun wurde Polanski bei der Einreise in die Schweiz, wo er das «Zurich Film Festival» als Stargast hätte beehren sollen, festgenommen und in Auslieferungshaft gesetzt. Gut so, denn in diesem Land sind vor dem Gesetz alle gleich. Das galt für Hannibal Gaddafi, der seine Angestellten verprügelte; es galt für Rocksänger Pete Doherty, der hier wegen einen bisschen Drogen verhaftet wurde; und es gilt gottlob auch für einen Oscarpreisträger.

Dachte ich. Doch die schicken Kulturmenschen unserer Stadt schreien: «Skandal!», der Verband der Regisseure schimpft über «eine Justizposse», und im «Blick» wettert ein Chefredaktor ad interim: «Wir sollten uns schämen.»

Wofür denn? Die Vergewaltigung einer Dreizehnjährigen ist nicht nichts, auch wenn man Polanski heisst. Und richtigerweise verjähren solche Taten weder in der Schweiz noch in Kalifornien. Sorry, als Eltern ist man zimperlich, wenns um sexuelle Gewalt gegen Kinder geht. Und weshalb er ausgerechnet jetzt geschnappt wurde, wo man ihn doch bisher immer gewähren liess – Polanski hat ein Chalet in Gstaad –, weiss der Filmemacher selbst: Er liess jüngst einen Gerichtstermin in Los Angeles, wo die Sache vermutlich hätte beigelegt werden können, verstreichen. Nun sind die USA halt wieder hinter ihm her.

Und wenn Zeitungen kommentieren, es sei doch nicht so schlimm, das damalige Opfer habe ja inzwischen drei Kinder, muss ich fragen: Pardon, aber sollte Natascha Kampusch mal Kinder haben, wäre ihrem Peiniger dann alles vergessen und vergeben? Für mich als Vater gilt: Ein Kinderschänder ist ein Kinderschänder ist ein Kinderschänder. Polanski hat Schlimmes durchgemacht, gewiss, aber das ist keine Entschuldigung. Schliesslich wird Charles Manson, der 1969 die entsetzliche Ermordung von Polanskis Frau Sharon Tate anordnete, auch nicht freigelassen. – Nein, wir brauchen uns nicht zu schämen für die Schweiz. Diesmal nicht. Die Amis verlangen zu Recht Polanskis Auslieferung. Und Monsieur Sarkozy soll sich nicht einmischen, der will ja auch, dass wir ihm seine Steuersünder ausliefern.

«Warum nicht mal daheim bei einem Glas Wein eine DVD schauen?», rät Leserin Lorena, wenn man mangels Babysitter selten ins Kino komme. Stimmt! Und was haben meine Frau und ich neulich ausgeliehen? «Hairspray», den Film, den Anna Luna so mag – und uns dann einen lustigen Heimkinoabend gemacht. Mit den Kindern.

ALLE MEINE KRIMIS.

Noch ehe er diese Woche auf Deutsch erscheint, habe ich den neuen Dan Brown letzten Sonntag rasch im Original verschlungen: «The Lost Symbol», 509 Seiten in einem Vormittag – für mich kein Problem. Ganz nebenbei lernte ich, dass «the Masons» die Freimaurer sind – damit Sie das gleich wissen, um die geht es im Buch! –, dass «gibberish» Kauderwelsch bedeutet und eine Tür, ist sie «ajar», halb offen steht. «Ich kann Ihnen nicht folgen» heisst, und ich finds hübsch, dass die Amis und Briten dies gerade umgekehrt ausdrücken als wir, «You lost me». Ich konnte dem bestsellenden aller Bestsellerautoren spielend folgen, Seite für Seite. Eine stolze Leistung, ich weiss. Jetzt wissen Sie auch, woher unsere Kinder ihre Lesesucht haben. Anna Luna las in der Zwischenzeit immerhin 189 Seiten von «Eine für vier – der zweite Sommer».

Bin ungemein belesen. Wie sehr, bewies ich neulich, als ich eingeladen war, zum Dreissig-Jahre-Jubiläum der Bibliothek Oberengstringen einige meiner Kolumnen vorzutragen. (Das tut immer gut, denn geteiltes Hausfrauenleid ist halbes Leid und geteilte Freude doppelte, also hatten das Publikum und ich unseren Spass.)

Dann gabs da noch einen Wettbewerb, in dem es darum ging, bestimmten Krimiautorinnen und -autoren die jeweiligen Kommissare zuzuordnen, zum Beispiel den Commissario Brunetti der Donna Leon. Okay, ist bubi, weiss jedes Kind. Auch Mankell und Wallander brachte ich mit Leichtigkeit zusammen, Georges Simenon und Maigret waren hurtig angekreuzt, ganz easy auch Agatha Christie und Miss Marple. Aber hätten Sie gewusst, dass Petros Markaris' Ermittler Kostas Charitos heisst? Und dass eine Lisbeth Salander die Heldin von Stieg Larssons Krimis ist? Wie gut, dass ich auch dessen Trilogie «Verblendung», «Verdamm-

nis», «Vergebung» kenne! Ich räumte den ersten Preis ab, ein hübsches winterfestes Pflanzenarrangement.

Nur: Ich habe keinen einzigen der obgenannten Krimis gelesen. Das heisst, «gelesen» schon, aber nicht persönlich – meine Frau hat sie mir beim Joggen erzählt. Und den Dan Brown dazu, samt Englischkurs. Letzten Sonntag, auf unserer Fünfzig-Minuten-Tour am Fusse des Üetlibergs. (Gottlob haben wir mal in einem Frauenheftli gelesen, es war glaubs die «Brigitte», das richtige Joggingtempo sei dasjenige, bei dem man sich noch locker unterhalten könne ...) Meine Liebste erzählt so detailgetreu, dass ich in jedem Literaturzirkel mitreden könnte. Wenn auf uns auch wenige Geschlechterklischees zutreffen, dieses eine trifft zu: Sie liest Bücher zuhauf, ich hingegen bin – regelmässige Beachterinnen dieser Kolumne kennen das traurige Geheimnis – in den Sommerferien auf Seite 91 von Richard Fords «Der Sportreporter» stecken geblieben, basta. Und muss zu meiner Schande gestehen: Das war in den vorletzten Sommerferien.

Freund Bärni ist schon ganz grantig, weil ich den Krimi, den er mir letztes Jahr zur Weihnacht schenkte, «Giftnapf» von Paul Wittwer, noch nicht gelesen habe. Immerhin weiss ich, worum es darin geht: Tatort Trub, junge Arztwitwe, attraktiver Ersatzdoktor, mysteriöse Todesfälle, Medikamentenbusiness. Hat meine Frau mir erzählt, der ich das Buch ausgeliehen habe, als ihr mal grad der Lesenachschub fehlte.

Ich schildere ihr dafür manchmal blumig ein Tor, das ich spätabends in der Champions League am TV gesehen habe. Aber ob es sie wirklich interessiert?

SBESCHTWOSJEHETSGITS

ICH KANNS JETZT! LEIDER. «Praktisches Kochbuch»

heisst der Schunken, 459 Seiten dick, ein Erbstück. Das Buch ist längst aus dem Leim, ich habe es notdürftig mit Klebstreifen zusammengeflickt und mich stets daran gehalten. Alles über die Schweizer Küche steht drin, von A wie Aargauer Apfelbröisi bis Z wie … Züpfe.

«Die goldgelb glänzende Züpfe ist der Stolz der Hausfrau und der Inbegriff eines festlichen Sonntagsmorge», schrieb Autorin Eva Maria Borer. «Im Kanton Bern lernen schon die kleinen Mädchen mit zwei übereinandergelegten Handtüchern, wie man eine Züpfe flicht.» Nun bin ich ja von Haus aus Berner und von Beruf Hausfrau, also müsste ich es hinkriegen. Aber meine Hefezöpfe gerieten Wochenende für Wochenende flach, ein halbes Leben lang. Waren wir zum Brunch geladen, mogelte ich mich durch, indem ich den Zopf, den ich mitbrachte, schon daheim in Schneiben schnitt.

Dann beging ich das Folgenschwere: beichtete mein Malaise im Migros-Blättli einem Millionenpublikum. Was mir zwar auch mitfühlende Leidensgenossinnen einbrachte, vor allem aber Hunderte Tipps zur Besserung. Die ausgedruckten Mails und Briefe, oft mit zittriger alter Hand geschrieben, füllen eineinhalb Bundesordner. «Gelingt garantiert!», schrieben sie alle. Einige Dutzend Rezepte hab ich durchprobiert, mein Zopf blieb tami flach. Das Perfide war, wie sehr die Ratgeber sich widersprachen: André riet, die Hefe in warmer Milch aufzulösen, Esther warnte: «Die Milch nicht zu warm!» Simone lässt den Zopf, einmal geformt, noch mal drei Viertel Stunden gehen, Elvira befiehlt: «Sofort ab in den Ofen!» Eine Bäuerin aus dem Aargau rief mich an: Ich müsse die Butter unbedingt schon am Mittwochabend zum Kühlschrank rausnehmen! Tausend Hausfrauen, tausend Zopfrezepte.

Trost spendete einzig eine Coco: «Herr Friedli, Ihr Zopf ist Ihr Zopf!» Würden meine Kinder dereinst nach einem Auslandaufenthalt um eine Züpfe betteln, müsste die sein wie je: «Echt Vatitraditon: flach!» Erleichtert schloss ich die Akte.

Doch da trat Margreth in mein Leben.

Das muss ich Ihnen erzählen! An einem Herbstnachmittag wurde ich von den Zürcher Landfrauen, deren Präsidentin sie ist, an die Züspa geladen, die Herbstmesse hier in Town, zwecks Backens für einen guten Zweck. Wir scherzten und fachsimpelten, ärgerten uns gemeinsam, dass neuerdings jeder Zahnstocher einzeln verpackt ist (wer solch einen Stumpfsinn anordnet, stand noch nie in einer Küche!), kurzum, wir verstanden uns prächtig, schliesslich bin im Herzen auch ich eine Landfrau. Eine der Bäuerinnen, die am Stand eifrig flochten, garnierten und buken, war sogar zugezogene Bernerin, ich musste also nicht mal Untertitel machen, um mich zu verständigen.

Am Vortag hatten die Zürcher Landfrauen den Maurer Ueli zu Gast, keinen Geringeren, und ich hätte ihn zu gern gefragt, ob er das mit der Kuh und dem Muni wirklich ernst gemeint oder nur das Kalb gemacht habe, als er begründete, weshalb für die Kinderbetreuung einzig Mütter in Frage kämen: «Zum Kalb schaut ja auch die Kuh und nicht der Muni.» Und natürlich hätte mich auch ein bisschen der Hafer gestochen, ob nun der Herr Bundesrat besser zöpfle oder ich, aber eben: Ihn habe ich um einen Tag verpasst.

Item. Ich also die «Schoss» angezogen (für meine Berner Verwandtschaft: «Schöibe»), und los gings. Margreth, meine Lehrmeisterin, nimmt mich dran. Schlag auf Schlag lerne ich Bürli, Brezeln, Schoggimäuse und «Breitmuulfröschli» zu formen, Fünfkornbrote mit Röslein zu dekorieren, Prussiens und

Speckbrötli zu backen und – jetzt kommts! – Hefeteig zu zöpfeln. In zwei, drei Minuten zeigt Margreth mir, wie man statt eines flachen einen hohen Zopf flicht, zuerst mit zwei, dann mit vier, fünf und – obacht! – mit sechs Strängen… Und wissen Sie, was? Ich habs geschnallt! Im Hand-, nein: im Strangumdrehen! Einzig daran hatte es also gelegen: am Zöpfeln.

Himmel, kann es sein, dass ich Tipps zu Knettechnik, Zutaten und Backtemperatur sonder Zahl erhielt, aber keine einzige Anleitung zu richtigem Flechten? «Den hast du aber nicht selber gemacht?!», fragt meine Frau am Abend. «Doch. Ich kanns jetzt.»

Nur leider ist unser Tiefkühler randvoll mit Zöpfen: Seit ich öffentlich jammerte, bekomme ich an jeder meiner Lesungen einen geschenkt. Der Vorrat reicht so lange, bis… ich das hohe Zöpfeln wieder verlernt habe. Als die Fotografin eines Butterheftlis vorbeikommt, «Swissmilk Family», zöpfle ich ob allem Palavern – flach. Just so, wie es im «Praktischen Kochbuch» von anno dazumal grafisch dargestellt ist, wie sich nun herausstellt.

Zwar wäre noch genügend Teig übrig, und Landfrau Margreth hat mir die Broschüre «Zopfgebäcke» der Richemont Fachhochschule überlassen. Darin ist Schritt für Schritt tubelisicher abgebildet, wie hausman einen hohen Zopf hinkriegt. Überdies bot sie mir an, bei ihr einen WK zu belegen. Aber… hmm… Soll ich nun wirklich die original Vatizüpfe, die seit Jahr und Tag flach ist, plötzlich comme il faut flechten, als stammte sie aus der Bäckerei? Was denken die Kinder? Und was denkt sich Goggi selig, meine Grossmutter, die ihrer Lebtag flach zöpfelte und von der ich es gelernt habe?

Sie war mein haushälterisches Vorbild. Und sie formte ihre Züpfe schluderig – ungeduldig, wie sie war. Eine Frau, die während des Zweiten Weltkriegs

als berufstätige Witwe zwei Kinder grosszog, mochte keine Zeit verlieren. Tue ich ihr nun unrecht, wenn ich plötzlich Züpfen backe, die wie richtige Züpfen aussehen? Welch Dilemma. Fast wünschte ich, ich hätte es nicht gelernt.

Zmorge_Frühstück / Tami_Verdammt / Schoss, Schöibe_Schürze / Tubelisicher_Narrensicher /
WK_(Militärischer) Wiederholungskurs

DER GROSSMUTTERSCHNAPS. Von meiner Gross-
mutter hatten wirs, von Goggi, wie wir sie nannten. Bis heute halte ich die
Gugelhopfform aus Jenaer Glas in Ehren, die sie mir vererbt hat. Richtig gelesen:
Glas! Für 7.60 Franken hat sie die Form im Berner Warenhaus «Christen» gekauft (der Preis klebt noch an der Kartonschachtel), um 1958 muss es gewesen
sein. Den «Christen» gibt es seit neunundzwanzig Jahren nicht mehr, Goggis
Backform aber schon noch, und, ich schwörs, der Gugelhopf hockt nie an. Wie
die Frau Sorge trug! Die Haarbürste mit Holzgriff und Schweineborsten, die sie
bis zu ihrem Tod 2001 benutzte – und sie hatte, wenngleich sie es stets zu einem
«Bürzi» hochsteckte, bis zuletzt langes, dichtes Haar –, stammte aus dem Jahr
1936. Jedes Mal, wenn ich eine neue Plastikbürste kaufen muss, weil Anna Luna
eine verhühnert hat oder dem Hansli eine kaputtging, also ungefähr alle drei
Wochen, muss ich daran denken.

Goggi war halt sparsam; unter uns, sie sparte sich sogar die Kehricht-
gebühr: stopfte ihren wenigen Abfall in ein Tetrapack und entsorgte selbiges dann
an ihrer Bümplizer Bushaltestelle in einen öffentlichen Kehrichtbehälter. Sehe
ich heute ältere Leute dasselbe tun, ärgere ich mich nicht, sondern es rührt mich.
Weil es mich an Grossmutter erinnert. Von ihr lernte ich, mit einem Schmor-
braten Rüebli mitzuschmoren, stundenlang, bis sie so richtig süsslich fleischig
schmecken. Eine Powerfrau avant la lettre: als Lehrerin voll berufstätig und
alleinerziehend, trotzdem hatte sie den Haushalt ruck, zuck im Griff. Offenbar
fehlten ihr aber Zeit und Geduld, ihrer Tochter, meiner Mutter, Haushaltdinge
beizubringen. Weshalb meine liebe Mutter als frisch Verheiratete nicht mal
wusste, wie frau Reis kocht. Und es blieb dabei, dass ihre Qualitäten andere sind
als die der perfekten Hausfrau. Dafür wurde dann meine Schwester im Haushalt

schon früh umso pingeliger, mein grosser Bruder kocht vorzüglich, ich bin ein vergifteter Polierer.

Heisst das, es schwankt von Generation zu Generation? Mal ist der Haushalt eins a geführt, dann wieder mangelhaft, und so weiter? Das möchten meine Frau und ich nicht, deshalb nehmen wir uns Zeit, mit den Kindern zu kochen. Welch Aufwand, wenn Kinder «helfen»… Aber, hey, wenn sie es dann allmählich allein können und einen wie uns jüngst mit Nasi Goreng und Panna cotta bekochen – toll! (Das Ghetto in der Küche hab ich nachher gern geputzt.) Grossmutter selig machte lieber alles allein und liess es so richtig krachen, liess Bleche donnern und Teller scherbeln. Alle sollten es hören: «Wenn ich es nicht mache, machts ja wieder keiner!» Noch mit vierundneunzig Jahren konnte sie plötzlich in unserem Garten stehen und mit vorwurfsvollem Blick jäten: «Wenn ich es nicht mache…» Und wenn Sie sich schon gefragt haben, weshalb ich um solch banale Dinge wie meinen Butterzopf ein solches Getöse mache, dann wissen Sie jetzt, von wem ich das habe…

… Wie übrigens auch die schöne Angewohnheit, vor dem Einschlafen einen Amaro Averna zu trinken, den sizilianischen Bitter, den sie «Grossmutterschnaps» nannte, der aber durchaus auch zum Hausmännerschnaps taugt. Bis ins hohe Alter flüsterte Goggi mir, wenn ich nach Italien fuhr, zu: «Gäu, bringst mir dann einen Grossmutterschnaps heim!» Auf meine Entgegnung, den gebe es doch beim Denner um die Ecke, rechnete sie mir vor, dass er in Italien umgerechnet 1.73 Franken billiger komme. Wie gesagt, die Frau war sparsam.

Bürzi_Zu einem Knoten hochgebundene, hochgesteckte Haare

WENN DIE MICH NICHT HÄTTEN! Dem Sonder-

kommando Missing Sock, also mir, gelang wieder mal ein Fahndungserfolg: Der einzelne Kindersocken, den ich beim Wäschezusammenlegen in einem zuvor lange Zeit unbenutzten Kissenanzug ertaste, passt genau zu dem einen Stück, das seit siebeneinhalb Monaten in meinem Einzelsockendepot harrt: grau mit Piratentotenkopf, am Schaft rot-schwarz gekringelt. Noch dürfte der Fuss unseres Sohns reinpassen. Ich verschlaufe die Wiedervereinigten ineinander, lege sie in Hans' Schrank und bin zufrieden mit mir. Für Augenblicke ist die Welt sehr in Ordnung. Ein seltenes Glück. Und ein stilles. Ich werde ja nun nicht meine Frau ins Büro anrufen: «Stell dir vor, ich habe Hanslis vermissten Socken gefunden!» Es Nachbarin Nicole zu erzählen, wäre lächerlich, dazu ist die Begebenheit viel zu klein.

Und ich werde mich hüten, dem Hans, wenn er nach der Schule mit den Worten «Was gits z ässe?» in die Wohnung kracht, mitzuteilen, dank mir habe er seinen vermissten Piratensocken wieder; er hat ihn gar nicht vermisst. Als Hausfrau musst du auf Applaus verzichten – was mir als spektakulärer Erfolg erscheint, ist unbedeutend. Dennoch hatte Goggi selig, meine Grossmutter, natürlich recht mit ihrer stets leicht vorwurfsvollen Miene und der stolz beleidigten Haltung «Wenn ich es nicht mache, machts ja wieder keiner». In ihrer Summe nämlich sind all die unbedeutenden Arbeiten bedeutend. Würden sie nicht erledigt, würde die Wohnung rasch versiffen. Wenn ich es also nicht mache, … Okay, im Gegensatz zu Goggi, die wirklich allein war, sind in unserer Familie alle für alles zuständig und niemand für nichts: «Hast du oder soll ich…?», «Würdest du noch…?», «Denk dann bitte daran…!» – «Musst mich nicht immer belehren!» Ein solch modernes Modell birgt die Gefahr, dass es am Ende keiner macht.

Ausser mir, natürlich. Bin mir insgeheim sicher: An ganz vielen Orten putze nur ich – oben auf der Badezimmerleuchte zum Beispiel, wo keiner hinsieht. (Diese Reinigung ist umso mühsamer, als wir dort unsere Affensammlung platziert haben – Plastikschimpansen, Gummigorillas, Kinder-Überraschungen. Alles abräumen, spülen, trocknen, wieder aufstellen …) Unterm Fernsehmöbeli? Putze nur ich. Die Innenseite der Spiegelschränke, ebenfalls verspiegelt und stets voller Zahnpastaspritzer, den Sockel der Ständerlampe, die verglaste Eingangstür – putze nur ich. Wer reinigt Anna Lunas Wanderschuhe und imprägniert sie neu? Wer kauft rechtzeitig Ersatzlämpchen für die Beleuchtung der Dampfhaube? Wer besorgt Nachfüllentkalker fürs Bügeleisenwasser? Und Räben für den Räbeliechtliumzug? Wer wischt im Keller? Und wer putzt, not least, im Putzschrank? Immer nur ich.

«Wenn die mich nicht hätten!», dachte ich letzten Sonntag und machte mich daran, sämtliche Uhren im Haushalt auf Winterzeit umzustellen. Wenn die mich nicht hätten, wären die Uhren gar nie auf Sommerzeit umgestellt worden, geschweige denn würden sie nun zurückgestellt, denn wo die Gebrauchsanweisung der Digitaluhr lagert, weiss nur ich. Ich richte eine Uhr nach der anderen, Stube, Schlafzimmer, Bad, Küche … Und stutze am späten Abend, als ich mir noch ein Joghurt hole, weshalb die Küchenuhr erst 21.29 Uhr anzeigt, wo doch längst «Giacobbo/Müller» läuft – die Wanduhr geht gegenüber der Sommerzeit zwei Stunden nach statt nur eine. Hä?! Ach so: Meine Liebste hatte die Uhr schon vor mir umgestellt.

Räbeliechtliumzug_Traditioneller Umzg zum Winteranfang mit geschnitzten Laternen / Stube_Wohnzimmer

VON FEEN UND REBELLINNEN. «Ist Enya noch hello-

kittig?», frage ich meine Tochter, die am Wochenende bei ihrer besten Freundin im Oberland übernachtet, denn ich will ja nicht das falsche Mitbringsel besorgen. Und beim letzten Mal war Enya noch Fan der japanischen Kätzchen mit der Schleife unterm Ohr, Sammelbegriff Hello Kitty – man lag bei ihr also mit allem richtig, was damit dekoriert ist: mit Notizblöcken, Schlüsselanhängern, Badetüchern. Aber die Schwärmphasen eines Mädchens wechseln rasch, mein Göttimeitli Nora zum Bei-spiel verschlingt derzeit alles, was mit der singenden Filmfigur Hannah Montana zu tun hat. Also musste zu Noras Geburtstag ein Hannah-Montana-Freundebuch her. Ich lieferte weitere Hannah-Montana-Artikel mit: Spieglein, Haarspangen, Filzstiftetui.

Mit Nora habe ich schon viele Phasen durchgemacht, von Felix, dem Stoff-hasen, bis Prinzessin Lillifee, von Meerjungfrau Arielle bis zu den Feen Winx, von Pixel-Chix bis zu den Zaubermädchen W.i.t.c.h. Meist sind solche Figuren an eine TV-Serie gekoppelt, und ich muss mich jedes Mal erkundigen, ob die Phase noch andauere. Schulfreundinnen in ein Lillifee-Freundebuch schreiben zu lassen, wäre «weisch wi» peinlich – eine Drittklässlerin will doch eine Grosse sein und fänt höchstens noch im Geheimen für Lillifee. Und farblich steckt Nora, liess ich mir sagen, in der Pink-, aber bitte nicht Rosarotphase… «Das isch dänk en Unterschiid, Götti!» Im Papeterie- und Spielwarenhandel belegt jedes Label ein eigenes Gestell: Hier Diddl (den Anna Luna unlängst überwunden hat), da Snoopy, dort Sheep-world mit den «Ohne dich ist alles doof»-Schäfchen. Dann Littlest Pet Shop – das sind Zeichentrickviecher mit Knopfaugen –, schliesslich «Pferdefreunde». All diese Produktelinien zeichnen sich dadurch aus, dass sie Aussenstehenden albern er-scheinen; besonders albern, wenn das Girlie das an seinem Handy ein Hello-Kitty-

Büsi als Anhänger trägt, über fünfunddreissigjährig ist. Neu gibts übrigens Dark Dudes, eine Art Hello Kitty für Fortgeschrittene – grimmige Zombiekater, -bären und -hasen mit Narben und Augenbinden. Putziger Voodoo fürs Kinderzimmer, pardon: fürs Teeniezimmer.

Warum aber sind immer nur Mädchen das Zielpublikum? Sogar für Präpubertäre ist neuerdings ein Etikett im Angebot: Rebella. Die Heldin ist eine trötzelnde Herzige mit «Böse Mädchen kommen überallhin»-Blick. Vielleicht etwas für Anna Luna? Eh, ja, auch unsere Elfjährige gerät langsam in die Phase, in der die Eltern schwierig tun: «Vati, hilf mir bei den Dreisätzen!» Ich versuche zu erklären. Sie: «Nein, das macht man sicher nicht so. Ou, Mann…!» Der Rest ist kaum druckreif. Rebellisch, halt. Also wäre nichts einzuwenden dagegen, dass die Accessoire-Industrie ihr mit Rebella ein patentes Identifikationsfigürchen bereitstellt, das sie mit Slogans wie «Be different! Be yourself!» bestärkt, ihren eigenen Weg zu gehen. (Später dann stünde, für fortgeschrittene Rebellinnen, Emily The Strange parat, die bereits ein bisschen böser dreinschaut.) Nur: Sind Mädchen so angepasst unangepasst, dass sie sich von windigen Produktedesignern vorschreiben lassen, was ihr «Style» sei? Kaum – wenn ich an Coca-Cola denke, das mit Coke Zero eine Marke eigens für uns Kerle lancierte: pechschwarze Anmutung, kraftstrotzende Werbung. Die Damen sollten gefälligst Coca Light trinken: «Coca-Cola Light. Dein Geschmack. Null Kalorien.», wurde auf schampar femininen Plakaten verordnet. Doch was tun die Frauen? Gehorchen nicht und trinken Zero.

Und was trinkt der Hausmann? Erraten: Light. Mein Geschmack, null Kalorien.

Göttimeitli_Patenkind

KLEBEN UND KLAUBEN. Für Jungs, dachte ich, sei das Angebot an putzigen Accessoires weit schmaler. Böten sich den Mädchen vielerlei Elfen, Prinzessinnen und Feen zur Identifikation an, gebe es für die Buben neben meinem alten Freund Bob, dem Baumeister, eigentlich nur die Wilden Fussballkerle, deren Popularität erst noch mählich abklingt. Sonst komme als Kindergartentäschlimotiv einzig das Pirätchen Käpt'n Sharky in Frage. Aber, halt! Da sind ja noch all die Biester und Bestien, die Spider-, Bat-, und Supermänner, plus «Cars». Womit wir wieder mal beim hier schon oft beklagten Umstand wären, dass den Knaben früh schon eingehämmert wird, welch taffe Kerle sie zu sein hätten – und den Girls, welch anschmiegsame Plüschkatzen: Ein Bub soll sich an sprechenden Rennwagen laben, ein Mädchen zarte Zauberwesen anhimmeln... Schultheks und Etuis sind entsprechend bedruckt, Unterhosen und Pullover – schauen Sie sich nur mal die Winterkollektionen an!

Verstösse gegen die starren Rollenbilder sind mir lieb, und ich weiss gar nicht, ob ich mich mehr darüber freuen soll, mit welcher Verve Kickerin Anna Luna sich für Fussball interessiert – oder darüber, dass sich unser Sohn für den Bubensport schlechthin rein gar nicht begeistern mag und in der grossen Pause nie mittschuttet. Beides erfordert Widerstandskraft. Denn im Alltag wird ihnen eingeschärft, wofür Buben und Mädchen gefälligst zu entbrennen hätten. Letzte Woche kehrten wir nach dem Kletterkurs bei McDonald's ein: Sie bekommt ein herziges Hundli zum Kindermenü, er ein strubes Monster, das ihn schaudert. Die Kinder haben ihre Spielzeuglein dann getauscht.

Aber ich will nicht behaupten, sie würden den Geschlechterklischees andauernd zuwiderhandeln. Natürlich ist sie aus einem Claire's-Laden kaum mehr herauszubekommen; und natürlich konstruiert er fürs Leben gern irgendwelche

Gefährte. Und jedes Mal, wenn sich Gelegenheit bietet, bestellt er in der Schule Bastelbögen. Der Horror! «Ab 7 Jahren», steht darauf. In der Tat sind die Teilchen so winzig, dass nur Kinderhand sie ausschneiden kann, aber das Falten und Kleben so knifflig, dass selbst ein Vierundvierzigjähriger überfordert ist. Der Vierundvierzigjährige bin ich, und mein aller-, allerschlechtestes Gewissen gilt diesen Basteldingern… Was hat sich der gewisse Edwin Morf, der sie vor bald hundert Jahren erfand, bloss gedacht?! Wir klauben und knübeln, behelfen uns mit Wäscheklammern, nie aber kleben die Kartonteile zusammen, dafür am Ende stets meine Finger. Sind wir zu ungeschickt? Verwenden wir den falschen Leim? Irgendwann verliert Hans jeweils das Interesse und ich die Geduld. Weshalb in einem Behälter unter meinem Pult all die unvollendeten Basteleien lagern: ein halb fertiger Zeppelin, eine angefangene Lok 2000, Helikopter, Ritterturm und, noch unangetastet, der Bogen «Blériot XI, 1913» mit einem Flugzeugmodell. Blöderweise ist der Behälter transparent, führt mir mein Unvermögen also täglich vor Augen. Hans fragt periodisch: «Basteln wir weiter?» Ich weiche aus, und mich tröstet einzig, dass aus Ritterturm und Blériot XI, sollten wir sie jemals fertigstellen, doch nur Staubfänger würden. Weiss noch, wie das Römerhaus von Augusta Raurica, schief und scheps, von 1974 bis 1982 in meinem Kinderzimmer rumstand.

Deshalb belasse ich den Römerhaus-Bogen, den ich mal im Übermut kaufte, um ihn dem Hans zu schenken, schön in meinem Schrank. Verraten Sie es bitte nicht meinem Sohn!

Knübeln_Klauben, Fingern / Scheps_Windschief

«WIR» SCHWEIZER. «Wir sind im Final!», SMS-elt Anna Luna

mir – ich bin unterwegs, als das U-17-Nationalteam seinen Halbfinal bestreitet –, und das «wir» belustigt mich. Den Final schauen wir uns dann natürlich en famille an und lärmen, kaum ist Nigeria besiegt, mächtig in der Wohnung rum: «Wir» sind Weltmeister. Seferovic! Ben Khalifa! Gonçalves! Kasami! Unsere Kinder werden diese Namen bald auf ihren roten Leibchen tragen, samt Schweizerkreuz. Wie kann ein Land, wird sich die Welt fragen, das einen solch fantastischen Erfolg Burschen aus zwölf Herkunftsländern verdankt, darunter zahlreichen Muslimen, wie kann dieses Land allen Ernstes darüber abstimmen, ob man künftig auf seinem Grund noch Minarette aufstel… – Halt! Der Friedli werde jetzt doch nicht mit Politisieren anfangen, empörte sich ein Leser, als ich an dieser Stelle unlängst meinen mittelscharfen Senf zum Fall Polanski gab.

Gemach. Mit Politisieren habe ich vor genau zwanzig Jahren aufgehört. Lassen Sie mich kurz erzählen: Im November 1989 kandidierte ich, vierundzwanzig Jahre jung, fürs Gemeindepräsidium in Wohlen BE – elf Dörfer, 10 000 Seelen, vom Pendler bis zur Biobäuerin. Vier Jahre zuvor war ich grüner Grünschnabel in die Exekutive gewählt worden, selbst der «Brückenbauer» berichtete über den «jüngsten Gemeinderat der Schweiz». Hunderte Sitzungen und viele Lämpen später forderte ich nun die Gemeindepräsidentin heraus. Bewegte Wochen waren es. Am Radio die Meldungen über den Fall der Berliner Mauer; überm Küchentisch in unserer Bauernhaus-WG ein Poster, das zeigte, wie sich ein Protestierender auf dem Tiananmenplatz in Peking fünf Panzern entgegengestellt hatte; daneben ein Plakat, das für die Abschaffung der Armee warb; auf dem Plattenspieler Jacques Higelin, pausenlos. Ich trug ein Nackenzöpfchen fast bis zum Hintern und hätte gern wahlgekämpft: gegen die Verschandelung der Landschaft, für alternative Energien und

eine bessere Information der Bevölkerung. Doch die Amtsinhaberin – eine ältere Dame, von der Volkspartei portiert – verweigerte alle sechs angesetzten Podiumsgespräche. Und ich hatte mich so gut vorbereitet! Mich mit Blockheizkraftwerken und Kläranlagen befasst, mich in Bau- und Steuerrecht vertieft. Ob sie es ahnte? Dossierkenntnis war ihre Stärke nicht. Sie wurde knapp wiedergewählt, ich trat zurück. Als Ratsmitglied wurde zwar auch ich bestätigt, aber zu zerrüttet war unser Verhältnis, zu oft war ich mit einer Stimme gegen acht unterlegen. Ich hatte die Macht- und Ränkespiele satt. – Bereits 1985 kandidierte auf derselben Liste wie ich eine Frau, Cristina, die den Mumm, sich fürs Gemeinwesen zu engagieren, seither nie verloren hat. Am Sonntag wird sie nun, wenn alles klappt, vollamtliche Gemeindepräsidentin. Was mich besonders freut: Sie hatte damals – und wir reden von einer Zeit, da ich noch nicht einmal wusste, wie lang man ein Drei-Minuten-Ei kocht – einen Hausmann daheim, und sie hat ihn noch heute. Der Job daheim am Herd ist übrigens hoch politisch: Jedes Konfibrot, jede Kafikapsel, jede Schweinegrippeimpfung, jedes aufmunternde Wort zu den Kindern – alles, was wir Hausfrauen und -männer im Kleinen tun und lassen, betrifft immer auch die Gesellschaft. Deshalb, lieber empörter Leser, werde ich das Politisieren nie lassen können.

Weltmeister, wir Schweizer! «Unsere Helden!», titelte der «Blick» nach dem Final. Und was sagten unsere Helden zu ihrer Grosstat? «Allah ist uns beigestanden.» Alles klar, Schweiz?

Am 15. November 2009 erreichte die mit zahlreichen muslimischen Migrantensöhnen bestückte Schweizer Nationalelf in Nigeria den U-17-Weltmeistertitel. Zwei Wochen später wurde die Eidgenössische Volksinitiative «Gegen den Bau von Minaretten» mit einem Ja-Stimmen-Anteil von rund 57 Prozent angenommen.

JEDER SEIN EIGENER BÄREMANI. *Bärenliebe und*
Berntümelei werden einem in Bern eingeimpft. Ich weiss, wovon ich schreibe.

Mein erstes Rendezvous hatte ich, dreizehnjährig, am Bärengraben. Man ist als Berner verbunden mit dem Ort. «Lass uns Bären füttern gehen», hatte ich ihr auf blauem Briefpapier geschrieben, «Freitag, 17 Uhr?» Noch hatte ich – was ich ihr niemals verraten hätte – ungezählte Plüschbären daheim im Kinderzimmer; mein liebster sah nicht wie ein Teddy aus, sondern wie ein richtiger Braunbär, er trug an einem goldenen Kettchen ein Berner Wappen und hiess: Bärni. Nein, mich verwundert die Anteilnahme nicht, die der angeschossene Bär Finn erfährt. Tout Berne sorgt sich um den wunden Mutz.

Gewiss geschähe es in jeder Stadt der Welt genauso. Nur: Andere Städte halten ihr Wappentier nicht als Attraktion in einem Gehege. Hat Rom einen Wolfspark, Berlin einen Bärengraben, Zürich eine Löwengrube? Und ist es für Aussenstehende nicht leise irritierend, dass der Bär von besorgten Bürgerinnen kiloweise feinsten Blütenhonig bekommt, derweil das Verbleiben des schwer verletzten Menschen, tierisch ausgedrückt, keine Sau kümmert?

Berns Wappentier zu sein, ist ein Honiglecken. Die Erschiessung des wilden Bündner «Problembären» wurde kaum bedauert. Berns Grizzly hingegen ist ein Disney-Bär, ein vermenschlichtes Tier, und umgekehrt verbären die Menschen: Diesen Sommer durfte die Bevölkerung in den Graben steigen und Bär spielen. Tausende kamen.

Ein solch inniges Verhältnis zum Wappentier pflegt nur Bern. Die Stadt erkennt sich im gemächlichen Bären. Er hat nett zu sein. Selbst der Schlittschuhclub Bern hat den zähnefletschenden, die Krallen zeigenden Bären, den er

vorübergehend auf dem Dress führte, wieder durch das alte, zahme Logo ersetzt. In nationalen Medien geben Berner mit Vorliebe den drolligen Bäremani, man denke nur an den Fussballplauderi Hanspeter «Pudi» Latour. Alljährlich verleiht Bern den «Bäredräck»-Preis an besonders originelle Stadtbewohner, und derer sind viele. Jeder ein «glungniger Cheib».

Es wird einem eingeimpft in Bern: dass dies die schönste Stadt der Welt, das Marzili die schönste Badi der Welt sei, Berndeutsch mi Gotts Seel die aller-, allerschönste Sprache! Berntümelei allenthalben, stets garniert mit Bären. Als Kind musste ich T-Shirts mit der Aufschrift tragen: «I ha Bärn gärn.» Sujet: ein Bärenkopf. Die Bundesstadt kultiviert ihren Bär auf Stickers, in Schokolade gegossen und auf Haselnusslebkuchen.

Ohnehin wird in Bern übersteigert, was mit Bern zu tun hat, wird das Niedliche noch ein bisschen niedlicher, das Daheim noch heimeliger gemacht. Keine Stadt publiziert so viele Bücher über sich selbst, oft im lokalen Idiom. «Bernensia» heisst die Gattung: Bände über Berns Brunnen, das Marzilibad, den Bärengraben, gekauft meist nicht von Touristen, sondern von den Einheimischen. Heuer umfasst das Herbstprogramm der spezialisierten Verlage die Titel «No alles gliich wie morn», «50 Jahre Berner Rock» und «Mueti, liebs Mueti». Für Januar ist das Buch «Rychs Bärndütsch» angekündigt, für den Sommer 2010 ein Musical über «Dällebach Kari» angedroht.

Wegziehen ist Verrat. «Ihr Armen, die ihr in Zürich leben müsst!», hörten wir jahrelang von Freunden. Bis ich den Fehler machte, zu gestehen, wir müssten nicht, wir täten es freiwillig – blanke Fassungslosigkeit.

Böse wäre, die Solidarität mit dem Bären dahin gehend zu deuten, dass die Stadt halt selber «angeschossen» sei. Der Wirtschaftsraum serbelt, die Toble-

rone gehört den Amerikanern, die Ovomaltine den Engländern von Associated British Foods. Erstmals kommt nun sogar der erfolgreichste Mundartmusiker nicht aus Bern, sondern aus dem wüsten Zürich: Bligg. Und sollten die Young Boys, mit unbernischer Winnermentalität in die Fussballsaison gestartet, heute auch noch gegen Basel verlieren ...

Stadtpräsident Alexander Tschäppät täubelt, weil das Bundesamt für Raumentwicklung zwar Basel und Zürich als «metropolitane Räume» eingestuft hat, nicht aber sein Bärn. Im Wahlkampf bewarb der Jovialdemokrat sich in ganzseitigen Inseraten darum, «der schönsten Stadt der Welt» vorstehen zu dürfen.

Gründet Berns Selbstvernarrtheit in einem Minderwertigkeitskomplex? Der wäre nicht nötig, man mag Bern gerade seiner hübschen Kleinheit wegen; im ganzen Land wird Bernern beschieden, wie «schnüsig» ihr Dialekt sei. Von Simone Niggli-Luder bis Kuno Lauener, man hat die Berner einfach gerner. Bands wie Patent Ochsner spielen in Zürich vor vollem Haus. Treten umgekehrt die Zürcher Schtärneföifi in Bern auf, verbieten meine Verwandten ihren Kindern hinzugehen. Wegen des «grusigen» Dialekts. Bernisches hingegen kann nicht sauglatt genug sein: 1998 wurden in der Altstadt Kunststoffbären als Kehrichtbehälter aufgestellt, die, warf man ihnen Abfall in den Rachen, «Merci» brummelten oder schampar lustig rülpsten.

Ein Anachronismus war das Bärenloch mitten in der Stadt schon, als es 1441 gegraben wurde, doch erstaunlich lange blieb der Protest gegen diese Tierhaltung milde. Nun endlich wurde am Aarehang der etwas artgerechtere Bärenpark fertiggestellt, wo die Tiere Auslauf geniessen. Er kostete das Zweieinhalbfache der ursprünglich budgetierten 9,7 Millionen Franken. Rücktrittsforderungen an politisch Verantwortliche bleiben aus. Der Bär ist Bern teuer.

Übrigens: Meine Angebetete versetzte mich damals. Sie kam nicht zum Rendezvous. Ich fror, kaufte Marroni, wartete, hatte keinen Appetit und verfütterte die Marroni, ehe ich betrübt heimschlich, den Bären im Graben. Sie machten so herzig «ds Manndli».

Erschienen in der «NZZ am Sonntag».

Im November 2009 drang ein verwirrter Mann in den Berner Bärenpark ein; Bär Finn stürzte sich auf ihn und musste von der Polizei mit Mannstopp-Munition gebremst werden, die ihn erheblich verletzte.

Bäremani_Teddybär / Plauderi_Einer, der vor sich hin plaudert, schwadroniert / Bäredräck_ Ein Wortspiel; es bedeutet Lakritz und Bärnkot / Glungniger Cheib_Origineller Zeitgenosse / Täubeln_Trötzeln / Schnüsig_Süss / Marroni_Geröstete Kastanien / Ds Mannli machen_Sich auf die Hinterbeine stellen

DIE DUSELIGE ZEIT. Betrach und Tenesfro verfolgen mich.

Zum Glück! Seit ich hier von dem Buben berichtet habe, der darauf bestand, die Hirten der Weihnachtskrippe trügen die Namen Betrach und Tenesfro – schliesslich heisse es im Lied: «Maria und Josef, Betrach, Tenesfro…» –, werden mir immer neue Müsterli von Kinderverhörern und -versprechern geschickt. Und offenbar habens Weihnachtslieder besonders in sich: Die halbe Schweiz glaubt (wie ich es meinem Vater eine Kindheit lang glaubte), Gottes Sohn heisse Owi, die andere Hälfte wüsste es besser, bekommt den Witz jedoch nicht aus dem Kopf und muss bei der feierlichen Stelle «Gottes Sohn, oh, wie lacht…» jedes Mal unfeierlich grinsen. Leserin Aonida bemerkte als Kind einen Grammatikfehler: Wieso es «Hol der Knabe im lockigen Haar!» heisse und nicht korrekt «Hol den Knaben…!», fragte sie sich.

Überhaupt, die Religion! Gerhard Huber aus Herrenschwanden berichtet, seine Tochter habe einst an Mariä Empfängnis ungläubig gefragt: «Was? Isch d Maria mal im Gfängnis gsy?» Martin erzählt: «Mein Neffe musste beim Grossvater am Mittagstisch jeweils beten: ‹Danket dem Herrn, denn er ist freundlich.› Und es beschäftigte ihn über Jahre hinweg, ob denn Migros und Coop nicht ebenso freundlich seien.» Er hatte verstanden: «Denner ist freundlich.» Und zu Leserin Theres sagte eine Freundin: «Bald kommt wieder die duselige Weihnachtszeit.» O du selige! Da fällt mir unser Neffe Markus ein, der sich als Bub «Markuduseli» nannte.

Stefan fragte als Fünfjähriger seine Mama, die Möbel polierte: «Mueti, darf i ou e chli politisiere?» Meist werden die fehlerhaften Ausdrücke ja dann Familienslang: Uns ist der «Poulet-Hof» (für «Burehof») geblieben, den Fässlers bleibt bestimmt der Jeep. Die Tagesschau habe gemeldet, im Vorjahr seien

deutlich weniger Hunde ausgesetzt worden, mailt Mutter Ruth. Das rühre da-her, so der Sprecher, dass den Hunden heute ein Microchip unters Fell gepflanzt werde. Darauf Sohn Thomas: «Was für ein Migros-Jeep?» Eine Enkelin befand, die Grosseltern gingen «ufe Strich» in die Ferien, als sie nach Österreich fuhren, und das Gotti «nach Heiland». Knapp verfehlt: Thailand. Sein Vater, schreibt Martin von Wyl, habe stets «gummivoll!» gesagt, wenn ihm etwas gelungen sei. Gummivoll? «Es dauerte über 35 Jahre, bis ich draufkam: comme il faut.» Fran-ziskas Siebenjähriger ergriff für die Auswärtigen Partei, weil auf dem Monitor im Bus zwar angegeben ist, auf welche Züge man am Bahnhof im Ort umsteigen könne, jedoch die Perronangabe fehlt, da die Einheimischen ohnehin wüssten, auf welchem der lediglich drei Geleise der Zug jeweils fahre: «Für diä Ussär-irdischä wärs halt scho nu praktisch, wenn sie wüsstet, uf weles Gleis…»

Wunderbar, wenn man solch geschenkte Pointen notiert und sich später darüber freut. Frau Gredig aus Biel sang vor neunundvierzig Jahren ihren Kindern zum Einschlafen «Still, still, still, wil s Chindli schlafe will…» vor. Sohn Werner, hellwach, fragt mittendrin: «Mami, wänn chochisch du wieder emal Stiel?» Er meinte Krautstiele, die er so mochte wie heute unser Hansli. Und von Anna Luna musste ich unlängst das Bonmot notieren: «Was heisst schon wieder ‹schwarz› auf Englisch? Ich habe grad ein Blackout.»

Denner, Migros, Coop_Supermarktketten / E chli_Ein wenig / Ufe Strich_Auf den Strich / Diä Ussärirdischä_Die Ausserirdischen

ACHTUNG, ERBRECHLICHER INHALT! Natürlich

bleiben die Ausdrücke dann in der Familie. «Halbstell», sagte der Bruder meiner
Frau zu einer Haltestelle, das sass. Unser Hansli fand, als wir ein «Fragile»-
Päckli verschickten, der Inhalt sei «erbrechlich»; das Wort ist seither Familienjargon. Bei Eli daheim heisst der Sirup «Lilalup», ihr Töchterchen taufte ihn
einst so. Und das Lavabo «Abalabo». Sie müssten sich, schreibt Eli, «manchmal
zusammenreissen, noch die richtigen Ausdrücke zu gebrauchen». Wozu auch?
Die falschen sind allzu goldig. Von einem Adrian wurde mir berichtet, für den
der Saurier «Dinosausiech» hiess. Anna Luna trällerte jüngst durch den Flur,
sie wolle «Marie Johanna rauchen» und dachte wohl, das sei eine Zigimarke
wie MaryLong. Woher sie das hatte? Von Baschi, der in «Wenn das Gott wüsst»
singt, er würde gern Marihuana rauchen (und andere Sünden mehr begehen).
Hans hat den Song aus dem Pfadilager heimgeschleift, er läuft seither pausenlos.
Derb, aber lustig.

Der Epiney fragt am TV seine Gäste, ob jemand schon mal einen Bundesrat persönlich getroffen habe. Bei Leserin Franziska daheim erinnert man sich,
vor zwei Jahren durch ein Hotelfenster Micheline Calmy-Rey gesehen zu haben, Mama sagt theatralisch: «… Und nur eine Scheibe trennte uns!» Worauf ihr
Söhnchen ganz ernst fragt: «Hed d Frau Calmyree ä Schybä?» Gute Frage, kleiner Mann! Am Morgen der Bundesratswahl war derselbe Bub überzeugt, Alex
Frei werde Nachfolger von Pascal Couchepin. «Meinsch, wär das ächt ä guätä
Politiker?», lacht die Mutter. Ihr Kleiner: «Ja, isch de dä Guschpää kei Tschütteler?!» Nie vergesse ich, wie Nachbarstmeitli Lea, knapp dreijährig und offenbar
unzufrieden, zum offenen Küchenfenster hinaus plärrte: «S Mami verchaufe!»
Sie hat es dann doch behalten. Aber immer noch besser «s Mami verchaufe»

als die Schmähungen, die sie sich heutzutage auf dem Pausenplatz nachrufen. «Bisch Opfer, Monn!» ist noch die freundlichste, «Bett-näs-sär» schon übler, «Hirnamputiertä» und «Eymonn, Missgeburt!» sind nicht tolerierbar. Und wenn Achtjährige «Ich … dini Muetter!» krakeelen, unterlassen sie das Tunwort zwar, denken sich aber Unanständiges, für das sie nun wirklich noch zu klein sind. Nur, Hand aufs Herz, waren wir besser? «Möngu» war ein gebräuchlicher Schlämper-lig und meinte Downsyndrom-Betroffene, schlimmer noch: Wir sagten «Köntu» und spielten auf die verstümmelten Opfer des Medikaments Contergan an. Nein, nichts ist schlimmer geworden, Kindermund war schon immer auch Schand-maul. Unseren Schulhausabwart hatte einer «Böcku» getauft, und seine Frau nannten wir «d Häse». Unschön. Zugute zu halten ist der Schuljugend, dass sie heute auch kreative Ausdrücke schöpft: «Querfurzantilope» bekam ich neulich mit, und «Nussgipfel-Face» tönt doch besser als «Missgeburt».

Mein Gymerfreund Gianni nannte sich damals selber «Tschingg», in der Tradition von Geschmähten, die den Schimpf positiv umdeuten: Hexe, Nigger, Gangster. Letzthin rief er überraschend an. Ich: «Dr Tschingg het aaglüte.» Die Kinder, unisono: «Asovati, ‹Tschingg› seit me nid!»

Zigi_Zigarette / Isch de dä Guschpää käi Tschütteler?_Ist denn (Bundesrat) Couchepin kein Fuss-baller? / Tschingg_Schmähwort für die italienischen Gastarbeiter in den 1970er-Jahren

JA, AUCH ZENDIRERE! Besonders fies war ja – nein, es war,

genau genommen, gopferglemmi nomau uhuere obergagugemein, aber so sollte man ja nicht reden –, dass bei uns daheim wir Buben mehr oder weniger fluchen durften, wie wir wollten, dem «Gopf» also «-ertami», «-ertelli», «-ertamihueresiech» und anderes mehr anhängen konnten, ohne gröbere Zurechtweisungen zu gewärtigen – unsere ältere Schwester allfälligem Unmut aber einzig mit «Gopf» Ausdruck geben durfte, Strüberes war ihr untersagt. Keine fünfunddreissig Jahre ists her. Begründung unserer Mutter: «Mädchen fluchen nicht.»

Poah! Das müsste ich mal versuchen: unserer Anna Luna Flüche zu untersagen, die ich dem Hans durchlasse. «Aber süsch geits, Vati?», wäre das Mildeste, was sie dazu sagen würde. Und dann würde sie losfluchen, dass Gott erbarm. Aber ich will sie nicht noch reizen, sie hats ohnehin schon streng: Fussballklubweihnachtsfeier samt buntem Abend und eigens einstudiertem Tanz; Klarinettenkonzert; Hip-Hop-Tanzvorführung; Weihnachtsspiel in der Kirche, wo sie zwei Sprechrollen innehat, singt und im Orchester musiziert; Kerzenziehen; Gottegeschenk basteln; Klarinette üben für den Heiligabendgottesdienst, und, und und. Dann Guetseln und Grittibänzebacken (Anna Luna buk einen Gritti-Punk mit Irokesenschnitt, samt Sicherheitsnadel). Dazu haben wir alle noch rasch die Söiligripp erledigt, beziehungsweise sie uns.

Himmelheiland, ist das wieder ein Stress im Advent! Aber mit Flüchen muss ich aufpassen, sonst kommt wieder frommer Protest. Einem Herrn Sutter war es neulich schon zu viel, dass ich von falsch verstandenen Weihnachtsliedern berichtete: von den Hirten Betrach und Tenesfro, davon, wie «Owi lacht», und von der «duseligen» Weihnachtszeit. Er zitierte wortreich Jesaja und ermahnte mich mit vielen Ausrufezeichen: «Nur bei Gott ist Rettung und Schutz!!!!» Hey, locker, Herr Sutter, es hat doch niemand Ihren Glauben verhöhnt, es ging nur um lustige Verhörer von Kindern. Daran ist nichts Gottloses. Übrigens, Monica aus Laupen sang als Mädchen stets: «… o du selige, Knaben bringende Weihnachtszeit!» Logo, oder? Und Maya hatte eine Kindheit lang die «Zendirere» vor Augen, vermutlich rentierähnliche Fabelwesen. «Himmlische Heere, ja, auch Zendirere», verstand sie stets statt «… jauchzen dir Ehre».

Heiliger Bimbam, noch so ein Couvert mit altmodischer Füllfederschrift! Bestimmt wieder ein älterer Mensch, der mich zurechtweist… Ich öffne den Brief – und muss lachen. Ilse Rosser aus Romanshorn erzählt, wie sie sich vor neunundsiebzig Jahren verhörte: «Goldene Abendsonne, wie bist du so schön», sang die Mutter mit ihr, «nie kann ohne Wonne deinen Glanz ich sehn!» Klein Ilse, damals fünfjährig, fragt ihre Mutter: «Warum singen wir ein Lied vom Glanz der Kanone?»

Strüberes_Derberes / Gotte_Taufpatin / Guetseln_Kekse backen / Grittibänz_Hefeteigmännchen, zum Nikolaustag gebacken

AUFS MAUL HOCKEN, UNBEDINGT! «Und seht,

was in dieser hochheiligen Nacht der Vater im Himmel für Fräulein uns macht!» Sorry, den musste ich noch bringen. Vreni Matter sang es einst als Kindergärtlerin mit Inbrunst. Und Marianne Gafner mailt, ihre Mutter hätte sich als kleines Mädchen beim selben Lied gefragt, was es mit diesen redlichen Hirten auf sich habe. Bis sie – um 1941 muss es gewesen sein – zum ersten Mal Menschen auf Rollschuhen sah. Flugs war ihr klar: Die «rädlichen» Hirten sausten zur Krippe in Bethlehems Stall. Übrigens, die drei aus der SRG-Sammelbox, Mario Torriani, Judith Wernli und Nik Hartmann, stammen im Fall alle aus dem Appenzell; das war dem vierjährigen Simon sofort klar, es hiess doch immer: «Jeder R-Appenzell-t»!

Aber lassen wir das. Wichtiger ist, dass wir alle, egal, ob Mann oder Frau, jetzt tapfer sind. In diesen Tagen der Festmähler, Familienschläuche und feierlichen Gelage, da man gern einige Guetsli zu viel isst und an Silvester dann einen, zwei oder drei über den Durst trinkt, gilt es, sich die eine Frage abzuschminken: «Scha-a-a-tz, findest du mich dick?», ebenso die Variationen «Findest du, ich hätte zugenommen?» und «… ich sollte abnehmen?». Als ich unlängst mit Leserinnen in Muttenz (die allesamt, wie soll ich sagen, eine ordentliche Figur hatten) darüber diskutierte, weshalb ich Löli mein jüngstes Buch so getauft hätte, kamen wir zum Schluss, «Findest du mich dick?» sei eine Unfrage, sie zu stellen töricht. Was soll der Partner, die Partnerin darauf schon antworten? Gleiches gilt für: «Findest du meine Brüste zu klein?» oder wahlweise «… zu gross?» Und für Männer: «Findest du, ich habe, ähm, Dings, einen … öhm … zu kurzen, ääh …?» Allein schon die Frage verrät die Wahrheit. Soll der Schatz ehrlich sein? Dann ist der Abend im Eimer. Soll er Nein sagen?

Das wäre geheuchelt, sprich: gelogen. Redlich wäre, die Liebsten gar nicht erst in die Situation einer Höflichkeitslüge zu bringen. Wird man doch gefragt, muss man sofort und mit Bestimmtheit «Nein!» sagen. Ein Zögern ist schon verräterisch. «Hmm … dick, du? Chabis, nein, sicher nicht!», Überschwang genauso: «Aber nein doch, wo denkst du hin, Chräbeli? Üüüü-ber-haupt nicht!» Und am schlimmsten ist: «Du bist doch gerade richtig, Schatz!» Hier sagt der Subtext: Ich mag dich, obschon du «feiss» bist. Natürlich gibts Finessen: «Aso, Bützli, für das änge Liibli bisch no birebitzli z fescht, aber nur birebietzli…» Das «no» bezieht sich auf ihre Bemühungen im Rückbildungsturnen. Fies auch: «Hey, für nach vier Geburten siehst du doch super aus!» Und unbedingt zu vermeiden: «Heute in der Badi warst du doch von all den Mamis noch die schlankste!» Verletzend das gönnerhafte «… Aber das macht doch nichts!», verheerend «Kein Gramm zu viel, Rehli!», vernichtend die gut gemeinte Bemerkung eines Gatten aus dem Baselbiet: «Liebs, du bisch nümmi zwanzig!» Die entscheidende Frage ist aber nicht, wie man die Frage beantworten soll, sondern: Man darf sie – Christstollen hin, Neujahrsbesäufnis her – nicht stellen, Punkt.

Wobei, dann passiert das Schlimmste – frau wirft in der Erlebnispark-hallenbadgarderobe auch nur einen verstohlenen Blick auf den Spiegel, schon bemerkt es der Partner und sagt ungefragt: «Du bist nicht dick, Schatz.»

«Jeder Rappen zählt»_Sammelaktion des Schweizer Radios für einen guten Zweck / Guetsli_Weihnachtskekse / Löli_Dummkopf / Chabis_Unsinn (wörtlich: Kohl) / Chräbeli_Kosename / No birebitzli z fescht_Noch ein klitzekleines bisschen zu fett / Liebs, du bisch …_Du bist nicht mehr zwanzig, Liebes!

EASY, DIE REDEN HALT SO.
Heshurim Aliu, ein einundzwanzigjähriger Mazedonier aus dem Baselbiet, gibt an, er habe sich absichtlich versprochen: «S Beschte wos je hets gits!», radebrechte er im Frühjahr in eine Lokal-TV-Kamera; gemeint war eine Tanzparty auf dem Lande. Die Losung, ausgesprochen mit balkanischem Akzent, wurde Kult, der Ausschnitt aus dem Programm von Telebasel auf Youtube über 480 000-mal angeklickt. Bald war «S Beschte wos je hets gits!» in aller Jugendlicher Munde, nun wurde der Spruch gar offiziell zum Schweizer Jugendwort des Jahres gekürt – Heshurim Aliu ist ein bisschen stolz und kommentiert im Internet lakonisch seine fünfzehn Minuten Ruhm: «Chas gits.»

Wie kommt eine Sprachjury dazu, solch einen Missgriff zu prämieren? Easy, Monn! Die Jugend spricht halt so. «Pass uff, odr 'ch gib dich Magebox ims Gsicht!» Griesgrämige Bildungsbürger wähnen das Abendland in Gefahr, und Professor Muschg grämte sich schon öffentlich über die Verlotterung zur, wie er sie nennt, «McSprache» und die «Sprachlosigkeit» der Jugendlichen. Er müsste verstehen, dass nur eine Jugendsprache, die Erwachsene nicht verstehen, wirklich eine Jugendsprache ist. Sprachlos? Die heutige Jugend geht flinker und origineller mit Sprache um als jede Generation vor ihr. Die Teenager SMS-eln, chatten, twittern und mailen rasant, und weils so pressiert, erfinden sie kreative Abkürzungen: «Han dich gärn» heisst dann halt nur noch «hdg». Time is money, das haben sie kapiert.

Aber doof sind sie nicht. «Ey, 'chschwöörsmonn!» Man gebe «Spongetrim» in die Suchmaschinen ein und schaue sich im Web die Filmchen von «Spongetrim Budalkopf» an. Diese Parodien auf die SpongeBob-Trickfilmreihe persiflieren den Schweizer Fremdenhass, schlau und lustig. Natürlich wird Jugo-

slang gesprochen, natürlich wird auch hier «S Beschte wos je hets gits!» ausgerufen. Und die Schulkinder klicken täglich rein, um zu schauen, ob nicht bald eine neue Episode komme.

Krass, fett und geil sind mega out, Monn. Heut heisst es «sbeschtwosjehetsgits!». Okee? Dass der Balkanslang unter Deutschschweizer Jugendlichen Leitkultur wurde, mag eine Ironie sein: Die gebeutelte Minderheit gibt den Ton an, alle Kids reden so, nicht nur die vom Balkan. Doch die wenigsten sind wirklich sprachlos und damit ohne Aussicht auf ein erfolgreiches Berufsleben; die allermeisten verwenden den Slang spielerisch, mit einem Zwinkern. Und sie können, wenn Lehrabschlussprüfung oder Vorstellungsgespräch es verlangen, sehr wohl auf Standardsprache umschalten – wie wir es damals konnten. Wir redeten noch nicht den Gorans und Heshurims nach dem Maul, sondern dem Secondo unserer Tage, Gianluca aus Bümpliz, der mit seinem Italotonfall die Mädchen betörte, und wir ahmten ihn alle nach, alle: «Ehi, Ragazzi, göh mer Disco?»

Und vielleicht ist die Ausbreitung des Jugoslangs nur die süsse Rache einer Volksgruppe, der unser Land neuerdings sogar die religiösen Symbole verbieten will. Ein anderer Jüngling sagte in den Ohren der Jury übrigens den Satz des Jahres. Granit Xhaka, U-17-Fussballweltmeister, gebürtiger Albaner und Muslim, sprach ein grosses Wort gelassen aus: «Ich bin nicht ‹gut integriert› in der Schweiz. Ich bin Schweizer.»

Erschienen in «Tages-Anzeiger».
Bänz Friedli ist Mitglied der Jury «Schweizer Wort des Jahres».

S Beschte wos je hets gits!_Etwa: Das Beste, wo hats je gegibt! / Es pressiert_Es eilt

UNSTILLE NÄCHTE. Endlich. Der erste Ferientag. Wie hab ich
mich aufs Ausschlafen gefreut! Stattdessen schrillt mitten in der Nacht eine mir
unbekannte Tonfolge durch die Wohnung, anschwellend. Alles schläft. Einsam
erwacht, tappe ich umher, taste mich surrenden Kopfes durchs Dunkel. Und
finde in der Küche Anna Lunas Wecker, den sie sich für den Vortag gestellt hatte,
da noch Schule war. Schalte den Alarm aus. Nullsiebenuhrirgendwas. Shit,
schon Morgen.

Und das nennen sie die «gnadenbringende Zeit»?! Nachts um Viertel
nach drei ging schon der Alarm des Einfamilienhauses nebenan los. Ein furcht-
erregendes Heulen samt wild blinkenden Scheinwerfern, ausgelöst vermutlich
von einer Katze, dem Fuchs, der nachts gern durch unsere Gärten schleicht
(und Joggingschuhe verschleppt, die zum Verlüften draussen stehen), vielleicht
auch nur vom Neuschnee. Wenns schneit, schlafe ich gewöhnlich traumhaft tief.
Heute nicht. Und nun ist natürlich auch der Hans wach, schlüpft in mein Bett,
plappert drauflos, putzmunter. «Vati, hesch gwüsst…?» Dann kommt irgendwas
von tektonischen Platten. Er solle doch noch ein wenig lesen, überrede ich ihn.
Dazu knipst er zwar – es ist ja noch stockfinster – meine Nachttischlampe an, sie
blendet, aber immerhin kann ich weiterdösen, derweil er «Spirou und Fantasio
in Tokio» zu Ende liest.

Blöderweise fehlten ihm nur wenige Seiten. Schon rüttelt er mich erneut
wach und erklärt mir ungefragt, wohin das Dach eines Cabrios entschwinde,
wenn man es aufklappe. «Findest du, es sei Cabriosaison?», murmle ich und
schlage vor, er solle doch sein Adventsgschänkli aus dem Kalender holen, hof-
fend, wir hätten ein kleines Puzzle reingesteckt, ein Pixi-Buch gar, das ihn für
weitere zehn Minuten ruhig halten würde. Er kommt mit einem länglichen

Päckchen, mir schwant Schlimmes. Et voilà: eine kleine Mundharmonika! Hans probiert sie gleich aus, bläst und zieht und lärmt und weckt das ganze Haus. Mist, daran muss ich 2010 denken: Am ersten Weihnachtsferientag nichts Lautes in den Gschänklikalender packen! Sonst aber nehm ich mir nichts vor. Bevor die Leserin aus dem Glarnerland, die mich zu Neujahr stets an mein Gelübde erinnert, danach fragt: Nein, ich habe den Vorsatz, den ich für heuer gefasst hatte (und davor für 2008, 2007, 2006) nicht umgesetzt, habe wieder kein einziges Föteli eingeklebt und bin mit den Alben nun Ewigkeiten in Verzug.

Am zweiten Ferientag blieb übrigens alles schön still, sogar der Hansli. Mich aber schreckte um 07.22 Uhr der innere Wecker auf: «Hilfe! Höchste Zeit, die Kinder aufzunehmen!»

Föteli_Fotos

URSI, DIE FLINKSTE KASSIERIN. Darf man wün-

schen? Dass die Schweiz an der WM nicht allzu arg abschiff... Halt, nein – nicht mit Fussball beginnen. Woran denkt man zuallererst, wenn man sich überlegt, wie das Jahr wohl werde? An seine Liebsten, klar. Dass sie gesund bleiben, viele glückliche Momente erleben mögen, dass niemand ihnen Unrecht tue. Dann Kleinigkeiten, die nur für einen persönlich von Belang sind: dass «Alvin and the Chipmunks 2», den wir noch nicht gesehen haben, so lustig ist wie der erste Chipmunks-Film; dass ich im neuen Jahr die Indigo Girls live erlebe; dass es Songs gibt, die mich so umhauen, wie es 2009 «Ride it Out» von Marcia Ball getan hat, und Konzerte, die mich vor Ergriffenheit fast heulen lassen wie ihr Auftritt am Lucerne Blues Festival; dass die Nachbarn am Abend des 16. Mai nicht mehr in unsere Küche sehen, weil Anna Luna und ich – darf ich jetzt zum Fussball kommen? – auf dem Balkon flächendeckend die riesige YB-Fahne gehisst haben zur Feier des ersten Meistertitels seit vierundzwanzig Jahren? (Das wünsche ich vor allem meiner Tochter, ich selber warte schon so lang, da kommt es auf ein Jahr mehr oder weniger nicht mehr drauf an.)

Ich freue mich schon wieder auf die Lichter im Advent, ehrlich. Darauf aber auch, in den Sommerferien das Geräusch von Veloreifen auf Feldwegen zu hören, nur dieses leise Knirschen und Sirren, sonst nichts. Auf missratene Kopfsprünge vom Ruderboot aus, auf kohlenrabenschwarze Pouletbrüstchen vom Grill, auf warme Winde um Mitternacht, überhaupt auf das grosse, reine Sommergefühl. Dann auf die vielen kleinen Begegnungen im Alltag, die kaum nennenswert sind und doch das Leben ausmachen: das freundliche Wort einer Nachbarin, der Schwatz mit dem Tramchauffeur, das «Scho rächt, nöd so schlimm» eines Fussballgegenspielers, den ich mit meiner Holzfällertechnik unabsichtlich

umgesäbelt habe. Auf den Besuch von Tante Ida freu ich mich und darauf, dass Hansli mein Mittagessen «Weltklasse» findet. (Wenn er dies sagt, muss er nicht abräumen.)

Natürlich wünsche ich mir auch, dass Barack Obama dem Friedenspreis, den er bereits erhalten hat, im neuen Jahr gerecht wird und dem Gemetzel in Afghanistan, Irak und Palästina ein Ende bereitet. Dass die Schweiz aufhört, sich international als Bananenrepublik zu blamieren. Oder ist das zu viel verlangt? Dann wünsche ich mir halt, dass eine Weltmeisterschaft im «speditiv und dennoch extrem freundlich Bedienen» veranstaltet wird und unsere Ursi vom Quartier-Migros daraus als Siegerin hervorgeht, die hat für jedes Grosi ein tröstendes Wort übrig, kennt die Gebrechen und Sörgelein ihrer Kunden, klaubt Halbblinden geduldig das Münz aus dem Portemonnaie und ist doch die flinkste Kassierin der Welt. (Ich wünsche mir aber auch, dass mir die Coop-Kassenfrau wieder mal verstohlen zuraunt: «Ich dörft das ja nöd säge, aber... sind Sii nöd dee vo de Migros-Zytig? Ich lies Ihri Bricht immer!»)

Darf ich Jasmin Hutter wünschen, dass sie einen guten Betreuungsplatz für Söhnchen Jon findet, sollte sie arbeiten gehen? Und Ihnen, liebe Leserinnen und Leser, ein grossartiges neues Jahr!

Ich dörft das ja nöd säge, aber ..._Eigentlich dürfte ich dies nicht sagen ... Aber Sie sind doch der von der Migros-Zeitung? Ich lese Ihre Kolumnen stets.

EINFACH MAL NICHTS TUN. Eigentlich war ich ja noch

gar nicht parat für den Alltag, genauso wenig die Kinder, die hätten lieber noch eine Woche länger mit den neuen Sachen gespielt, die unterm Tannenbaum lagen. Was gibt es Schöneres für sie, als am Stubenboden zu fläzen, das Lego-Pistenfahrzeug zusammenzustecken und das Playmobil-Haus neu einzurichten? Schon ist es Mittag, sie stecken noch immer im Pischi… «Aberegalvati» – Hans hat diese Art, «Aber egal, Vati!» auszusprechen, als wärs ein einziges Wort –, «es sind ja Ferien!» Stattdessen ging die Schule schon am 4. Januar wieder los. Wie ein rasanter Hund hat das neue Jahr uns überrannt, ehe wir uns vom alten erholen konnten.

Ach, man hätte gern mehr Zeit. Zeit nachzudenken, zu bummeln, zu sich zu kommen, zuzuhören, unter Wolldecken zu kuscheln und mit den Kindern einfach mal «nichts» zu tun. Wenn ich zum Fenster hinaus beobachte, wie die Nachbarn vom untern Stock – an einem Tag der Papa, am nächsten die Mama – mit ihrem dreijährigen Finn einkaufen gehen und Stuuuunden später, wie mir scheint, gemächlich wieder die Strasse emporkommen, wird mir weh. Der Kleine, warm verpackt, balanciert auf einem Bordstein, hüpft, bleibt immer wieder stehen, dreht sich um, bückt sich, bewundert einen Stein, einen Tann-ast, eine Tierspur im Schnee. Und ich denke an die Zeit, da der Weg ins Lädeli und zurück mit Anna Luna zweieinhalb Stunden dauerte – das Lädeli lag rund hundertdreissig Meter von unserem Haus entfernt.

Kinder lehren einen, sich Zeit zu nehmen. Jeder Grashalm eine Attraktion. Es war vielleicht das Verblüffendste überhaupt am neuen Gefühl der Vaterschaft, wie ich, dem hypernervösen Berufsleben entrissen, dank der Kinder einen völlig neuen Zeitbegriff bekam.

Leider verlernt man die Kunst der Langsamkeit, diese Kunst, den Augenblick und nur den Augenblick zu erleben, später auch wieder ihretwegen – ich getrau mich kaum, es Finns Eltern zu sagen. Aber sie bekommen ja mit, welch Ruckzuckprogramm unsere Schulkinder haben, da reicht es zwischen Mathe-Test, Abzeichen verkaufen, Klarinettenstunde und Fussballtraining oft nur für einen Boxenstopp: Jacke aus, Zvieri rein, Trainingszeug gepackt, «Wo sind meine Schienbeinschoner??! Gopf, Vati, schnäu!», Jacke und Schuhe wieder an, und weg! Ich, der Servicemann, bleibe belämmert zurück: «Vergiss nicht, …» Sie hört mich nicht mehr.

Fordernd können sie sein, die Kinder. Erwarten, dass man allzeit für sie bereit ist, nehmen alles für selbstverständlich und motzen noch, wenn man ihnen statt der violetten die grünen Socken eingepackt hat. Streicht man ihnen dann aber nachts, bevor man sich selber schlafen legt, übers Haar, wenn sie in ihren Betten träumen – das tue ich jede Nacht –, behält man nur die guten Momente des Tages, vergisst den Streit, die Hektik. Und bedauert die Zeit, die man nicht mit ihnen verbracht hat.

Gottlob wurde «Nonstop» verlängert, die Ausstellung in Lenzburg über unseren gehetzten Umgang mit Zeit. Habe mir längst vorgenommen, mit den Kindern hinzugehen. Leider hatten wir noch – keine Zeit.

Pischi_Schlafanzug, Pyjama / Lädeli_Tante-Emma-Laden / Schnäu_Schnell

GROSIS LIEBLINGSWITZ. «Sie lästern über den Schwie-

gersohn, wollen der Tochter die Ehe vermiesen und sind einfach nur böse.»
Googeln Sie mal «böse Schwiegermütter»! Lieber Himmel, was man da alles lesen
muss… «Wieder Streit mit dem Schwiegermonster! Bin total fertig.» – «Meine
Schwiegermutter macht unser Leben kaputt.» – «Die Verletzungen, die sie mir
zugefügt hat, werden nie verheilen.» Gepeinigte beiderlei Geschlechts klagen
in den Webforen, Schwiegersöhne und -töchter. Eine Ehefrau schreibt: «Mein
Mann hasst meine Mutter! Also, ich hab noch nie von einer guten Schwiegermutter gehört.»

Ich schon. Meine war die liebste, die allerallerliebste. Und stets hilfreich:
Äusserte Hans im Sommer den Wunsch, er möchte zu seinem Geburtstag im
Spätherbst dann Erdbeer-Rhabarber-Crème, rief ich sie an um zu fragen, wie
man Rhabarber tiefgefrieren müsse – roh, blanchiert, gekocht, bereits püriert
gar? Grosi wusste Rat, kannte alte Hausfrauentricks, sie war meine Wikipedia
des Haushaltens. Einen Monat ist es her, da hab ich noch mit ihr am Telefon
gescherzt. «Uchrut chömm nid um!», wiegelte sie meine Frage nach ihrer Gesundheit ab wie stets – Unkraut vergehe nicht. Am nächsten Morgen war sie tot.

Ja. Wir mussten über Weihnacht unser Grosi beerdigen, meine Schwieger-
mama. Ich vermisse sie. Stellen Sie sich vor: eine Schwiegermutter, die über
Sport im Bild ist! Mit ihr liess sich sogar diskutieren, ob Varela nun der genialste
Spieler der Liga oder nur ein gnadenloser Provokateur sei – oder am Ende beides?
Und sie ärgerte sich Saison für Saison über das jeweils neue Dress unserer Lang-
nau Tigers, das «Gwändli», wie sie es nannte. Und kochen konnte das Grosi!
Man merkte, dass sie in einer Wirtsstube im Simmental aufgewachsen war. Ihre
Salatsauce nachzuahmen, versuche ich gar nicht erst; die Kinder würden rekla-

mieren: «Die vom Grosi war besser!» Und als ich letzten Donnerstag zu Hörnli und Gehacktem Apfelmus kochte, mahnte Hansli: «Muesch Kardamom dri tue! Süsch ischs de nid wi bim Grosi.» Das Diplom «für das weltbeste Apfelmus», das die Kinder ihr einst faxten, muss noch irgendwo bei ihr daheim hängen. Beziehungsweise beim Grossätti daheim. Der wird nun auf seine alten Tage noch Hausmann, und wenn sich einer mit siebenundsiebzig selber das Kochen beibringt, kann man nur den Hut ziehen. Die Rösti, berichtet er, sei ihm schon ganz gut gelungen.

Alles habe, alles brauche seine Zeit, sagte die Pfarrerin an der Beisetzung – Zeit zu leben, Zeit zu sterben, Zeit, Abschied zu nehmen, Zeit zu trauern. Anna Luna und Hansli haben zum ersten Mal erfahren, was es heisst, sehr, sehr traurig zu sein. Und uns allen wurde bewusst, dass verpasste Momente nicht wiederkehren. Aber wir sind dankbar für die erlebten. Nie vergesse ich, wie Grosi den Kindern, ihren Enkeln, ihren Lieblingswitz erzählte. «Trampen zwei Elefanten über einen FKK-Strand. Sagt der eine zum anderen: ‹Wie essen die wohl?›» Grosi hielt inne. Lachte verschmitzt. Ergänzte dann für die, die schwer von Begriff waren: «‹… mit diesen kurzen Rüsseln?›» Weihnachten vor einem Jahr wars, niemand von uns ahnte, dass es ihre letzten sein würden.

Muesch Kardamom …_Du musst Kardamom beimengen, sonst schmeckt es dann nicht wie dasjenige von Grossmutter! / Rösti_Gebratener Kartoffelfladen, Deutschschweizer Spezialität

«WI SEISCH?!»

Dass es das noch gibt! «Wott der Bänzli no nes Redli Wurscht?», fragte die Frau des Dorfmetzgers stets und reichte mir, ohne die Antwort abzuwarten, mit ihrer zweizinkigen Fleischgabel eine Scheibe Lyoner über die Glastheke, manchmal auch Fleischkäse, seltener Salami. Mich rührt, dass es Jahrzehnte später im Supermarkt in der grossen Stadt noch genauso geschieht. «Wott däm Wurscht?», fragt eine – sofern ich das Namensschildchen richtig entziffere – Frau Stojanovic, und mit «däm» ist unser Hansli gemeint. Er streckt seine Hand nach dem Wursträdchen aus, schon herrsche ich ihn an: «Wi...»

Und könnte mir sogleich auf die Zunge beissen. Himmel, Neiiin! Dass es auch das noch immer gibt! Eltern, die, noch ehe das Kind eine Chance hatte, von sich aus Merci zu sagen, dreinschnorren: «Wi seisch?!» Eltern? Was sage ich? Ich bins, der oberpeinlich den Erziehungsberechtigten markiert: «Wi seisch?!» Wie meist antwortet Hans, Wurst kauend und leicht eingeschnappt: «Ha... mpf... mmpf... scho lang... mmmpf... Merci gseit.» Und als Frau Stojanovic ihn nun in Schutz nimmt: «Sii! Däm hätt Dankä gsäit», könnte ich für Momente mitsamt Einkaufswagen im Supermarktboden versinken. Gestern in der Drogerie (wo es Traubenzucker und ein «Junior»-Heftli gab), vorgestern beim Beck (ein Schoggistängeli) und letzte Woche bei der Kinderzahnärztin (sie durften ein Plastikspielzeug auswählen) dasselbe: Ich weise die Kinder mit «Wi seisch?!» zurecht und werde selber zurechtgewiesen, sie hätten längst Danke gesagt.

Man würde sich Reflexe wie «Wi seisch?!» und «Hesch Merci gseit?» gern abgewöhnen, denn es nervt einen, dass man nervt, wie die eigenen Eltern nervten. Anderseits möchte man ihnen ja doch ein Minimum an Umgangsformen vermitteln, so bünzlig einem dies zuweilen auch vorkommt: die Ellbogen

beim Essen nicht auf die Tischplatte zu stützen, der Akkordeonlehrerin beim Grüezisagen in die Augen zu schauen, die schmutzigen Winterstiefel vor der Wohnungstür draussen auszuziehen… solche Dinge, halt. Und wenn sie etwas wollen, sollen sie bitteschön «bitte» sagen.

«Vati, muesch mer cho hälfe», tönte es vor einigen Wochen aus Hans' Zimmer, «i ma nid ufe!» Er versuchte vergeblich, an Lego-Kiste 3 zu kommen, die zuoberst auf Lego-Kiste 2, Playmobil-Kiste, Verkleiderlikiste sowie auf die Autokisten 3 und 4 gestapelt war. Ich, wiewohl ahnend, dass es eilt, weil ihm sonst der ganze Stapel umfällt, rufe aus der Küche zurück: «Welches Wörtchen fehlt noch?» Hans: «Sofort!» Er wusste natürlich genau, dass ich «bitte» hatte hören wollen. Ich musste lachen statt zu schimpfen und eilte ihm zu Hilfe. Ich mag die Ironie zwischen den Kindern und uns Eltern, und sein «Sofort!» brachte beides auf den Punkt: die Dreistigkeit der Kinder und meine blöde Art, immer auf den Anstandsfloskeln zu beharren.

Seither ist es ein geflügeltes Familienwort. Sitzt Anna Luna über den Hausaufgaben und benötigt einen Radiergummi, brauche ich ihr «Bringst du mir einen Gummi?» nun nicht mehr zu korrigieren. Nach kurzer Pause schreit sie bereits: «Bringst du mir einen Gummi? Sofort!»

Wott der Bänzli…_Will der Bänzli noch eine Scheibe Wurst? / Lyoner_Brühwurst ohne Einlage / Wi seisch?_Wie sagst du? / Ha scho lang…_Ich hab längst Danke gesagt. / Bünzlig_Spiessig / Muesch mer cho hälfe!_Du musst mir helfen kommen!

MAN HAT MICH NICHT GEWARNT. In Amerika wäre ich jetzt Millionär. Denn ich hätte die Firma Zyliss verklagt, die Herstellerin unserer Salatschleuder, deretwegen ich beinahe ein Auge verlor. Klingt dramatisch, gell? Aber wer Schadenersatz will, muss dramatisieren. Wissen Sie noch? Die stupide Rentnerin, die sich mit Kafi aus dem McDonald's verbrühte? Stella Liebeck, so hiess sie, bekam 2,7 Millionen Dollar zugesprochen, weil sie Verbrennungen dritten Grades erlitten hatte, als sie sich im Auto aus Versehen einen Becher Kaffee in den Schoss kippte. Nach amerikanischem Rechtsempfinden war der Schnellimbiss schuld: Er habe das Getränk zu heiss serviert.

Aber der Reihe nach. Da geb ich mir also Mühe, nicht dauernd diesen Fixfertigsalat aufzutischen, rüste brav Nüssler, wasche ihn gründlich und will den pflotschnassen Salat hernach schleudern, ziehe volle Pulle am Riemen, drei-, viermal und... zack! Der Griff am Schnurende bricht entzwei, meine Faust knallt mit der vollen Wucht der Ziehbewegung in mein rechtes Auge, und die abgebrochene Hälfte des Kunststoffgriffs, die sich noch in meiner Faust befindet, kantig und scharf, schrammt um Millimeter am Auge vorbei; ich füge mir am Lid eine blutige Wunde zu und denke: «Tami, in Amerika würde ich jetzt reich.» Weil die Summe aus Schreck, Schock und blauem Auge dort horrendes Schmerzensgeld bedeuten würde.

Misses Liebecks Story ist längst kalter Kaffee. Doch seither wird, nach ihr benannt, jährlich der «Stella Award» für die abstrusesten Schadenersatzklagen verliehen. An eine Wanita Young aus Durango zum Beispiel, die von ihren Nachbarsmädchen 3000 Dollar verlangte, weil diese sie zu Tode erschreckt hätten, als sie auf ihrer Veranda auftauchten – die Girls wollten die alte Dame mit selbst gebackenen Guetsli überraschen. 2007 ging der Preis an einen Roy L. Pearson:

Er verlangte 65 Millionen Dollar von der chemischen Reinigung, die seine Hose verlegt hatte. Ein anderer verletzte sich am Nationalfeiertag beim Versuch, aus dem fahrenden Auto eine Feuerwerksrakete zu zünden – er verklagte den Autovermieter. Die Hersteller beugen mit Warnungen vor, drucken etwa auf WC-Bürstli: «Nicht zur Körperhygiene verwenden!» Es könnte ja einer auf die Idee kommen… Sie sind nicht ganz geputzt, die Amis. 230 Milliarden Dollar Schadenersatz hat die US-Wirtschaft scheints jedes Jahr zu entrichten.

Und ich soll leer ausgehen? Hey, ich könnte Miele verklagen, weil mein Staubsauger schon wieder ein eminent wichtiges Lego-Teilchen verschluckt hat. Hat mich die Migros-Bäckerei gewarnt, das Zusammenkehren der Brösmeli, nachdem die Kinder Fastnachtschüechli verzehrt hätten, würde mich fast in den Irrsinn treiben? Und wer hat die Dampfhaube überm Herd so tief montiert? Ich schlage mir an ihrer Ecke täglich den Kopf wund.

Schlug ich als Bub den Kopf an, holte mein Vater einen Fünfliber aus dem Kühlschrank, den ich auf die Beule drücken und danach behalten durfte. Nun rannte ich ja nicht absichtlich gegen jeden Türpfosten, sondern weil ich schielte. Es wurde bemerkt – und behoben. Ich hätte es sonst finanziell weit gebracht…

Kafi_Kaffee / Tami_Verdammt / Brösmeli_Brosamen

MEIN EMOTIONALER STRESS. Die eigenen Kinder

verklagen? Eine Leserin aus der Innerschweiz erwägt just dies. Schliesslich
hätte deren Geburt ihre Figur ruiniert. «Oder soll ich mich an die Schoggi-
und Chräpflihersteller halten?», fragt sie. Und was mit dem Mann, der neulich
in der Eisenbahn vor allen Leuten auf ihre elfjährige Tochter gezeigt und
gefragt habe, ob das ihre Enkelin sei? Den verklagt sie auch gleich, diesen Ehr-
verletzer. Jawohl.

Aber nur in Gedanken. Denn wir sind ja hier nicht in Amerika, wo ein ab-
struses Verursacherprinzip unter Ausklammerung jeglicher Eigenverantwortung
gilt. Wo sich zum Beispiel eine Michelle Knepper von einem Dermatologen,
einem Hautarzt also, Fett absaugen liess. Der Eingriff misslang, und sie verklagte … Nein, nicht den Arzt – sondern die Telefongesellschaft. Im Telefonbuch
habe nicht gestanden, dass der Dermatologe kein Schönheitschirurg sei. 1,2 Millionen Dollar Genugtuung wurden ihr zugesprochen. Und ihrem Mann – dem
sie offenbar im Bett, mangelhaft fettabgesaugt, wie sie war, nicht mehr wunschgemäss zu Diensten sein konnte – 375 000 Dollar Schmerzensgeld für den «Ver-
lust ehelicher Dienste». Wenigstens gibts für so was in den USA flugs den «Stella
Award», den Preis für die blödeste Schadenersatzklage. 2006 ging er an Allen
Ray Heckard aus Oregon, der vom Basketballstar Michael Jordan volle 416 Millionen Dollar für die Pein verlangte, die er erleide, weil er oft mit Jordan ver-
wechselt werde. Dabei ist er neun Zentimeter kleiner und acht Jahre älter als der
echte «Air» Jordan. Ganz nebenbei forderte Heckard auch vom Ausrüster Nike
832 Millionen für den erlittenen «emotionalen Stress».

Nike! Die könnt ich eigentlich auch verklagen. Oder hatten meine Fussballschuhe eine Packungsbeilage, die vor dem Verschiessen von Elfmetern

warnte? Nach US-Vorbild müssten sie, in den Staaten wirken Firmen den immer dreisteren Schadenersatzklagen mit immer dümmeren Warnungen entgegen. Und überhaupt, wenn dieser Heckard sich von der Ähnlichkeit mit Michael Jordan gestört fühlte – wer tröstet mich darüber, dass ich dem Eishockeycoach John Van Boxmeer aufs Barthaar gleiche? Wie froh ich war, als er vom SC Bern geschasst wurde und aus unseren Zeitungen verschwand! Ich war die Sprüche müde: «Hey, Boxmeer, stehst heut Abend nicht an der Bande?» Nun aber ist er zurück und mit dem B-Ligisten Lausanne erst noch auf Erfolgskurs. Bald wird man ihn wieder am TV sehen, dann kann sich männiglich von unserer Ähnlichkeit überzeugen. Mich wurmt, wie frappant sie ist. Denn der Typ ist dreizehn Jahre älter als ich. Da verklage ich wohl besser gleich die Hersteller meiner sauteuren Anti-Aging-Crème … 29.95 Franken, wirkt garantiert gegen Augenfalten! Nur bei mir nicht.

Schlimmer noch: Letzte Woche ertappte ich mich dabei, wie ich die neuerdings am Einkaufswägeli montierte Lupe benutzte, die uns alten Säcken helfen soll, das Kleingedruckte zu entziffern. Ich gönne mir aus Faulheit und Gluscht wieder mal einen fixfertigen Selleriesalat. Und was steht unter dem Stichwort «Allergiker-Info»? «Enthält Sellerie.»

Schoggi_Schokolade / Chräpfli_Krapfen, hier: Süssigkeit / Gluscht_Lust

WELTUNTERGANG. Jetzt geht es auch bei uns los, das Gehyper
ums Langzeitgymnasium. Nun gut, losgegangen ist es eigentlich schon letzten
Herbst, als die ersten Eltern für ihre Sechstklässler zwecks Gymivorbereitung
fiebrig Privatkurse und Nachhilfestunden zu buchen begannen. Im Mai stehen
die Prüfungen an. Und ist der Übertritt erst einmal geschafft, folgt im Herbst
ein Horrorsemester, in dem gnadenlos gesiebt wird – pro Klasse fliegen sechs
bis sieben der neuen Kantischüler gleich wieder raus, weiss ich von Schauer-
geschichten aus der Nachbarschaft.

Man möchte als Vater cool bleiben, das Töchterchen (in unserem Fall
Anna Luna) keineswegs puschen, ihren Wünschen aber auch nicht im Wege
stehen. Also informiert man sich. (Ich darf gar nicht daran denken, wie oft
ich im letzten halben Jahr wegen Informationsabenden und Elterngesprächen
das Fussballtraining schwänzen musste. Meine Frühjahrsform ist ernsthaft ge-
fährdet.) Untätig blieben wir dann doch. Andere haben ihren Kindern längst für
40 Franken den Ratgeber «Ich will ans Gymi» gekauft, dazu zwei Übungshefte
mit den Prüfungsaufgaben vergangener Jahre, das Heft à 35 Franken. Und wenn
man im Freundeskreis von Eltern, die man für kühle Köpfe hielt, vernimmt,
dass der Sohnemann mittwochs Mathematiknachhilfe erhält, dann fragt man
sich leis: Sind wir Rabeneltern? Versäumen wir es, für unser Kind das Beste
zu unternehmen?

Nein, ich finde die glimpfliche Variante an unserer Schule ausreichend:
Wer aufs Gymi aspiriert, besucht zwei Lektionen Vorbereitung pro Woche. Anna
Luna verpasst dann einfach zwei reguläre Schulstunden. Und sie hat spezielle
Hausaufgaben. «Setze den Satz ‹Der Zyklop forderte Odysseus auf, er solle ihm
seinen Namen nennen› in die direkte Rede.» Okay, easy. Aber wie stehts mit

der Mathi? «Um eine rechteckige Turnhalle, die 26 m lang und 16 m breit ist, führt ein stets gleich breiter Weg. Er ist aussen mit einem 96,4 m langen Draht-zahn umgeben. Wie breit ist der Weg?» Das ist schon schwieriger. Ich: «Soll ich dir…?» – «Hueresiech, Vati, du DARFST mir nicht helfen!!!!» Achtzehn Sekunden später tönts aus ihrem Zimmer: «Diese Aufgaben sind voll gaga mega schwierig! Chumm cho hälfe, Vatiiiii…!»

Am Infoabend in der Kanti reichen die Stühle nicht aus, so gross ist der Andrang. Vorn beteuern Lehrpersonen fortwährend, es gäbe ja später noch viele Chancen zur Matura; klappe der Übertritt jetzt nicht, sei dies «kein Weltunter-gang», und die Gesichter der Mamis und Papis im Publikum sagen das Gegen-teil. Neben mir gluckst Anna Luna aufgeregt. Mich beruhigt, dass ein Prorektor nun sagt, man solle sich «massvoll vorbereiten», professionelle Kurse seien nur in Sonderfällen nötig. Aber draussen vor der Halle frösteln die Kursanbieter im Dutzend bei minus sechs Grad mit ihren Flugblättern, jeder bietet den noch bes-seren Kurs an. Eben erzählt eine Mutter, sie habe ihre Melissa für die Sportferien zu einer Intensivwoche angemeldet, Kosten: 2500 Franken… pro Fach.

Da fahren wir lieber ins Bündnerland Snowboarden. Auch teuer – macht aber mehr Spass.

*Gymi_Gymnasium / Hueresiech_Kraftausdruck, etwa: verdammt nochmal / Chumm cho hälfe_*
Komm und hilf mir / Kanti_Kantonsschule, Gymnasium

MIT MEINEM LATEIN AM ENDE. Das Doofe ist ja: Bei

uns in Zürich gilt punkto Kanti die freie Schulwahl. Die Gymis buhlen mit Pro-
spektlein und Werbeabenden um die besten Schülerinnen und Schüler, die be-
flissensten Eltern potenzieller künftiger Kantischüler tingeln seit Wochen von
Infoveranstaltung zu Infoveranstaltung. Nicht auszudenken, wohin so was führt.
Zu Eliteschulen für Reiche? Und will man sein Kind ans andere Ende der Stadt
zur Schule schicken, in eine andere Stadt gar, nur weil besagte Schule gemäss
Statistik vielleicht die bessere Grundlage für einen späteren ETH-Abschluss böte?
Unsinn. Wir setzen, sollte unsere Tochter die Prüfung bestehen, ganz einfach
auf die unserem Quartier am nächsten gelegene Kanti. «Wir laden Ihre Tochter/
Ihr Sohn ein, am Schnupperbesuchsnachmittag teilzunehmen...», schrieb die
Schulleitung auf ihren Laufzettel. «Wir laden Ihr Sohn ein...»? Hoppla, da ging
ein Akkusativ vergessen. Aber macht dies die Schule nicht irgendwie mensch-
lich? Es heisst doch von alters her: «Errare humanum est.»

 Ui, Hilfe, nein... Latein! «Salvete discipulae futurae!», begrüsst ein Lat-
lehrer im Singsaal, Zimmer 208, zu besagtem Schnuppernachmittag, womit ich
mit meinem Latein schon beinahe am Ende bin. Jedenfalls suche ich schon bei
diesen ersten Worten mein Heil in der Flucht (die Formulierung kenne ich, zugegeben, aus dem Lateinunterricht), überlasse unsere Tochter ihrem Schicksal,
schlendere noch ein wenig durchs Schulhaus und sorge mich, was wird, wenn
Anna Luna mittags kaum mehr heimkommen kann. Zum ersten Mal fährt der
ewige Spruch im Zusammenhang mit Kindern, «Es geht sooo schnell», so richtig
ein: Mir ist, als hätte ich sie eben erst zum ersten Schultag begleitet, schon steht
ihr Übertritt in eine Schule an, die ein neues Leben bedeutet: früher aufstehen,
tagelang von zu Hause wegbleiben... Das ging so schnell! Für Eltern sind solche

Schritte immer auch Etappen des Loslassens. Die Kinder werden selbstständig, entgleiten einem. Mir wird weh. Ich bin kein guter Loslasser.

Wie sie auch beim siebten «Zu Ti-i-isch!» nicht von ihrem «Bravo Girl!» aufblickt (aktuelle Titelgeschichte: «Mit diesen Trendfrisuren machst du alle neidisch!») – ich werde die Mittage mit Anna Luna vermissen! Selbst die Von-null-auf-hundert-Tobsuchtsanfälle werden mir fehlen, die sie, altersbedingt, in jüngster Zeit aus dem Nichts heraus hat (… dann zum Beispiel, wenn sie dies hier in der Zeitung liest). Vor allem aber wird mir ihr sprudelndes Erzählen fehlen, unser Fachsimpeln über Lustrinellis Transfer zu YB, ihr Übermut… Und überhaupt, mein Meiteli fern von daheim, fern von meinem Herd? Kein leichter Gedanke für mich Gluggere. Wird sie sich auch gesund ernähren? Noch immer auf Schulrundgang, frage ich mich in der Mensa, ob Anna Luna sich heut für Kalbshackbraten an Salbeisauce mit Teigwaren und grünen Bohnen entschieden hätte oder für Pommes Jackson auf Broccolisauce mit Ratatouille.

Und muss heimlich zugeben: beides gesünder als die Tomatenplätzchen aus dem Tiefkühlfach, die ich heut in der Eile aufgetischt habe.

Meiteli_Kleines Mädchen / Gluggere_Glucke

HEIMA

Der Spielpl
WM

TLIEBE

Hakan
Yakin

der

GENERATION YPSILON. Weiss gar nicht, was die plötzlich

alle hatten. «Ui, ui, ui, pass dann auf!», raunten Fussballkameraden und Nachbarinnen mir zu, bevor wir in die Sportwoche fuhren. Keiner wünschte schöne Ferien, alle klangen sie besorgt: «Nöd wieder z gääch, gäll!» Wahrscheinlich erinnerten sie sich daran, dass ich in Laax in den vergangenen Jahren die örtliche Arztpraxis öfter von innen gesehen habe als die Gondel auf den Crap Sogn Gion – Kreuzbandriss, Innenbandriss, Prellungen, Schwellungen und letzten Winter eine Gehirnerschütterung plus eine gebrochene Rippe vom Snowboarden. Am letzten Schultag rief Verena mir noch zu: «Denk daran, du bist nicht mehr zwanzig!» – «…Auch nicht mehr dreissig!», lachte ich zurück.

Wie alt ich wirklich bin, merkte ich dann auf der Piste. Daran, wie sehr die Namen auf den Helmen der Skischüler mich befremdeten. Alle bekommen mittels runder Sticker ihren Vornamen auf den Helm geklebt, auf dass die Skilehrerin sie erkenne: «Yarlin», «Karolyn», «Zyan», las ich beim Anstehen am Lift, auf dem Sechser-Sesseli dann «Laryssa», «Devyn» und «Lynn». Ich dachte, was Sie jetzt auch denken: Ich spinne! Woher kommen aufs Mal all die Ypsilons?! Ab Dienstag schaute ich genauer hin. Und notierte bis Ferienende: Emily, Freya, Darryl, Anastasiya (man beachte die Kombination i-y!), Sandy, Yara, Yan und Yardil, ferner Maya, Casey, Eyleen, Eryn und Lucy, Anthony, Libby, Finlay, Lya. Und, hey, das waren alles Schweizer Kinder – Finlay hiess Zäch und Lya Leuenberger, ich hab nachgefragt.

Womit wir nicht nur bei der alten Frage wären, ob denn Vor- und Nachnamen nicht irgendwie zusammenpassen sollten (Wie vor Jahren schon angemerkt: Jemand, der zum Geschlecht Pathmakanthan heisst, tauft sein Kind auch nicht Annebäbi), sondern neu bei einer mir unerklärlichen Häufung des

Ygregg, wie wir Berner dem Ypsilon sagen. Irgendwie muss man den Buchstaben ja ausdeutschen, schliesslich hört man einem Ygregg das Ygregg nicht an. Auf einem knallroten Helm stand: «Fynn». Ich malte mir aus, wie der sich später an irgendeinem Schalter buchstabieren muss. «Vorname?» – «Fynn.» – «Finn?» – «Nein, Fynn, mit äh, Dings…» – «Fünn?» – «Nein, Fynn! Eff, Ypsilon, Doppel-Enn. Fynn.» Einer hiess gar Fynn-Cyrill; und der Gipfel: Kevyn. Der arme Bub.

Aber Sie sind mir vermutlich auf die Schliche gekommen. Ich will nur ablenken vom Thema, wie läppisch ein bald Fünfundvierzigjähriger auf dem Snowboard einer Jugendkultur nachhechelt. Aber hatte ich nicht immer gesagt, wenn die Kinder mal boarden, probier ichs dann auch? Und sollte man nicht immer wieder Neues lernen? Jedenfalls könnte ich jetzt ein Brevier für Ü-40-Snöber verfassen. Darin stünde, man solle eine Sicherheitsvorkehrung treffen, ehe sie nötig werde. Meinen Helm kaufte ich Löli erst, nachdem ich furchtbar auf den Grind geflogen war, den Rumpfpanzer nach dem Rippenbruch. Heuer nun hab ich Handschuhe mit Einknickschutz gepostet – aber erst, nachdem ich mir am ersten Ferientag beim Boarden die Hand gebrochen hatte.

Mit dem Gips gings dann übrigens prima. Da kann man ja nicht mehr einknicken. Ob ich mir den das nächste Mal präventiv verpassen lassen soll?

Nöd wieder z gääch, gäll!_Nicht wieder allzu halsbrecherisch, gell! / Löli_Tölpel, Dummkopf / Grind_Kopf / Posten_Kaufen

DEM YANNIK FEHLT EIN C. Susan, eine geneigte Le-

serin aus Basel, berichtet, sie habe es nicht leicht gehabt als Kind. Denn zum
französischen Nach- hatte sich ihre Mutter einen englischen Vornamen aus-
gedacht, und man kann sich vorstellen, wie oft sie selbigen buchstabieren
musste, die Ärmste. «Nein, kein E am Schluss! Auch kein Doppel-N, nein, nur
Susan, Ess U Ess A Enn – ‹Suusen›.» Sie nahm sich vor, es mal besser zu machen.
Zwar konnte Susan es dann nicht lassen, ihren Sohn nach dem französischen
Tennis-Crack mit den lustigen Rastalocken zu taufen, für den sie als Teenie geschwärmt hatte: nach Yannick Noah. «Um ihm aber die Vornamenproblematik
zu ersparen, mit der ich als Kind zu kämpfen hatte, beschlossen mein Mann
und ich, das CK wegzulassen und ihn einfachheitshalber Yannik zu taufen, nur
mit K.» Und was passiert? «Alle, aber wirklich alle, von der Apothekerin bis zum
Zahnarzt, selbst Verwandte und Freunde, schreiben den Namen unseres Sohnes
mit CK… Heul, schnief…»

Siehst du, Susan? Wie mans auch macht – es ist nicht recht. Aber einen
bemerkenswerten Satz schriebst du mir noch: «Ans Ypsilon hat man sich ja
mittlerweile gewöhnt.» Ich? Mich ans Ypsilon gewöhnt? Nicht in Vornamen. Im
schönen Sumiswald im Emmental, weiss Gott nicht die urbanste Gegend, sah ich
letzten Samstag über dem Eingang eines alten Holzhauses die Kunde prangen,
kurz vor Neujahr sei eine Anna Alyah zur Welt gekommen. Schon male ich mir
aus, wie das Meiteli später bei jeder Gelegenheit das Verslein aufsagen muss:
«Alyah, mit Ygregg und A-Haa», damit es richtig geschrieben wird.

Sie! Das Ygreggfieber grassiert. Seit meiner Erhebung an den Skischulen
Flims, Laax und Falera kamen neu hinzu: Mya, Dylan wie der grosse Bob,
Nadyn – und vorn auf dem «Blick» war letzte Woche ein nacktes Mami ab-

gebildet (weiss der Geier, was junge Mamis dazu treibt, sich für den «Blick» fudiblutt ablichten zu lassen, aber item), ein Mami aus Hausen am Albis, das trotz seiner Jugend schon zwei Kinder hat: einen Dyllan (mit Doppel-L! Scheint mit dem grossen Bob also nichts zu tun zu haben) und eine Aliyn. Ähm… Aliyn? Vielleicht ausgesprochen wie die Aline meiner Jugendtage? Der Name war en vogue wegen des wunderschönen Chansons eines gewissen Christophe: «Et j'ai crié, crié-ééé, Aline, pour qu'elle revienne…» So lernte ich den Subjonctif. Aber wie, bitte, spricht man nun Aliyn aus? Mich mahnt der Name eher an «Alien», und das Mädchen tut mir ein bisschen leid.

Aber vielleicht hat ja Herr Weber aus Hombrechtikon recht, der schreibt, ich Laferi solle mich bloss nicht lustig machen – ich hätte schliesslich selber einen saudoofen Namen. Doof? Mein Vorname? Etwas schwierig, zugegeben, weil ihn östlich von Burgdorf alle für einen Nachnamen halten: «Grüezi, Herr Benz!» Ich: «Bänz, mit Ä.» – «Ah, so! Herr Bänz» – «Nein, Friedli. Bänz ist der Vorname.» Und in Amerika: «My Name is Bänz. As in Mercedes Benz. But with an umlaut.» Der Zollbeamte: «What's an umlaut?» Aber für doof hielt ich den Namen eigentlich nicht. Bis ich jüngst auf www.berndeutsch.ch «Bänz» ins Wörterbuch eingab. Resultat: «Bänz; Bänzli: Schaf, fettes Tier.» Noch Fragen?

DIE PARAGRAFENERFINDER. «Hast du die Schienbein-

schoner? Und ein Frottiertuch? Und deine Trinkflasche?» – «Vatiiii! Bin selber
gross! Du musst mir nicht immer sagen, was ich alles einpacken soll», tönts aus
Anna Lunas Zimmer. «Muss ich doch! Letztes Mal hast du die Socken vergessen.» Und einmal ging sie sogar ohne Fussballschuhe ans Auswärtsspiel. Drama,
Tränen, Flüche. Und wer war schuld? Ich, natürlich. Diesen Samstag aber müsse
sie zur Besammlung für den Match in Herrliberg neben Sportausrüstung und
Verpflegung auch einen Kindersitz mitbringen, habe der Trainer gesagt. «Einen
was?!» – «Einen Kindersitz, Vati, checkst du es nicht?»

Stimmt! Nun tritt ja die stupide Neuerung in Kraft: Ab dem 1. April –
kein Scherz! – müssen Mädchen und Buben im Auto bis zwölfjährig mit, Zitat,
«geprüften und gekennzeichneten Kinderrückhaltevorrichtungen» gesichert
werden», falls sie kleiner als 1,50 Meter sind. Wobei schon die Bezeichnung
Kinderrückhaltevorrichtung falsch ist, zurückgehalten wird das Kind ja nicht
vom Sitz, sondern vom Gurt. Weil aber der FC unmöglich für jedes Mädchen
ein Sitzli anschaffen kann und es den Eltern, die den Fahrdienst übernehmen,
nicht zuzumuten ist, ihre Privatautos mit vier, fünf Sitzerhöhungen auszurüsten,
hat künftig jede Spielerin ihren eigenen Sitz mitzubringen. Wer ohne erscheine,
müsse daheim bleiben.

Eben gingen wir knapp daran vorbei, dass Tanten und Göttis eine Lizenz
zum Hüten unserer Kinder gebraucht hätten – nun redet uns der Staat schon
wieder drein und befiehlt «Schutzvorrichtungen», die nachweislich nicht
schützen: Eine seriöse US-Studie kam zum Schluss, dass es die Gurten seien, die
Leben retten und Verletzungen verhindern würden – der Kindersitz bringe bei
Zwei- bis Sechsjährigen keinen zusätzlichen Nutzen. Was, bitte, soll er dann bei

Elfjährigen bringen? Lieber Bundesrat! Wer solche Schikanen beschliesst, hat vermutlich noch nie eine Schar Juniorinnen zum Auswärtsspiel gefahren. (Ich schon. Dazu miete ich, da wir ja kein Auto haben, jeweils ein Mobility. Nein, wird mir bei der Carsharing-Genossenschaft telefonisch beschieden, man habe nicht im Sinn, nun alle Wagen mit Kindersitzen auszurüsten, aber ich könne zum Vorzugspreis von 90 Franken den «Sitsac» bestellen, Sitzerhöher und Rucksack in einem.) Die neue Kindersitzregelung bringt nichts. Ausser Ärger: uns Eltern. Mühsal: den Kindern. Und Stutz: der Kindersitzindustrie. Mir wäre lieber, die Paragrafenerfinder würden meine Kinder schützen, wenn sie zu Fuss unterwegs sind: vor Rasern, unaufmerksamen Lastwagenchauffeuren und Fahrerinnen von Geländewagen, die auf der Suche nach dem Nailstudio volle Pulle durchs Quartier fräsen.

Mist, irgendwo muss doch noch dieses Autositzli sein! Oder haben wir es verschenkt? Statt auf den Sitz stosse ich im Keller auf eine Baby-Born-Kutsche, stapelweise Blockflötennoten, Schlitt- und Wanderschuhe aller Grössen und Adventsschmuck. Bestelle ich halt diese «Sitsacs» …

Und dann erst haben wir nachgemessen: Anna Luna ist genau einen Meter dreiundfünfzigeinhalb gross. Sie braucht gar keinen Kindersitz.

Stutz_Hier: Geld, Kohle

GANZ VIELE DOUMBIAS. Sie mag bereits einsdreiund-
fünfzigeinhalb gross sein, unsere Anna Luna, aber will sie einen Brief ab-
schicken, geht sie nicht zum Briefkasten, sondern zum «Schickiplatz». Das
durchaus logische Wort schuf sie selber, als sie zwei war. Seither ist «Schickiplatz» Familienjargon. Auch von den Kindern früherer Nachbarn sind uns Ausdrücke geblieben: Klein Tim pflegte, wenn er ein Problem hatte, zu wehklagen,
er habe «es Kumplem», und er rief nicht nach Papa oder Mama, sondern nannte
sie der Kürze halber alle beide «Pama». – Tim wird bald zehn, noch aber zitieren
ihn unsere Kinder, wenn sie was brauchen: «Pama, i ha nes Kumplem!»

Bei Eglis in Trasadingen, schrieb Mutter Gisela mir, ist für Swimming-
pool der «Zwillings-Pool» gebräuchlich, «Meier Chäs» bedeutet Mayonnaise.
Hat man solche Kinderbonmots einmal vernommen, bringt man sie nicht mehr
weg. Höre ich «Adam und Eva...», muss ich an das Mädchen denken, das stets
«Madame und Eva im Paradies» verstand, und es handelte sich nicht – wie
man meinen könnte – um die Tochter eines Lesbenpärchens. Andri, der Sohn
von Hanslis Gotte, nannte mir als Erstklässler stracks sein liebstes Schulfach:
«D Zähnipouse.» Das sass. Die kleine Barbara verkündete nach einem Gewitter
stolz: «Ha kä Angscht gha – nume Schiss!» Und Milo, der zweijährige Enkel
einer Bekannten aus Bern, rief letzthin angesichts einer Gruppe dunkelhäutiger
Männer im Tram laut vernehmbar aus: «Lueg, Mama, ganz vieli Doumbias!» Aus
dem Bub wird ein YB-Fan.

Apropos Tram, bei uns ertönte unlängst Höhe Wiedikon die Durchsage:
«Aufgrund einer Störung am Talacker werden die Trams der Linien 2 und 9 in
Richtung Paradeplatz am Stauffacher umgeleitet.» Neben mir ruft ein Bübchen
ganz aufgeregt: «Ouu, Mami! Gömmer an Pirateplatz?» Der Knirps konnte nicht

ahnen, welch wahres Wort er ausgesprochen hatte. Am Paradeplatz sind unsere Grossbanken daheim. Und für die passt, gerade nach den neusten Meldungen über Boni und Managerlöhne, «Piraten» doch ganz gut?

*Zähnipouse_Zehn-Uhr-Pause / Ha kä Angscht gha ..._Hatte keine Angst, nur Schiss / Doumbia_*
Seuydou, ivorischer Topskorer der Berner Young Boys / Gömmer an Pirateplatz?_Gehen wir an den
Piratenplatz?

JUMBO-BURGER UND MINI-PARISER. Ehrlich

gesagt, ich kenne kaum Eltern, die schlecht zu ihren Kindern schauen würden. Im Gegenteil. Alle sind auf Sicherheit bedacht. Auf der Piste sieht man kaum noch Kinder ohne Helm, nicht mal beim Rollschuhlaufen, geschweige denn auf dem Velo. All dies ohne Obligatorium, notabene.

Vielleicht reagieren viele von uns deshalb so allergisch, wenn uns der Schutz unserer Schutzbefohlenen befohlen wird, wie es nun mit der Ausweitung des Kindersitzobligatoriums geschieht? Und noch etwas allergischer, wenn wir feststellen, dass die marktgängigen Kindersitze zu schmal für das Fudi vieler Zwölfjähriger und für deren Gewicht gar nicht zugelassen sind... Aber etwas Gutes hat die Sitzpflicht für bis zu zwölfjährige Kinder doch: Sie gibt uns, die wir überrumpelt wurden, wie rasant die Kleinen gross geworden sind, noch einmal das Gefühl, sie seien klein geblieben, kindersitzliklein. Balsam für Mütter, die Mühe haben loszulassen – und für Väter wie mich, der ich hier jüngst jammerte, unsere Tochter komme zum Mittagessen bald nicht mehr heim.

Dabei muss ich mich selber an der Nase nehmen. Klar sind die Kinder schnüsig, solang sie klein sind. Aber als ich unlängst beobachtete, wie am Central eine Mutter bei Schneeregen und Biswind verzweifelt versuchte, den Kinderwagen ins überfüllte Tram zu bugsieren, wobei sie nicht nur im Wägeli ein Kind hatte, sondern auch eines im Bauch (geschätzter Schwangerschaftsmonat: der achte) plus ein Zweieinhalbjähriges, das sich kreischend weigerte, aufs am Wagen montierte Trittbrett zu stehen, worauf natürlich das Tram abfuhr... Da dachte ich dann doch: Gut, haben wir das hinter uns.

Wie spannend, mit den Kindern über alles zu diskutieren, was in der Zeitung steht, über Palästina, pädophile Priester und die Playoffs. Wie sehr sie

sich für Obamas Gesundheitsreform interessieren! «Was, Vati? Warum, Vati? Säg!» Wie ich es genoss, mit ihnen die Pisten runterzubrettern, statt Stemmbögen in Zeitlupe vorfahren zu müssen. Und wie toll es mit Hans im Albisgüetli war! Jahrelang hatte ich das dortige Country-Festival allein besucht (Nein, meine Liebste steht nicht besonders auf diesen Sound) und mir jedes Mal gewünscht, jemand würde mit mir den «Jumbo-Burger» teilen, der nur für zwei Personen serviert wird. Vorigen Mittwoch war es so weit: Marc & The Boiled Crawfish und Buckwheat Zydeco boten Örgelimusik vom Feinsten; Hansli, der selber Akkordeon spielt, klatschte und johlte an meiner Seite, wir schunkelten zu seinem Lieblingsstück «(Don't Mess With) My Toot Toot» – und wir verzehrten einen tellergrossen Jumbo-Burger! T-e-l-l-e-r-g-r-o-s-s, sag ich Ihnen! Kinder sind immer in dem Alter am herzigsten, in dem sie gerade sind, voilà.

Dass übrigens zeitgleich mit der Sitzlipflicht für Zwölfjährige ein Kinderkondom für Knaben lanciert wird, deren … wie soll ich sagen? Deren … öhm … Dings für einen ausgewachsenen Pariser noch zu kurz ist – ist dies einfach Ironie des Schicksals? Oder ist es bezeichnend dafür, dass wir von den Kindern immer mehr verlangen, ihnen aber immer weniger zutrauen? Bei Leserin Susanna fragte der bald zwölfjährige Sohn am Mittagstisch jedenfalls leise irritiert: «Was?! Mues mer jetz Sex scho mit zwölfi ha?»

Fudi_Po / Wägeli_Kinderwagen / Pariser_Kondom / Mues mer jetz…_Muss man jetzt schon mit zwölf Sex haben?

HOPP BETHLEHEM! Was für ein Pech! Unsere Girls trafen

Pfosten und Latte, dominierten das Spiel – nun müssen sie kurz vor Schluss diesen Penalty hinnehmen. Mag sein, dass «unsere» Verteidigerin ein bisschen geschubst hat, aber die gegnerische Stürmerin fiel auch gar theatralisch hin. Null zu eins, fertig. Fies! Und was tun die Mädchen? Lamentieren nicht, sondern klopfen ihre Schuhe aus und singen – zur selben Melodie, zu der sie einander zuvor angefeuert haben: «Mir händ e super, super Luisa …» – auf dem Weg unter die Dusche fröhlich: «Mir händ gluuset, mir händ gluuset, mir händ total, total gluuset», wobei «luuse» Zürcher vorstadtneudeutsch für «verlieren» ist. Ich bin froh, dass Anna Luna Fussball spielt. Mit Kolleginnen von vielerlei Herkunft, die halt manchmal wegen des Ramadans oder der serbisch-orthodoxen Weihnacht nicht ins Training kommen.

Manche finden ja, Kicken sei nur etwas für Kerle, aber Mädchen sind auf dem Platz genauso taff. Nur spielen sie etwas mehr um des Spiels und etwas weniger um des Sieges willen. «Fussball macht mich immer glücklich, egal, ob wir gewinnen oder verlieren», sagt eine Teenagerin in «Pizza Bethlehem», dem neuen Dokfilm über B-Juniorinnen. Kein strahlendes Winnerteam wird da gezeigt, einfach nur Modi, die zusammenhalten. Man sieht zu, wie sie im Schatten der Wohntürme von Bern-West trainieren, hört sie türkisch beten, mazedonisch telefonieren, italienisch fluchen, im Jugoslang schäkern, man beobachtet sie beim SMS-eln, Gamen, Zeitungen austragen, begleitet sie zum Shoppen – «Das sy di fantastischstä, schönschtä, troumhaftistchä orangschä Schueh vo mim Läbe!!!» –, lacht über den Albanerwitz einer Albanerin. Und Agime erzählt, wie die muslimische Mutter, kommt der Vater von der Arbeit heim, niederkniet und ihm die Schuhe auszieht. «Aber ich will mal einen Mann, der im Haushalt genau

gleich viel macht wie ich.» Gescheit, frech und reflektiert wecken diese Fünf-zehnjährigen aus Angola, Serbien und Nigeria Verständnis für eine Generation, die zwischen verschiedenen Heimaten einen eigenen Weg finden muss. Man schliesst jede Einzelne von ihnen ins Herz.

Fast beiläufig fällt der Satz: «Wir sind gut integriert hier. Einige Schweizer müssen sich einfach noch daran gewöhnen, dass ihr Land allmählich multi-kulturell wird.» Klingt ganz einfach. Ist aber verflucht kompliziert, wie wir aus der Politik wissen, einer Politik der schwarzen und weissen Schafe, der Schuld-zuweisungen und Verleumdungen. Regisseur und Kameramann sind den jun-gen Frauen sehr nahe gekommen, ohne ihnen nahezutreten. Selten hat mich ein Film berührt wie dieser. Er sagt mehr als tausend Politikervoten. Im Fussball habe sie eine zweite Familie gefunden, sagt Goalie Tiziana. «I gloubä nid, dass i ohni däm chönnt läbe.»

Er habe keinen Film über Fussball drehen wollen, merkt Bruno Moll zwar an. Doch er hat genau dies getan. Woher sonst hätte Elmaze die Selbstsicherheit, sich beim Bewerbungsgespräch für eine Pflegerinnenstifti als «belastbar, stress-resistent, teamfähig» zu preisen? Woher, wenn nicht vom «Schutte»?

Eine Bitte: Schauen Sie sich «Pizza Bethlehem» im Kino an! Und ich nehme Anna Luna nächsten Dienstag in den Letzigrund mit. Sie wird mich trösten, sollten unsere Young Boys gegen GC verlieren. Mit Niederlagen weiss sie umzugehen.

Mir händ_Wir haben / Modi_Berndeutsch für Mädchen / Das sy di ..._Das sind die fantastischsten, schönsten, traumhaftesten orangen Schuhe meines Lebens! / I gloubä nid ..._Ich glaube nicht, dass ich ohne «dem» leben könnte / Stifti_Berufslehre / Schutte_Berndeutsch für Fussballspielen

IM HAUS TÄTIGER MANN. Doch, ich bin ein bisschen stolz

auf meinen Frühjahrsputz. Dabei vertrete ich im Grunde die Meinung, wer unterm Jahr gut schaue, bedürfe im Frühling keines Sonderefforts; also kommt meine Putz- und Räumungswut dem Eingeständnis gleich, dass ich unterm Jahr nicht gut genug geschaut habe … Wie oft habe ich Skistöcke, Blumenkisten, Papiersäcke voller aussortierter Bilderbücher in der Eile einfach irgendwie in den Keller gestellt! Bis er so verstellt war, dass man keinen Schritt mehr hineinmachen konnte. Und nun, da wir die Sommerschuhe hervorholen und die Winterschuhe verstauen wollten, musste ich wohl oder übel Ordnung schaffen – sei es nur um festzustellen, dass die letztjährigen Schuhe den Kindern ohnehin zu klein sind. Mit dem Schwung der Kellerentrümpelung machte ich mich an den Kühlschrank. Läck, diese Schmutzkrusten! Dann an die Fenster, das Bad …

Ich also durchaus zufrieden mit mir. Und dann reisst eine – wie sie sich nennt – «Beobachterin» im Forum auf Migrosmagazin.ch alte Wunden auf: «Darf sich jemand, der nicht weiss, wie man ein Fixleintuch faltet, überhaupt Hausmann nennen?», fragt sie. «Dasselbe gilt für Hausfrauen und -männer, die keinen einigermassen akzeptablen Sonntagszopf zustande bringen, nicht wissen, wie man Rotweinflecken aus weissen Tischtüchern entfernt oder wie Samt gebügelt wird.»

Zischga antwortete als Erste: «Dann bin auch ich bloss eine im Haus tätige Frau und keine Hausfrau, beherrsche ich doch weder die Kunst des Fixleintuchfaltens (sie passen auch unperfekt gefaltet prima in den Kasten) noch des Rotweinfleck-aus-weissem-Tischtuch-Entfernens (mangels weisser Tischtücher).»

Mich hat die «Beobachterin» auf dem falschen Fuss erwischt, gopf. Denn ich stehe durchaus für den Wert unserer Arbeit ein, auch wenn ich nicht alles

fehlerfrei beherrsche (uns Männern hats ja niemand beigebracht). Dass die Haushaltsbüez allerorten herabgemindert wird, ärgert mich, und ich beneide die Hausfrauen alter Schule um ihr Know-how. Tante Ida zum Beispiel brachte uns zu Ostern wunderschöne Eier mit Kräuterabdruck, gefärbt im Zwiebelschalensud. «So ab Neujahr», sagte sie, lege sie jeweils die Zwiebelschalen beiseite. Solche Trickli müsste man kennen!

Und doch finde ich: Es gibt Wichtigeres als den perfekt geführten Haushalt. Den Kindern vorzulesen, zum Beispiel. Eben war bei uns «Mein Name ist Eugen» an der Reihe. Dieser Sprachwitz! Diese Lebensechtheit! Einfach wunderbar. Ich hatte das Buch im Gerümpelkeller gefunden und war gerührt ob der persönlichen Widmung. Den Autor, Klaus Schädelin, habe ich nämlich gekannt. Als ich ein Bub war, verbrachte er wie wir jeden Herbst seine Ferien in Monterosso al Mare. Wollten wir nach Levanto auf den Markt fahren, legte Schädelin, der spitzbübische alte Herr, zum Entsetzen unserer Mütter ein Ohr aufs Geleise, um zu hören, ob der Zug endlich komme – just wie seine Helden im Buch. Und wenn die Eltern uns ermahnten, nach dem Mittagessen zwei Stunden nicht zu baden, rief er aus: «Chabis, Chinder!» Und rannte – voll bekleidet samt Hemd und Gilet, das Kalb – in die Brandung. Wir Kinder, ein Dutzend an der Zahl, johlend hintendrein.

Mag sein, dass Klaus Schädelin mir kein perfektes Vorbild war. Aber ein grosses.

Läck …_Etwa: Mensch! / Chabis_Ach, was!, Unsinn! / Gilet_Weste

UND EWIG RÜSTET JÜRE NÜSSLER. Zuerst die

Kurznachrichten. Die Swica möge, wenn sie uns zum Wechseln der Krankenkasse animieren und ein «äusserst familienfreundliches Angebot unterbreiten»
will, doch bitte nicht mittags um neunzehn Minuten nach zwölf anrufen!
Dann sind Familien nämlich am essen. Merci. Zweitens: Unser Wölfli ist nicht
im Panini-Album, schade. Was aber, drittens, noch schlimmer ist: Auch der
Streller ist nicht drin. Wen, bitte schön, sollen wir YB-Fans denn mit dem
Bildchen von Wölfli (das wir natürlich eigens drucken lassen) überkleben,
wenn nicht den Streller?

Okay, den Huggel. Wo waren wir stehen geblieben? Richtig, bei der von
einer Leserin aufgeworfenen Frage, ob sich «einer, der nicht mal weiss, wie man
ein Fixleintuch faltet», überhaupt Hausmann nennen darf.

Er darf, befand die Leserinnenschaft und erteilte mir Decharge. Nach dem
Motto: Wir tun unser Bestes, und sollte dieses Beste nicht gut genug sein – egal.
«Ein perfekter Haushalt wäre doch stinklangweilig», befand Eli. «Lieber mal eine
Fünf gerade sein lassen und etwas mit der Familie unternehmen!» Bernadette
rät zum «Mut, unperfekt zu sein», eine Margrith aus Kreuzlingen schreibt, sie sei
noch so gern eine miserable Hausfrau, denn: «Das Leben ist zu kurz, um es nur
mit Putzen zu verbringen.»

Und jetzt mal ehrlich: Wenn jemand, der in seiner Berufsausübung halt
nicht ganz fehlerfrei ist, sich diesen Beruf nicht mehr anmassen darf – wer dürfte
sich dann noch Lehrer nennen, wer Bankier, Konditor, Meteorologin, wer
Bundesrat? In unserem Metier haperts ja schon bei der Ausbildung, hat man
doch meistenorts den Hauswirtschaftsunterricht für Mädchen abgeschafft, statt
ihn für Burschen einzuführen.

Man könnte zwar meinen, die Männer würden ihre Frauen – von denen
ja die meisten doppelbelastet sind, weil neben dem Haushalt auch noch berufstätig – daheim zunehmend entlasten: Laut der jüngsten Schweizerischen
Arbeitskräfteerhebung leisten Männer in Haushalt und Familie etwas mehr; ihr
wöchentliches Engagement stieg zwischen 1997 und 2007 von durchschnittlich
15,7 auf 18,1 Stunden, derweil dasjenige der Frauen von 31,4 auf 30 Wochen-
stunden sank. Alles paletti also? Mitnichten. Bei näherem Studium der
Statistik stellt man fest, dass die Kerle sich auf die klassischen Männerdomänen
beschränken: Garage, Garten, Grill. Den eigentlichen Haushalt schmeisst sie
noch immer allein. Nur tut sie es in immer kürzerer Zeit, immer hurtiger. Weil
ihr nämlich allerorten gesagt wird, Hausarbeit sei nichts wert, weil jeder Werbe-
spot uns Hausfrauen verhöhnt und die Slogans für Fixfertigfood «Mehr Zeit zum
Leben» verheissen. Als ob Kochen, Fensterputzen und Kinderbetreuen nicht ge-
lebt wäre! Wen wundert es da noch, wenn Hausarbeit nur noch husch, husch
erledigt wird?

Ja, gut, auch ich kaufe den Nüssler zuweilen fixfertig im «Anna's Best»-
Beutel, denn Nüssler rüsten ist wirklich nervig. jedes Mal, wenn ich es doch
tue, muss ich daran denken, welch wunderbares Ehegelübde Freund Jüre seiner
Frau 1986 machte: Er versprach, ihr zeitlebens das Nüsslerrüsten abzunehmen.
Ich getraue mich gar nicht nachzufragen. Zu schön ist die Vorstellung, er habe
es eingehalten.

Nüssler_Feldsalat

GLÜCKLICHE HÜHNER. Kaum wehen die ersten lauen Lüfte,

tische ich den Kindern schon wieder ihren geliebten Mozzarella-Tomaten-Salat auf, mit viiiiiel Aceto balsamico. «So? Gits hüt e chli Saisongmües?», hätte mein einstiger Wohngenosse Frank mich verhöhnt. Er war Biobauer, als das noch ein Schimpfwort war, hielt in einer Tenne neben unserer WG Geissen und wusch jeden Morgen, noch ehe ich erwachte, im winzigen Badezimmer unter lautem Scheppern das Melkgeschirr aus.

Danach war ich wach.

«Aber ist doch alles bio!», würde ich entgegnen. Frank aber duldete keine Tomaten im Frühjahr. Und stellte ich mal ein Sträusschen auf den Küchentisch, schimpfte er, Blumen gehörten in die Natur und nicht in die Vase. Das Einzige, was er im Garten abschnitt, war der Hanf. Biohanf, selbstverständlich. Weil ich das Kiffen schlecht vertrage, kam ich nie in den Genuss. Aber meine Gemüse-lektion habe ich gelernt.

Frank sei Dank fragte ich mich unlängst, als draussen noch Schneemassen und drinnen schon die ersten Spargeln im Regal lagen, wie «bio» eigentlich bio ist, wenn diese Spargeln aus Übersee stammen (und ich werde Ihnen nicht verraten, um welchen Grossverteiler es sich handelte). In solchen Momenten muss die gewiefte Hausfrau, also ich, abschätzen, ob heimischer Sellerie, notfalls vielleicht nur aus integrierter Produktion und nicht voll bio, nicht auf seine Art bio- oder zumindest logischer wäre, weil saisongerecht und weniger weit transportiert.

Da konnte besagter Grossverteiler dem sozialen Gewissen der Kundschaft noch so flattieren, der Spargelanbau schaffe im Fall Arbeitsplätze in Peru, und er konnte noch so beteuern, die Februarspargeln seien nicht etwa eingeflogen,

sondern verschifft worden, sie blieben dank einer neu entwickelten Hightech-Folie frisch – unsereiner möchte dann halt schon wissen, wie die Ökobilanz dieser Frischhaltefolie aussieht: Herstellung, Entsorgung und so weiter, vom Treibstoffverbrauch und den Kühlaggregaten der Frachtschiffe ganz zu schweigen.

Bio ist in solchen Fällen nichts als die hübsche Ausrede für kleine Sünden, die man sich sonst nicht erlaubt. Wenn meine Frau und ich uns Frühjahr für Frühjahr ein stilles Duell liefern, wer punkto Erdbeeren zuerst schwach werde, dann ist es meist der- oder diejenige, die zuerst die Aufschrift «bio» auf dem Gebinde entdeckt – heuer sie. Diese Erdbeeren sind vielleicht bio im Anbau. Nur, nach welchen Richtlinien? Den marokkanischen? Und ich nehme nicht an, dass sie per Pferdekarren in die Schweiz gelangten. Biogerste aus Kanada, Biohärdöpfeli aus Israel, Biocrevetten aus Thailand… Hauptsache, es hat ein Chäferli oder eine Knospe oder sonst irgendein hübsches Logo mit Sonnenuntergang und glücklichen Hühnern drauf! Bio ist ein Luxus für Besserverdienende, und ich befürchte, die meisten kaufen bio nicht der Umwelt, sondern sich selbst zuliebe. Vermutlich auch ich. Man kommt sich dann so fit und gesund vor, man fühlt sich edel und glaubt, durch den blossen Kauf Gutes zu tun. Aber ob bio oder nicht, Spargeln im Winter sind Schwachsinn.

Sauschwierig, im Haushalt immer das Richtige zu tun. Dass der vermeintlich schonende Abwasch von Hand mehr Energie verbraucht als der in der Maschine, hab ich inzwischen eingesehen, dank einem Beitrag in «Einstein». Wenn nun aber unser Jüre von letzter Woche seiner lieben Gresi auch im vierundzwanzigsten Ehejahr (wie mir mehrfach versichert wurde) noch den Salat rüstet, ihn von Schnecken, Steinchen und Erdrückständen befreit, indem er ihn dreimal nacheinander unterm fliessenden Wasserhahn wäscht – wer sagt uns,

ob das ökologischer ist, als wenn er ihn, fixfertig gewaschen, schwupps, aus dem Plastikbeutel in die Schüssel gestürzt hätte?

Und wie sauber ist meine George-Clooney-Maschine? Meine Liebste hat sie mir geschenkt, selber aber noch keine einzige Alukapsel verbraucht. Sie hat ökologische Bedenken. Mehr ihr zuliebe bringe ich von Zeit zu Zeit die Kapseln zurück, kippe sie, muffig und verschimmelt, wie sie sind, im Laden in einen stinkenden Behälter voller anderer Schimmelkapseln. Und kann mir nicht vorstellen, dass die wirklich recycelt werden. Aber meinem Gewissen zuliebe glaube ich dran. What else?

DARF MAN DAS? «Darf ich die Lieblings-CD meiner Kinder, die

sie rauf- und runterhören und die mich zur Weissglut bringt, zerkratzen und
entsorgen?» *Roger Gmünder, Appenzell*

Dürfen Sie nicht, Herr Gmünder. Sie trieben die Kleinen nur in die Beschaffungs-
kriminalität, denn sie würden die CD illegal herunterladen. Sie! So was können
heute schon Vierjährige. Nein, der Musikgeschmack der Kinder, ihre Lieblings-
hörspiele und -märchen-CDs – all dies gehört zu den Dingen, die man sich vorher hätte überlegen müssen; ehe man eine Familie gründete. Da müssen Sie
jetzt durch. Liessen unsere Eltern uns unseren Mist nicht auch pausenlos hören?
In meinem Fall «Tri-, tra-, trallala, de Chasperli isch da!» und die Schnulze
«Tornerò» von I Santo California. Marter für Elternohren.
Versetzen Sie sich mal in meine Lage: Rund 12 000 LPs und CDs hab ich
rumstehen, wie gern würd ich mal wieder «B. B. King Live at the Regal» hören,
wie sehne ich mich nach Fabrizio De André! Stattdessen bestimmen die Kinder,
was im CD-Player dreht. Mein Sohn hört derzeit neunzehnmal am Tag «Rock Me
Amadeus» von Falco. Ist er ausser Haus, kommen meine CDs auch nicht zum Zug,
ich würde ja sonst sein Klingeln nicht hören, wenn er heimkommt. Herr Gmünder,
Sie müssen jetzt tapfer sein! Wer Kinder bekommt, gehört vorübergehend nicht
mehr sich selbst. Aber, gemach. Dieses «vorübergehend» dauert nur fünfzehn,
sechzehn Jahre. Und sind die Kinder erst mal draussen, werden Sie leise weinend
wieder die CD hervorholen, die Sie immer so genervt hat, aus lauter Längizyti.
Allein deshalb sollten Sie sie jetzt nicht zerkratzen. *Herzlich, Ihr Bänz Friedli*

Erschienen in «Die Weltwoche».

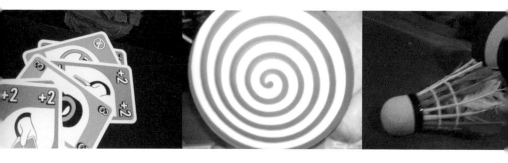

VATI VERLIERT. Sandburgen hatten Hans und drei Buben aus der

Siedlung gebaut, je zu zweit eine. «Welche ist schöner?», wollten sie wissen, als ich dazustiess, im Sommer wars. «Also, ich findeee-äh … alle beide schön», antwortete ich, «genau gleich schön.» Worauf Abuela, die spanische Grossmutter unserer Nachbarsjungen, sich in gebrochenem Deutsch an Hansli wandte: «Sag deinem Papa, er soll nicht so politisch sein!» Nicht so diplomatisch, meinte sie – ich solle zugeben, dass mir die eine Burg besser gefalle, die Buben müssten das aushalten. Die hagere alte Frau, stets schwarz gekleidet, hatte etwas Herbes, man sah ihr an, dass sie sich selber nie etwas geschenkt hatte. Unerbittlich vielleicht, aber liebenswürdig war sie und ihren Enkeln eine liebevolle Grossmama.

Abuela ist gestorben, und nun sagt mir niemand mehr, dass man Kinder nicht schonen soll. Ausser Anna Luna. Die kam mir letzthin, als wir im Intercity Uno spielten, auf die Schliche und merkte, dass ich eine fiese Karte, die «+4», nicht gelegt hatte, die ich hätte legen müssen. «Vati, du schonst den Hans», rief sie aus, «du musst nach den Regeln spielen!» Hätte ich ihr sagen müssen, wie oft ich früher sie geschont, wie oft ich sie hatte gewinnen lassen? Bestimmt haben auch Sie in «Eile mit Weile» schon Töggeli nicht gefressen, die Sie hätten fressen müssen, liessen beim Tschutten im Garten schon haltbare Schüsse passieren!

Soll man gegen Kinder absichtlich verlieren? Jetzt, da wieder die Federball-, Boccia- und Pingpongsaison anbricht, stellt sich die Frage in aller Dringlichkeit. Falls wir sie mit Ja beantworten – ab wann ist ein Kind dann gross genug, dass ihm eine Niederlage zugemutet werden kann? Und wie hätte es, sollte man es zuvor stets geschont haben, das Verlieren lernen sollen? Schwierige Sache. Gehts um strube Themen, bin ich weniger zimperlich. Die Welt ist, wie sie nun mal ist, und die Kinder müssen dafür gewappnet sein. Also reden wir daheim über Grüsel, die sich in Webchats rumtreiben, über doofe Hooligans, geldgeile CEOs, Selbstmordattentäter. Verheimlichen könnten wir ihnen ohnehin nichts, sie stürzen sich auf jede herumliegende Zeitung. Als ich unlängst gaaanz unauffällig das «Friday» verschwinden liess, weil darin die Heroinbeichte einer Frau stand, die noch als Mädchen in die Sucht gerutscht war – was mir dann doch zu heavy schien –, raunte Anna Luna nur: «Hani dänk scho lang gläse.» Und beim Spielen kann ich vielleicht ihren kleinen Bruder noch schonen, bei Anna Luna wärs zwecklos, sie gibt mir längst regulär auf den Ranzen – ob im Ligretto, Jokern oder Hornöchseln. Bleibt vor dem Zubettgehen Zeit für ein «Vier gewinnt», ruft sie keck: «Hilfst du noch ein ‹Vati verliert›?»

Beim ersten Minigolf des Frühjahrs allerdings liege ich bis kurz vor Schluss gut im Rennen. Auf Bahn 18 erweist sich meine Frau, rein technisch, als kleine Tigerin Woods und versenkt den Ball souverän zum Hole-in-one. Ich dagegen stelle mich überaus blöd an, treffe das Schlussloch selbst im siebten Anlauf nicht und fahre einen Strafpunkt ein. Blitzschnell rechnet Anna Luna aus, dass ich noch hinter Hansli zurückgefallen und Letzter geworden bin. «Gäu», flüstert sie, «das hast du extra gemacht, damit er nicht verliert?» Extra verloren, ich? Schön wärs.

Töggeli_Spielfiguren / Pingpong_Tischtennis / Grüsel_Unhold / Hani dänk scho lang gläse_Hab ich längst gelesen / Extra_Eigens, absichtlich

MEISTERTRÄUME, MEISTERÄNGSTE. Keine

Ahnung, weshalb ich auch am Ostermontag Klavierstunde hatte – noch dazu an meinem Geburtstag! –, jedenfalls traf ich am 11. April 1977 im Postauto heim nach Uettligen auf Schulkameraden, die vom Cupfinal kamen und ein ums andere Mal «Andersen!» riefen. Ich verstand Bahnhof; den ersten Titel, den YB zu meiner Lebzeit holte, verpasste ich. Die grosse Liebe entflammte erst Monate später. Die Liebe zu Sue. Sie blieb unerwidert, aber Sues Vater nahm mich an ein Spiel gegen Servette mit. YB verlor 1:3, doch um mich wars geschehen. Mit zwölf erst wurde ich YB-Fan, dafür for ever.

Wegen YB begann ich zu schreiben. Die Seele im damaligen YB-Sekretariat, Uschi Bobst, holte mich zur «YB-Zytig», am 25. August 1982 erschien mein erster Text, eine floskelhafte Vorschau aufs Spiel YB - Zürich: «Vorbei sind die heissen Fussballtage Spaniens» – gemeint war die WM –, «nun hat also der helvetische Fussballalltag wieder begonnen, statt Estadio Bernabeu, Falcão, Rossi und Littbarski heisst es wieder Wankdorf, Maissen, Feuz.» Feuz war mein Lieblings-spieler, später «Mini» Jakobsen, Bent Christensen, Erich Hänzi.

Meister! Cupsieg! Europacup! Die grossen Jahre erlebte ich fürs Lokal-radio hautnah mit. Nie vergesse ich, wie «Tinu» Weber splitternackt vor seinem Garderobenspind stand, mit einem Frottiertuch sein Schnäbi trocken rieb und dazu seelenruhig in unsere Mikrofone plauderte. Später erteilte Sportchef Schönenberger mir Kabinenverbot, allzu scharf hatte ich in der Zeitung die Klubpolitik kritisiert. Egal. Kunz Ädu rief mir nach den Spielen zu, ich solle ihn zitieren, wie ich wolle: «Schrib eifach öppis, ds letscht Mal isch guet gsy!» Bregy Schorsch nahms genauer. Während er spielte, hörten seine Spione offenbar alle Radioprogramme ab – DRS, Radio Förderband, Radio ExtraBE –, und lobte

man ihn in der Reportage nicht über den grünen Klee, war einem sein Anruf am Montag früh gewiss: «Da isch der Brägyschorsch, was hesch dü da widär für än hüärä Schiisdräck verzellt?» Natürlich war ich all die Jahre, was man als Journalist nicht sein dürfte: Fan.

Heute staune ich zuweilen, dass ich kindischer fäne als damals als Bub. Vermutlich ists die bübische Sehnsucht nach einer Zeit der Unschuld, die einen die rassistischen Chöre auf den Rängen überhören, einen ausblenden lässt, welch Riege von Unsympathieträgern die Klubführung, welch Dreckgeschäft der Fussball ist.

Meisterträume? Vor allem Albträume hatte ich die letzten Wochen in meiner YB-Bettwäsche. Irgendwie bin ich dann vor allem froh, wenn die Anspannung vorüber ist, solch einen Frühling mache ich nicht so bald wieder mit. Nur schon die hämischen SMS vorgestern nach der Klatsche gegen Luzern: «Flaschen! Vergeigt ihr das jetzt wirklich noch??!» Welch Trost, dass die Nachbarn in Zürich mich täglich aufmuntern. Sie alle – ob GC- oder FCZ-Anhänger – sind für YB. «Hauptsach, nöd dä FC ‹Bisel›!»

Erschienen in «Der Bund».

In der Saison 2009/2010 führten die Berner Young Boys die Tabelle monatelang souverän an, liefen aber nach einer 1:5-Niederlage gegen den FC Luzern Gefahr, ihren Vorsprung im letzten Moment noch zu verspielen.

Cupfinal_Pokalfinale / Schnäbi_Penis / Schrib eifach öppis ..._Schreib einfach was, das letzte Mal war es okay! / Was hesch dü da ..._Was für einen totalen Scheiss hast du da wieder erzählt? / FC Bisel_Spöttisch für FC Basel, Bisel bedeutet Pisse

NICHT SO WICHTIG. Letzten Mittwoch, Minuten vor Mitter-

nacht, schauten einer mit grün-weissem St.-Gallen-Schal und ich mit meinem
gelb-schwarzen Halstuch uns beim Verlassen des Intercitys aus Bern einen
Sekundenbruchteil zu lang in die Augen, und irgendwie war es uns beiden
peinlich. St. Gallen gegen YB, Maskerade hier, Maskerade da, die einen Farben
gegen die anderen – all das wirkte hier am Zürcher HB, da wir die einzigen
Fussballfans weit und breit waren, fernab des Stadions und Stunden nach der
erlebten Aufregung, ein bisschen lächerlich.

Aber jetzt mal angenommen, Sie heissen nicht Sarasin, sind weder Roche-
noch Sandoz-Erbin, nicht mit Beni Huggel verschwägert, wohnen ausserhalb
der beiden Basel (vielleicht reicht es ja auch schon, wenn Sie ausserhalb des
Stadtkantons wohnen, denn die Landschäftler, hab ich mir sagen lassen, hegten
manch einen Groll gegen die scheints überheblichen Städter, item), angenommen
jedenfalls, Sie sind in puncto Fussball einigermassen neutral – dann, Hand aufs
Herz, würden Sie uns den Schweizer Meistertitel schon ein bisschen gönnen,
nicht? Uns: den Berner Young Boys und ihren Fans. Weil der FC Basel in den
letzten zehn Jahren gefühlte dreizehnmal Meister wurde – wir nie. Weil unser
letzter Meistertitel volle vierundzwanzig Jahre zurückliegt. Vier-und-zwan-zig
verfluchte Jahre, meine Damen und Herren! Weber, Bregy, Prytz, Zuffi, Lunde ...
Ich könnte die Formation von damals im Schlaf aufsagen. Alle wurden sie seither
Meister: Xamax, Luzern, GC, Sion, Aarau, Servette, St. Gallen, Basel, Zürich, die
meisten mehrmals. Alle – nur wir nicht.

Auch ein Hausmann braucht ein Laster, meines ist YB. Das wäre nicht
weiter schlimm. Nur bestimmt es das Denken gegen Ende der Meisterschaft Tag
und Nacht. Ich schlafe in meiner YB-Bettwäsche mit Gedanken an Doumbias

Adduktoren ein, ich erwache darin und denke: «Hoffentlich holt sich Wölfli am Donnerstag keine Gelbe Karte!» Ich mache den Kindern Frühstück, Anna Luna fragt, wie das Wetter werde, und ich stammle abwesend: «Bienvenu. Vielleicht auch Lustrinelli.» Drei Punkte Vorsprung vor den letzten beiden Runden, das will gar nichts heissen. Ich werde am Donnerstag in Emmenbrücke Blut schwitzen, am Sonntag in Bern erneut. Klar, bin ich live dabei! Sollte YB tatsächlich Meister werden, erlebe ich es im Sektor C9, Reihe 4, Platz 426 mit. Für Anna Luna ist Platz 427 reserviert. Aber sie kommt nur mit, wenn «wir» dann schon vier Punkte Vorsprung haben. Zu traumatisiert ist sie noch von der letzten «Finalissima» vor zwei Jahren, die wir in Basel so kläglich verloren. «Das mach ich nicht noch mal mit, Vati!»

Ach, wissen Sie, mir selber ist es nicht so wichtig. Ehrlich. Ich habe vierundzwanzig Jahre auf den Titel gewartet, da könnte ich auch noch länger warten. Aber unserer Anna Luna gönnte ichs wirklich. Sie hat als Exilbernerin in Zürich, als YB-Fan unter lauter FCZ- und GC-Anhängern im Quartier, in der Schule und bei ihren Fussballjuniorinnen einen schweren Stand. Drücken Sie, sollten Sie neutral sein, YB doch bitte ihretwegen die Daumen! Ich würde dann geloben, Sie für lange, lange Zeit nicht mehr mit dem Thema Fussball zu behelligen, ich schwörs. Mindestens bis zum Beginn der WM am 11. Juni.

YB verlor am 16. Mai 2010 die Finalissima wie schon zwei Jahre zuvor 0:2 gegen den FC Basel. Aus der Meistertraum.

FÜNFZEHN JAHR, BLAUES HAAR. Okay, wenn

es mir schon schwerfälllt – ich habe versprochen, kein Wort mehr über den Ausgang der Meisterschaft zu verlieren. An Fussballmatchs findet Anna Luna mich sowieso immer extrem peinlich: an meinen eigenen, weil ich als Aussenverteidiger meist einen Schritt zu spät komme; an ihren, weil ich sie viel zu laut anfeuere; an denjenigen der Young Boys, weil ich im Erfolgsfall beinahe, im Fall einer Niederlage völlig durchdrehe und unflätige Ausdrücke... Lassen wir das!

Eine Bekannte, Esther, erzählte mir letzte Woche, ihre fünfzehnjährige Tochter habe sich die Haare blau gefärbt. «Und ich musste die Empörte spielen.» Esther ist für ihre achtundvierzig Jahre ziemlich unkonventionell, trägt meist flippige Kleider, hört schräge Musik und malt grelle Bilder. «Eigentlich», sagt sie und nimmt noch einen Schluck Löwenbräu aus der Büchse, «geht es mir ja am Arsch vorbei, wie sie ihre Haare färbt» – Esther sagt wirklich «am Arsch vorbei» –, «aber ich musste dann halt ein bisschen schockiert tun: ‹Und so willst du in die Schule?!› Manchmal muss man theäterlen, nicht?» Stimmt, Esther. Man muss sich als Eltern zuweilen bünzliger geben, als man ist. Welch Enttäuschung für deine Tochter, wenn du die blauen Haare einfach toleriert hättest! Das Verzwickte ist ja: Zunächst wollen Kinder Ordnung und Klarheit. Das fängt schon mit dreijährig an, wo sie die furchtbar stieren Geschichten von Papa Moll mögen. «‹Bitte, backe einen Kuchen! Chef samt Frau wird uns besuchen.› Dies sagt Papa Moll zur Frau. ‹Schau auf Ordnung auch genau!›» Man selber findet: Jesses, was für ein antiquiertes Familienbild, welch altbackene Moral! Doch genau dies gefällt den Kleinen.

Später mag es ja daheim ganz gäbig sein, wenn der Vater den neusten Rap von Eminem, den Anna Luna auf Radio Energy aufschnappt, bereits in seinem

Laptop hat und ihn rasch für sie brennen kann. An den Schulbesuchstag aber soll er gefälligst «anständig angezogen» erscheinen und nicht mit Kapuzenpulli und Schlabberhosen. Gegen aussen soll ich möglichst unauffällig auftreten, bieder. Just diese Biederkeit brauchen die Kinder, dem Papa-Moll-Alter entwachsen, indes, um sich davon abzugrenzen. Also muss ich zuweilen Empörung mimen (Wie sagte doch Esther? «Theäterlen»), obschon Anna Lunas Energy-Songs mir im Grunde gefallen: «Stell den huere Lärm leiser!» Sonst wäre es ja nicht «ihre» Musik. Wir hattens diesbezüglich noch einfacher. Meine Eltern hörten Beethoven und drehten schon ob der ersten Hendrix-Kassette im Roten, die mein grosser Bruder heimbrachte.

Wenn nun aber Eltern stets die neusten Modetrends mitmachen, die neuste Musik hören und mit ihren Fünfzehnjährigen am Wochenende sogar noch eins kiffen… da brauchts schon extreme Formen der pubertären Auflehnung, um diese Eltern zu schockieren: Jugendliche treten einer Sekte bei, werden Neonazis oder beschliessen eines Tages, eine Burka zu tragen.

Deshalb bin ich nicht auf Facebook. Man sollte den Kindern früh Raum lassen, anders als die Eltern zu sein. Und wollen Anna Luna und Hans sich bald mal ins Facebook einloggen, sollen sie dort nicht auf ihren peinlichen Alten treffen.

Wobei ich mich gerade heute Morgen ganz gern einer Gruppe auf Facebook angeschlossen hätte. Irgendwas mit YB. Irgendwas Tröstliches.

INSKMER U GOBOI. Wir riefen «Päng! Päng! Du bisch tot!» und

haben es tausendmal überlebt, mein grosser Bruder, unsere Nachbarsbuben und ich. Wenn wir im Garten «Inskmer u Goboi» spielten – und ich kann mich gar nicht erinnern, dass wir je etwas anderes gespielt hätten, jedenfalls nicht, bis dann das mit dem Dökterlen in der Baumhütte losging –, wenn wir also «Inskmer u Goboi» spielten, Indianer und Cowboys, wollte ich nie etwas anderes als eine Rothaut sein. So stolz war ich auf mein Indianergewand samt Federschmuck, Schild und Tomahawk, das mein lieber Götti Fred mir gezimmert und geschnurpft hatte (vermutlich, was die Näharbeiten betrifft, mit Hilfe seiner Frau).

Ürsu, Dänu und Rönu bildeten die Kavallerie, wir waren die Appachen. Im Spielrausch sahen wir den Dorfbach als Canyon, machten wir frei nach Karl May und noch etwas freier nach Lucky Luke den Gemüsegarten zur Prärie, brachten am Geräteschopf das Schild «Saloon» an und bekämpften uns aus allerlei Hinterhalten. Dumm nur, dass wir das Kriegsbeil zwischendurch mal begruben, und später wusste ich nicht mehr, wo. Ich habe meinen Tomahawk, so sehr ich ihn auch beweinte, nie wiedergefunden. Das Gewand aber habe ich noch. Halb zerfetzt und dadurch umso «echter», tut es vierzig Jahre später seinen Dienst, wenn bei den Kindern wieder mal Verkleiderlis ansteht.

«Zum Spile wäre mir…», sagen sie, schon schlüpfen sie mit beneidenswerter Leichtigkeit in die Rolle. «Zum Spile wäre mir Röiber u Poli, isch guet, Hans?» Oder wahlweise «… wäre mir Astronoute», «Pirate», «Choch u Chällnerin», stets im Konjunktiv, aber lebensnah: «Zum Spile wäre mir Frou u Ma.» Auffallend gern spielt Anna Luna die berufstätige Frau. «Hans, ich müsste jetzt aus dem Haus und du würdest die Kinder wecken und ihnen Frühstück zubereiten.» Bald reden sie mit amerikanischem, bald mit Thurgauer Akzent,

tauchen vollends ein in ihr Rollenspiel, bis plötzlich … «Stopp Spiel!», heisst das Signal zum Time-out. «‹Stopp Spiel!› Ich muss rasch die Rachel anrufen.»

Zuweilen rollenspielern sie am Compi. «Sims 2» heisst das Game, in dem sie eigene Häuser und Quartiere bauen, eigene Figuren kreieren, deren Aussehen und Vorlieben bestimmen können. Hans stellt gern Whirlpools ins Wohnzimmer, mitten aufs Parkett. Einem älteren Herrn, der besorgt fragte, ob solche Computerspiele nicht die Fantasie der Kinder killten, schrieb ich, nein, da gehe es mindestens so fantasievoll zu wie weiland bei unserem Indianerlis. Allerdings wollen die Menschlein, einmal erschaffen, gefüttert werden, sie müssen Jobs suchen, Kinder betreuen, das Haus putzen. Und das gibt Stress. Vergisst Greg Heffley – so hat Hans einen Bewohner getauft –, die Herdplatte auszuschalten, brennt kurz darauf die Küche. Feuerwehr daher! Greg nimmt freilich alles gelassen. Wird er vom Programm aufgefordert, er solle kochen, lässt er, in eine Yogaübung vertieft, mittels Sprechblase verlauten: «Dazu bin ich jetzt ECHT nicht in Stimmung! Vielleicht später …» Als Gregs Nachbarin, Frau Locasciulli, auch noch ermahnt wird, die Geburtstagsparty ihrer Tochter Jane zu planen, wird es Anna Luna zu bunt, sie drückt kurzerhand die Pausentaste und giggelt.

Mir ist, während ich den Kindern über die Schulter schaute, ein Cake verbrannt, Wäscheberge erheben sich, eine Callcenternervensäge ruft zum siebten Mal an, es klingelt an der Tür, und ich sollte längst kochen. Die Pausentaste zu drücken, ist das Privileg der Kinder, ich weiss. Aber wenn ich wenigstens mal ausrufen dürfte: «Dazu bin ich jetzt ECHT nicht in Stimmung!»

Dökterlen_Doktorspiele spielen / Zum Spile wäre mir Röiber u Poli_Zum Spielen wären wir Räuber und Polizist

«SCHO WACH?»

«Scho wach?» Wie ich das hasse, wenn mich einer morgens um halb neun anruft und süffisant fragt, ob ich schon wach sei. Nur weil ich nicht wie er einer – wie es so schön heisst – geregelten Arbeit nachgehe, heisst das noch lange nicht, dass ich den Müssiggang pflege, den man uns Hausfrauen andichtet: Ausschlafen, Käfelen, Klatschheftli, Manicure, Pédicure, vielleicht noch ein bisschen Nordic Walking (Oder frau schiebt, sozusagen als sportliche Alternative, ein Nümmerchen mit einem strammen Handwerker), danach Shopping, und schon gehts zum heiteren Proseccotrinken mit den Nachbarinnen…

«Scho wach?», fragt Beat, ein Journalistenkollege aus früheren Bürotagen. Ausgerechnet der! Ich weiss doch, was Journalisten, falls sie überhaupt vor zehn Uhr im Büro sind, zu tun pflegen. Sie schlurfen zum Kafiautomaten, verziehen sich mit NZZ und «Blick» in die Raucherecke, hernach aufs WC. Dann starten sie ein Computergame, rufen ihren Zahnarzt an und danach… mich: «Scho wach?» Tami nochmal, was meint der eigentlich?! Natürlich bin ich um diese Zeit wach. Hab die Kinder geweckt, im Keller die über Nacht getrocknete Wäsche abgehängt, hab Englischwörtli abgefragt und Franz diktiert, Frühstück zubereitet und Znüni eingepackt, hab ermahnt und ermuntert, Haarzöpfchen geflochten, Anna Lunas violette Socken und Hanslis schwarze Turnhose gesucht (und gefunden), mir trotz meiner freundlichen Dienste ihr morgenmuffliges Gewäffel angehört.

Und habe mich, als Frau und Kinder aus dem Haus waren… Nein, nicht wieder hingelegt, sondern hab ganz ungeregelt weitergearbeitet: den Abwasch besorgt, das Fernsehmöbeli abgestaubt, Papier gebündelt und – da ich diesbezüglich ja einen Fimmel habe – mittels Mikrofaser bereits zum dritten Mal heut die

Wasserhahnen und Armaturen im Bad und alles andere poliert, was im Haushalt chromstahlt, glitzert, glänzt und spiegelt. «Dann die Kafimaschine entkalkt, den Flur gesaugt...» Aha, so genau wollte Beat es gar nicht wissen. Er wollte nur fragen, ob ich nicht vielleicht den Japaner Yasuhito Endo doppelt hätte, Nummer 387 (Das ist der mit der grauenhaften Frisur, aber die Japaner sind sowieso alle grauenhaft frisiert), weil dann wäre sein Panini-Album voll. «Wenn du Scheiss-frisuren sammelst», antworte ich, denn ich hab heute früh schon Hanslis Doppelte gebüschelt, «kriegst du den Argentinier Martin Demichelis obendrauf.» Und denke bei mir: Dem Nächsten, der mich «Scho wach?» fragt, knall ich im Fall den Hörer auf.

Okay... ich gebs zu: Am Freitag war ich irgendwie so k. o., dass ich mich, kaum waren alle Lieben auf der Piste, noch mal kurz, aber wirklich nur kurz, ins Bett gelegt habe, das Telefon in Reichweite. Um fünf nach neun klingelts. Ich, vermutlich einen Tick zu verschlafen: «... Friedli... hallo?» – Am anderen Ende: «Da ist der René! Hey, Bänz, dich muss ich ja nicht fragen, ob du schon wach seist! Hast bestimmt schon die Wohnung geschrubbt und...» Ich stammle: «Ähm, ja... genau... wie, äh, wie recht du hast...» – «Du tifiger Hausmann, du!», sagt er. Ich: «Ja, ja. Bin schon fast wieder müde...» Und in meinem Kopf rotierts: René? Kenne ich einen René?

DIE DIKTATUR DER FRAUEN. «Hhhhhhallo?!» Unserer

Tochter entfuhr dieses entrüstete Hallo mit dem langen, tonlosen H, als sie am Radio zum ersten Mal Polo Hofers WM-Song «Manne, mir blybe dranne» hörte: «Hhhhhhallo?! Und was ist mit den Frauen?» Klar, Polo National meint das Nationalteam der Männer – aber einen schlaueren Refrain als den, der alle weiblichen Zuhörerinnen von vornherein verprellt, hätte er sich dennoch einfallen lassen können. Seither trällert Anna Luna immerzu das WM-Liedlein «Wavin' Flag» des Rappers K'Naan, das die Mädchen und Frauen nicht links liegen lässt: «When I get older, I will be stronger…», und so weiter. Polo kann ihr gestohlen bleiben.

Mir gefällt ihr heiliger Zorn. Als sie als Zweitklässlerin «Lobet und preiset ihr Völker den Herrn» flöteln musste, protestierte sie: «Und was ist mit der Dame? Hä?!» Und als sie letzthin am Schweizer Fernsehen die Ankündigung auf die WM-Berichterstattung sah, mit Löwen und Elefanten und kickenden Kindern, war da sogleich wieder dieses «Hhhhhhallo?!» Die Eigenwerbung zeigt in den Strassenszenen nämlich nur Buben. «Hhhhhhallo?!», empört sich Anna Luna. «Wie heisst der Chef?» – «Der Sportchef? Leutert. Wieso?», sage ich. Schon hat sie ihren Compi aufgestartet und mailt: «Sehr geehrter Herr Leutert, ich möchte Sie fragen, wieso Sie in Ihrem WM-Trailer bei den Fussball spielenden Kindern keine Mädchen zeigen? Ich finde das sehr fies, denn es gibt 22 000 lizenzierte Fussballerinnen in der Schweiz. Und bei uns auf dem Pausenplatz spielen wir Mädchen immer mit! Ich selber spiele seit 5 Jahren beim FC Blue Stars Zürich. Und ich gehe davon aus, dass Sie auch mich, andere Spielerinnen und überhaupt fussballbegeisterte Frauen und Mädchen ansprechen wollen. Mit freundlichen Grüssen, Anna Luna F. (11 Jahre).»

Das will nun nicht heissen, dass sie nicht bis zu deren Ausscheiden – ich sage jetzt mal: nach der Vorrunde – mit unserer Nati fiebern wird, dann mit den Azzurri, bis nach dem Viertelfinal auch die draussen sind, und danach wird Anna Luna mit mir die restlichen Spiele neutral und ungestresst verfolgen, in der Hoffnung, dass wie an der EM 2008 der Beste gewinne (Ich sag jetzt mal: Messi, wenn ihm die anderen Argentinier nicht zu sehr im Wege stehen.). Einem Mädchen bleibt ja nichts anderes übrig, als Männer anzuhimmeln; Frauenfussball wird am TV nie gezeigt. Und dann muss ich in der Zeitung – ich glaube, es war der Tagi – lesen, wie ein pensionierter Professor namens Hollstein die «Verweiblichung» der Welt und die «Diktatur der Frauen» beklagt, die zu einer Verunsicherung von uns armen Männern führe. Hhhhhhallo?! Mir scheinen die Männer, denen wir nun einen Monat lang zujubeln werden, nicht wirklich verunsichert. Kotzbröckchen Cristiano Ronaldo zum Beispiel findet sich «den besten, zweitbesten und drittbesten Fussballer der Welt». Was hingegen sagte die Deutsche Birgit Prinz 2007 nach ihrer grandiosen Direktabnahme zum 1:0 im WM-Final gegen die Brasilianerinnen? Sie schürzte nicht die Lippen, ballte nicht die Faust, klopfte sich nicht auf die Brust, wie ein Kerl es getan hätte, kein Victoryzeichen, nichts. Sie sagte nur: «Es war ein schlechter Schuss, ich habe den Ball nicht recht getroffen.» Hhhhhhallo?! Sie hatte soeben die Weltmeisterschaft entschieden!

Übrigens: Herr Leutert hat unserer Anna Luna nicht geantwortet. Chefs haben «Wichtigeres» zu tun.

Manne, mir blybe drann_Männer, wir bleiben dran / Nati_Nationalteam / Tagi_«Tages-Anzeiger», Zürcher Tageszeitung

WERTSCHÄTZEND, BLA, BLA... Herrgottnochmal,

ich bin kein «Elternteil»! Und meine Frau im Fall auch nicht, damit das – Frau-göttinnochmal! – klar ist. Ich bin Vater, sie Mutter. Lese ich in einer Einladung zu einem «themenspezifischen Info-Workshop zum Mit-Denken und Nach-Denken» das Wort «Elternteil», bekomme ich Püggeli und melde mich, zwecks Vermeidung weiterer Püggeli, vorsorglich ab. Ich weiss gar nicht, ob es aus der juristischen, der feministischen oder der Sozialarbeiterinnen-und-Sozialarbeiter-Ecke kommt, aber das Wort nervt: Elternteil. Sogar der Duden führt den Aus-druck und erklärt, statt ihn als Schwachsinn zu geisseln, er bezeichne «den Teil eines Elternpaares». Dass ein Wort sprachlich und logisch falsch ist, scheint egal zu sein, Hauptsache, politisch überkorrekt und geschlechtsneutral. Eine Bun-desstelle regt gar an, statt Vater und Mutter künftig «das Elter» zu sagen, aber das verschweigen wir hier lieber – Püggelialarm! Und dass in Bern die offenbar für Fussgängerinnen diskriminierenden Fussgängerstreifen neu Zebrastreifen heis-sen sollen, lächert selbst mich als Frauenfussballversteher. Denn seit wann sind Zebras gelb-schwarz? (Es müsste, wenn schon, YB-Streifen heissen. Aber item.)

Als «Elternteil» von Schulkindern lernt man allerhand Neudeutsches. Die Erkenntnis, dass manche dem lieben Gott Allah sagen und manche Brahma, derweil wieder andere – was nicht weiter schlimm ist – gar nicht an ihn glauben, heisst nun «konfessionell kooperativer Religionsunterricht»; das landesübliche bisschen Zank auf dem Pausenplatz wird neuerdings Mobbing genannt, und um diesen Zank zu schlichten, werden Schülerinnen und Schüler als «Konflikt-lotsen» und «Peace-Maker» losgeschickt – ungeachtet, dessen, dass dies eine heil-lose Überforderung der Kinder ist. Für die Erwachsenen ists halt gäbig, denn so können wir Eltern unsere Verantwortung (nämlich, die Kinder zu erziehen) an

die Schule abschieben, diese wiederum überträgt die Verantwortung, schwupps, den Schülern selbst. Und man stelle sich jetzt mal vor, wie eine neunjährige «Peace-Makerin» zwischen zwei sich prügelnden Sechstklässlern schlichtet…

Sollten Sie nach dem Spiel Spanien - Schweiz eine Aufheiterung brauchen: Googeln Sie «Schulleitbilder» und lesen Sie sie laut am Familientisch vor! «Die Chancengleichheit für alle, insbesondere die Förderung von Begabten und weniger Begabten, ist gewährleistet», verspricht das Adliswiler Leitbild. Die Förderung von Begabten und weniger Begabten… Da wären wir nie drauf gekommen! Besonders gespürig wird in Wettingen geschwurbelt: «Wir pflegen einen wertschätzenden Umgang miteinander. Wir greifen Konfliktsituationen auf und suchen konstruktive Lösungsansätze. Wir gestalten lebendigen Unterricht durch Methodenvielfalt.» Mist, wenn ich jetzt ehrlich bin, gerate ich in Konflikt mit dem Leitbild der Schule Diepoldsau. «Wir gehen offen und rücksichtsvoll miteinander um», steht darin. Sage ich nämlich offen, was ich von solchen Leitbildern halte, fällt es möglicherweise nicht besonders rücksichtsvoll aus: Bla, bla, bla.

Wie mir dieser ganze Jargon auf den… Hoppla, fast hätte ich gesagt: auf den Sack geht. Aber diese Formulierung wäre irgendwie überhaupt nicht geschlechtsneutral.

Püggeli_Hautausschlag, Pickel / Zebrastreifen sind in der Schweiz nicht weiss, sondern gelb aufgemalt

EIN YB-FAN SIEHT ROT. Hab ich den Kindern die Nati-Shirts

also doch noch gekauft, rechtzeitig zum heutigen Spiel. Selbst mit Rabatt noch sauteuer, Fr. 143.80 für beide – «Aber, weisst, Vati, es muss das Original sein!!!» –, Grösse 164 für die Tochter, Grösse 140 für den Sohn, er behielt es gleich als Pyjama an. Mir fällt auf, wie viel ich dafür bezahlt habe, dass meine Kinder nun mit einer Credit-Suisse-Reklame auf der Brust durchs Quartier rennen, sie selber sehen vor allem das Schweizer Kreuz. «Hopp Schwiz!», grölt sie, derweil er in seine Vuvuzela trompetet.

Fast beneidenswert, ihr unverkrampfter Patriotismus. Manchmal wünschte ich, auch ich hätte als Bub gelernt, fürs Nationalteam zu fänen. Aber da waren «wir» ja nie an einer Endrunde dabei, und tauchte mal ein Schweizer unter den Panini-Bildchen auf, musste man ihn in der Rubrik «Die grossen Ausgeschlossenen» einkleben. Deprimierend. 1974 warens Odermatt, Kudi Müller, Vater Chapuisat und, Bild Nummer 385, Jakob Kuhn; 1978 dann Barberis, Botteron, Ruedi Elsener. Ich trug Platinis Shirt, habe noch heute unzählige azurblaue Dresses im Schrank: Bettega, Rossi, Baggio, Del Piero, besass das dänische Trikot und – um meine Freunde zu foppen, deren Antiamerikanismus mich ärgerte – sogar eines der USA. Alles easy. Aber als ich mit einundvierzig Jahren zum ersten Mal ein Schweizer Leibchen überstreifte, war mir mulmig. Die Kinder bestanden darauf, als ich nach Stuttgart zu Frankreich - Schweiz fuhr. «Ohne Nati-Dress an die WM?! Spinnsch, Vati?» Ich setzte mich ins Tram und dachte: «Hoffentlich kennt mich niemand.»

Ich bin Klub-, nicht Nati-Fan, und die Umstellung fällt schwer. Im Panini-Heft habe ich den Wölfli (den wir YB-Anhänger eigens drucken liessen) über den Huggel geklebt. Natürlich ist das kindisch, aber wo, wenn nicht im Fussball,

kann mann das Kind in sich noch ausleben? Letzte Woche ertappte ich mich bei der SMS: «Hatte insgeheim gehofft, Benaglio würde sich zugunsten Wölflis im Abschlusstraining verletzten. Aber Frei ist noch viel besser! Ein Bebbi weniger im Team!» Antwort Wägi: «Frei ist tatsächlich nicht so unverzichtbar, wie er denkt. Wobei ‹Denken› hier so was wie ein weisser Schimmel ist.» Ich: «Du meinst, ein schwarzer Schimmel, du weiser Simpel.» Okay, zugegeben: Ich schrieb «weiser Pimmel». Aber das, liebes Tagebuch, muss unter uns bleiben. Und sollte Huggel heute treffen… Hmm. Ich würde vor meinem Flachbildschirm jubeln. Ein bisschen.

Erschienen in der WM-Rubrik «Liebes Tagebuch» in der «Neuen Zürcher Zeitung».

Die Schweiz gewann ihr WM-Auftaktspiel sensationell 1:0 gegen den nachmaligen Weltmeister Spanien.

Bebbi_Basler / Marco Wölfli_Torhüter der Berner Young Boys, im Nationalteam die Nummer zwei hinter Benaglio

DIE ERINNERUNG ANS SCHRECKLICHE.

Väterlich schaut er mir stets über die Schulter, wenn ich schreibe, mit gütiger Strenge: Dino Zoff. Entrückt wirkte er in seinem faserig-grauen Goaliepulli mit dem azurfarbenen Kragen schon, als die Fotografie auf meinem Büchergestell noch nicht vergilbt war. An der Wand gegenüber küsst Mauro Camoranesi den Weltmeisterpokal, vor vier Jahren wars. Und wären sie nicht da, die beiden, ich würde glatt vergessen, wie ich mich als Siebzehnjähriger über Italiens Titelgewinn gefreut habe und wie die Freude, wenngleich leiser, 2006 wiederkehrte. Fragen Sie mich nicht, wie Paolo Rossi damals, im Final von 1982, die Führung erzielte. Ich sehe nur noch – und ich sehe es vor dem inneren Auge, als wärs gestern gewesen –, wie Roberto Baggio zwölf Jahre später seinen Elfmeter in den Himmel über Pasadena drosch und mit seinem Scheitern die Brasilianer zu Weltmeistern machte. Zweimal schaut er nach links, nimmt viel zu viel Anlauf, läuft zögerlich, winkelt den rechten Fuss viel zu früh für den Innenristschuss ab, verfehlt das Gehäuse um Meter.

Baggios historischer Fehlschuss verzeichnet 2,7 Millionen Aufrufe auf Youtube, ein ewiges Replay; Rossis Finaltor von 1982 haben sich erst 89 000 Leute angeschaut. Vergessen Sie die schönen Szenen! Donovans Wundertor gegen Slowenien aus spitzestem Winkel? Wer erinnert sich heute, vier Tage später, noch daran? Von einer Endrunde bleiben die Aussetzer und Ausraster haften. Wer spricht (ausser ihm selber) von Zuberbühlers WM-Shutout? Strellers Zunge hat sich eingeprägt und sein Versagen vom Elfmeterpunkt.

Nicht Kunstvolles macht Geschichte, sondern das Hässliche, Regelwidrige. 1966: das Wembley-Goal, das vermutlich keines war; Toni Schumachers Jahrhundertfoul am Franzosen Battiston, 1982; Maradonas «Hand Gottes» 1986;

Ronaldos Taumel 1998 im Final von Paris. Kahns Fehlgriff 2002. Und die eine und einzige Szene der letzten WM, an die sich alle, alle erinnern: Zinédine Zidanes «Coup de boule», sein Kopfstoss gegen den Italiener Materazzi, dutzendfach besungen, hundertmal verhöhnt, Tausende Male im Web und am TV gesehen. Unvergessen, unauslöschlich.

Meine Azzurri übrigens haben ihr Turnier vielversprechend begonnen: genauso mies wie 1982.

Erschienen in der WM-Rubrik «Liebes Tagebuch» in der «Neuen Zürcher Zeitung».

ADVENT, ADVENT! Ich nehme alles zurück! Sie haben nach Spanien - Schweiz bestimmt keine Aufheiterung gebraucht. Ich auch nicht. Die Schweiz schlug den Hochfavoriten sensationell 1:0, in mir wurden Gefühle wach, die ich gar nicht kannte. Und dass Anna Luna jetzt statt «Wölfli» vermutlich die Aufschrift «Fernandes» auf dem Nati-Leibchen will, macht auch nichts. Sind zwar mehr Buchstaben, aber den Aufpreis nehm ich in Kauf. Und wünsche mir, mein Zweckpessimismus, die Schweiz müsse nach der Vorrunde heimreisen, bewahrheite sich nicht.

Denn dann hätte der «Blick» endlich etwas anderes zu schreiben, als an den Vuvuzelas herumzumäkeln. «Wer stoppt die Tröte?», hetzte das Blatt und: «Niemand mag den Krach mehr hören!» Doch, ich. Mich nervt nicht das lustige Furzen der Vuvuzelas, mich nerven die Nörgler. Da vergibt man die WM endlich mal nach Afrika, schwärmt von einer «anderen Kultur» – und ist dann schampar erstaunt, wenn diese Kultur tatsächlich anders ist. Es reicht schon, dass statt einer afrikanischen Sängerin – zum Beispiel der Südafrikanerin Lira, der Malierin Oumou Sangare oder Angélique Kidjo aus Benin – eine blondierte Kolumbianerin, Shakira, den offiziellen Fifa-Song «Waka Waka» singen und dazu ein bisschen mit dem Fudi waka-wackeln darf. Ihr Getue entspricht dem, was sich die Welt unter «afrikanisch» vorstellt. Tun die Afrikaner selber, wie es ihnen gefällt, findets der «Blick» «einfach nur nervtötend». Dummes Geschwätz. Diese WM hat einen ureigenen Sound, der mir tausendmal lieber als die Nazigesänge in unseren Stadien; und sollten die Vuvuzelas gar den Sascha Ruefer übertönen, tant pis.

Derweil Anna Luna mittels Ketchup ein Schweizer Wappen auf die Polenta zeichnete, malte Hansli mit Tipp-Ex ein weisses Kreuz auf seine Vuvuzela und veranstaltete nach dem Siegestor der Schweiz – erzielt übrigens von

einem Afrikaner – mit seinen Gschpänli einen Umzug durch die Siedlung. Laut! Allmählich lasse ich mich von ihrem ausgelassenen Patriotismus anstecken; in meiner Kindheit gabs für die Nati halt immer nur «ehrenvolle Niederlagen». (Da machte man es sich am einfachsten, wenn man gegen die Schweizer war. Jedenfalls niemals offen für sie.)

Am nächsten Tag nahm Hans die Vuvuzela gar mit in die Schule. Für ein gespüriges Leitbild haben die dort gottlob keine Zeit vor lauter Action: Zuerst hat seine Klasse ein Piratentheater aufgeführt, ein Riesenspass! Dann gabs einen «Supertalent»-Wettbewerb, die einen tanzten, andere sangen, Hans und Kameradin Alma spielten ein Handorgel-Querflöten-Duett. Diese Woche steht der Sporttag an (Mitwirkung der Eltern erwünscht!), bald das Sommerfest mit Panini-Tauschbörse. Zudem hat er «Musizierstunde» und Anna Luna dreimal ein «Sommerkonzert» (Endlich mal Neologismen, die mir gefallen! Bei uns hiess es «Vortragsübung», das klang irgendwie militärisch), ihre Hip-Hop-Dance-Aufführung im «Salmen»-Säli steht auf dem Programm, sie geht vor den Sommerferien dreimal auf Schulreise, einmal davon dreitätig. Pfadigrillfest, Fussballschlussabend, Familiengottesdienst, Lehrerverabschiedung, und, und, und… Für uns Eltern heisst es stets: Proviant bereitstellen, Meertrübelikuchen und Olivenbrote backen, Salate mitbringen.

Bisher hielt ich den Advent mit all seinen Feiern und Schlussessen für die stressigste Zeit. Falsch, der Advent findet im Frühsommer statt. Dann darf man sich ja auch etwas Frommes wünschen. Schweizer Siege gegen Chile und Honduras, vielleicht?

Die Schweiz verlor gegen Chile und spielte gegen Honduras 0:0 unentschieden – und schied vorzeitig aus. Eben doch: WM-Out nach der Vorrunde.

HEISSE LUFT. Diepoldsauerinnen, Diepoldsauer, ich schwörs: Ich
habe nichts gegen euch! Aber wenn sich ein WM-Spiel öde dahinzieht und ich
habe schon alle Blusen gebügelt, fahnde ich, den Laptop auf dem Schoss, im
Web nach Leitbildern. Mich fasziniert, in welch gedrechselte Worte man Banales
fassen kann. Und, sorry, aber das Leitbild eurer Schule ist unschlagbar. Nur schon
die Präambel: «Die Bezeichnung ‹wir› steht für alle beteiligten Personen, insbesondere Schülerinnen und Schüler, Eltern, Hauswarte, Lehrpersonen sowie
Behördenmitglieder.» Noch hübscher wäre vielleicht die Differenzierung «Haus-
wartsteile», analog zum mir ach so unlieben Wort «Elternteil». Aber lesen wir
weiter! «Die Beziehungen zwischen allen Beteiligten sind geprägt von Wert-
schätzung und gegenseitiger Unterstützung.» So redet sonst nur Alain Sutter.
«Die Lehrpersonen geben den Schülerinnen und Schülern die Möglichkeit, den
Unterricht und das Zusammenleben im Schulhaus entsprechend ihrer Fähigkeiten und Voraussetzungen mitzugestalten. Sie ermöglichen Lernen mit allen
Sinnen. Sie vermitteln situativ angepasste Arbeits- und Lerntechniken.»

Um der situativen Anpassung willen sei hier verschwiegen, dass eine
Schülerin aus Diepoldsau mir schrieb, ihr gehe das geschwurbelte Leitbild im Fall
am A**** vorbei. Sonst muss die Ärmste zu einem Schlichtungsgespräch, und am
Schluss heisst es: «Ist gut, dass wir darüber geredet haben.» Nein, nicht die Zu-
schrift besagter Schülerin war erstaunlich. Sondern, wie viele Lehrerinnen und
Lehrer mir ihr Leitbildleid klagten. «Auch wir haben an unserer Schule stundenlang heisse Luft produziert und leeres Stroh gedroschen», mailt Lehrer H.
Kollegin F. klönt: «Unsere schönen Leitbildsätze haben wir in mühsamer Kleinst-
arbeit Wort für Wort gruppenweise diskutiert, an die Wand gepinnt, zurecht-
und wieder zurückgebogen. Die Schüler hatten währenddem einen Tag frei.»

Mich lächert halt, wie viel Selbstverständliches da festgehalten wird. Lebendiger Unterricht, Rücksichtnahme und dass man den besonders Begabten genauso Rechnung trägt wie denjenigen, die Mühe haben – muss das eigens festgeschrieben werden? Noch dazu in einem Worthülsenjargon, den keiner versteht? Wohlen BE: «Wir verstehen uns als Individuen und als Teil des Ganzen. Durch den Gebrauch verschiedener Zusammenarbeitsformen ermöglichen wir Lernprozesse, die dem Kind im Umgang mit anderen Menschen weiterhelfen.» Schwyz: «Unsere Schule pflegt die Ressourcen aller Mitwirkenden.» – «Die Primarschule Allmendingen ist eine offene, lebendige Schule, deren Lehrkräfte fähig sind, feinfühlig auf die einzelnen Kinder einzugehen.» Flims: «Unsere Schule ermöglicht eine ganzheitliche, altersgemässe Entwicklung.» Lehrerin G. mokiert sich darüber, wie viel Steuergeld draufgehe, wenn jede Schule, stets angeleitet von einem kantonalen Profi, ihr eigenes Leitbild wortklaube. «Und ob all dem mühsamen Ausbaden von Hirnergüssen kommt der Unterricht zu kurz, kürzer, am kürzesten.»

Bloss Maya, Lehrerin auch sie, fragt entnervt: «Was sollen wir denn schreiben? Etwa ‹Wenn dir einer auf den Sack geht, bitte nicht in die Fresse hauen›?» Das, liebe Maya, wäre wenigstens konkret. Aber ich hab jetzt für euch alle ein viel einfacheres Leitbild entworfen, bitte ausschneiden und an die Lehrerzimmerwand magneteln: «Es gilt der gesunde Menschenverstand.»

FÄHNCHEN UMSCHWENKEN. Das Problem mit un-

seren deutschen Nachbarn ist ja, dass sie nett sind. Wer wollte ihnen die Freude missgönnen? Und weil unsere Flachbildschirmdiagonale die ihre weit übertrifft, lassen wir sie in unserer Wohnstube über Özil und Müller und die aberkannten Tore des Gegners jubeln. Sind auch prima integriert, die «Thüütschen» vom untern Stock: Sie trinken freiwillig Schweizer Bier. Längst johlen meine Kinder die Abwandlung des Eurovisions-Hits «Satellite» lauthals mit: «Schland, o Schland, wir sind von dir begeistert …» Übrigens bietet eine Zürcher Firma für alle «Zwei Seelen wohnen, ach!»-Menschen findig ein geteiltes Fan-Shirt an: halb Schweiz, halb Deutschland.

Wenn der Sportladen im Quartier «30 % Rabatt auf diverse Textilien» offeriert, weiss man: Die WM tritt in ihre entscheidende Phase. Und jetzt, da das Schweizer Leibchen verbilligt wäre, will es keiner mehr haben. Ramón, der spanische Bub aus dem zweiten Stock, trägt wieder dasjenige der Selección. «Euch Schweizern zeigen wirs dann!», hatte er vor dem ersten Spiel frohlockt. Und spazierte am nächsten Tag mit einem Schweizer Shirt durch die Siedlung: «Den Spaniern haben wirs aber gezeigt!» Pünktlich zum Achtelfinal hat er zurückgewechselt. So ist das halt in der modernen Multioptionsgesellschaft. Ich habe ja auch klamm das Italienfähnchen aus unserem Geranienkistchen entfernt. «Meine Azzurri»? Das war letzte Woche, liebes Tagebuch. Bevor ich mich in einer Menschentraube vor dem Musik-Hug-Schaufenster im Shopville unmöglich gemacht habe, indem ich etwa siebenunddreissigmal «Vaffanculo!» schrie und «Porca Miseria!», zuletzt nur noch «Porca …!» und ganz zuletzt gar nichts mehr. «Vati, es ist doch nur ein Spiel!», redete Hansli, unser Neunjähriger, mir danach zu.

Am Samstag schlich ich mich dann aus der Hip-Hop-Tanzaufführung im «Salmen»-Saal – erst, nachdem meine Tochter aufgetreten war, ich schwörs! – ins nahe Schlieremer Public Viewing, eine verlassene Zeltstadt auf der Planungs-brache mitten im Ort. Am Eingang klagte der Kassier, nun, da die Schweizer, die Italos und vor allem die Serben draussen seien, laufe gar nichts mehr – und ich konnte auswählen, welche der zweiundsechzig freien Festbänke ich ganz für mich allein und mein Sponsorenbier haben wollte. Aber, ach, meine US-Boys schieden aus. – Dann bin ich jetzt halt für Ghana. Die stellen schliesslich unser liebstes Panini-Bildchen: Sarpei. Mit Vorname Hans; wie unser Sohn. Weil kein Ghanafähnchen aufzutreiben war, hab ich mit seiner Hilfe eines gebastelt. Aber irgendwie befürchte ich, wir müssen bis zum Final noch mal umschwenken.

Erschienen in der WM-Rubrik «Liebes Tagebuch» in der «Neuen Zürcher Zeitung».

VERTAUSCHTE ROLLEN. «Gäll, bisch halt en ganz en

Gschnälle?» Ach, die liebe Verwandt- und Bekanntschaft in Bern! Stets müssen
sie einen auf Züritüütsch (oder was sie für Züritüütsch halten) verhöhnen.
«Wäisch, mir sind hie nöd Null-Äis.» Immer muss ich mir dieses «Null-Äis»
anhören, dabei hat Zürich seit einer Ewigkeit die Vorwahlen 043 und 044. Als
nach Zürich abgewanderter Berner wirst du bei Heimatbesuchen mit Häme ein-
gedeckt, und wehe, du erweckst den Eindruck, pressant zu sein! Dann werden
dir die Vorurteile um die Ohren gehauen: wie hektisch, wie busy und nervös die
Zürcher seien. «Nume nid gsprängt!», heisst es dann. So sehr kaprizieren sich
unsere Berner Göttis, Freundinnen und Neffen auf ihre Gemächlichkeit, ihre
sprichwörtliche Langsamkeit, dass es mich zuweilen ganz kribbelig macht. «Eh,
was weit dir jitz uf dä Zug seckle? I re haub Stung hets wieder eine …»

   Sprichwörtlich langsam, die Berner? Es ist gopferglemmi umgekehrt.
Sie sind am Juflen wie lätz, und wir sind im Verzug: mit den Panini-Bildchen.
Da will ich mich endlich ein bisschen um die Alben der Kinder kümmern (Die
Alben, Mehrzahl, ja – wir haben uns törichterweise zwei vorgenommen) und
maile unseren Berner Kreis an, weil uns noch Hunderte Fussballerköpfe fehlen.
Und was wird mir beschieden? Man habe längst alles voll. «Haben alle Doppelten
verschenkt», schreibt Sandra. «Sorry, gäu.» Mitte Mai war das. Mist, die Berner
sind nicht mehr, was früher.

   Wann hat ein Panini-Album fertig zu sein? Diese wesentliche Frage der
abendländischen Kultur ist ungeklärt. Als ich ein Bub war, galt: bis zum Final.
(Geschafft habe ich es nie, bis heute fehlt in meinem WM-Heft von 1974, unter
anderen, der Italiener Giacinto Facchetti, Nummer 292.) Vor einigen Endrunden
riss es dann ein, dass man das Album bereits zum Auftakt des Turniers voll haben

musste. Und heuer waren die Streber noch früher dran. Am tifigsten: die Berner. Mich überfordert diese WM sowieso. Wie hatte ich mich gefreut, jeden Match zu schauen, auch diejenigen, die zu Bürozeiten angesetzt waren – endlich mal ein Vorteil für uns Hausfrauen! Und dann sah ich nur gerade die Schweizer Spiele gegen Chile und Honduras in voller Länge. Weissgott kein Genuss. Ansonsten war ich bei entscheidenden Toren meist in der Waschküche, brachte Hans in die Handorgelstunde oder schrubbte das Badezimmer. Geht mir irgendwie zu rassig, alles. Ich komme nicht mal dazu, mich über fehlbare Schiris, Korruption und unseren peinlichen Blatter Sepp aufzuregen. Die WM fliegt an mir vorbei, derweil ich die Schlacht am Morgarten und den Beitritt zur Eidgenossenschaft abfrage: Zürich 1351, Bern 1353. Da waren die Zürcher noch voraus.

Okay, noch heute gibts in Zürich Schnelle. Ein Kamerad unserer Tochter kam am ersten offiziellen Verkaufstag im April mit dem vollgeklebten Panini-Album in die Schule. Sein Vater hatte um Mitternacht am Bahnhofskiosk drei Schachteln Bilder erstanden. Nur: Wo bleibt denn hier der Tauschspass?

Gäll, bisch halt …_Bist halt ein ganz schneller, gell! / Pressant_In Eile / Nume nid gsprängt_Immer mit der Ruhe (Berner Leitspruch) / Eh, was weit dir jitz …_Was wollt ihr jetzt auf diesen Zug hetzen? In einer halben Stunde fährt der nächste / Jufle_Hetzen, eilen

WAS BLEIBT? EINE LÜCKE. Zeitungen gebündelt, gestern.

Und gestaunt, wie rasch Papier zu Altpapier wird. Wenige Tage erst, da titelte der «Stern»: «Özil & Co.: Wie Migrantenkinder das WM-Team beflügeln – ein Modell für Deutschland». Jetzt ist ausgeflügelt. Listig ists, gewiss, wenn Stadionnationalismus ein internationales Flair erhält wie nun dank Özil, Trochowski, Khedira. Na gut… wenigstens bleibt den Deutschen jetzt der Schluss des Trugschlusses erspart.

Wie war das gleich, als die Grande Nation 1998 mit einem multinationalen Nationalteam siegte? Flugs wurde «Bleu, blanc, rouge» zu «Black, blanc, beur» umgedeutet. Die neue Équipe tricolore aus Schwarzafrikanern, Maghrebinern und Europäern werde Vorbild für ein Miteinander sein, der Fussball, hiess es, werde jeglichen Rassendisput tilgen. Wie feierte Frankreich seine Kolonialsöhne! (Ausser Le Pen, der motzte schon damals, die «Neger» hätten vor den Spielen die Marseillaise nicht mitgesungen.) Heute wissen wir: Welt- und Europameistertitel machten Zidane, Desailly, Karembeu, Trézéguet zu Millionären. Und Thuram, Halbwaise aus Gouadeloupe. Aber ihre Coucousins in den Trabantenstädten? Blieben «Gesindel», ohne Chance auf Gleichheit. «Abschaum» nannte ein Monsieur Sarkozy die arbeitslosen Einwandererkinder nach wütenden Demos im Herbst 2005; Abschaum, den man mit dem Kärcher wegputzen müsse. Zumindest weiss ich seither, was ein Kärcher ist: ein Hochdruckreiniger.

Und letzten Herbst? «Unsere Helden!», lautete die «Blick»-Schlagzeile, und die Helden Ben Khalifa, Seferovic, Kasami und Xhaka, eben U-17-Weltmeister geworden, dankten Allah, dass er ihnen im Final beigestanden habe. Tage später beschloss die Schweiz ein Minarettverbot. So ist das, wenn man meint, Nationalteams seien Modelle für die Gesellschaft. Schön wärs.

Nein, dies war nicht die WM, die Deutschland veränderte. Was bleiben wird? Lampards Nicht-Tor, vielleicht. Bill Clinton auf den Rängen, an seiner Seite Mick Jagger, der von Fussball offensichtlich keine Ahnung hat. Verständlich, als England zum letzten Mal passabel spielte, 1966, war er gerade benebelt.

Und die Panini-Lücke Simon Rolfes, Nummer 267. Die bleibt nun vermutlich für immer. Egal, er war ja nicht im Aufgebot. Ein «echter» Deutscher, übrigens.

Erschienen in der WM-Rubrik «Liebes Tagebuch» in der «Neuen Zürcher Zeitung».

Das erfrischend aufspielende junge deutsche Team scheiterte im Halbfinal an Spanien.

HOBBYLOS

TV BIER AFFE ÄRGERT. Blöd, aber: Unser Kühlschrank

ist nicht magnetisch. All die Schulreiseprogramme, Fussballaufgebote und «Wir vor dem Rheinfall»-Familienferienföteli, all die «Ersatzkartuschen für den Gasgrill besorgen!»-, «Hoskyns einladen!!»- und «Montag Altkarton!!!»- Zettel, die Kinderzeichnungen, Pfadilagerpacklisten und, not least, die Tickets fürs verschobene Prince-Konzert («Babysitter für den 23. organisieren!») können bei uns nicht dorthin magnetelt werden, wo sie hingehörten – an die Kühlschranktür.

Es bleibt auch keine Kühlschrankpoesie haften. Kennen Sie die «Kühl- schrankpoesie»? Eine Packung voller rechteckiger Magnetchen mit Silben, Wörtern, Zeichen und Buchstaben, aus denen sich immer neue poetische Wen- dungen bilden lassen, von «I ♥ V a t i» – okay, nur so ein Beispiel – bis «ver- dammt! milch fehlt». Wir bekamen es mal geschenkt, und mangels metallener Kühlschrankverschalung lag das Päckchen dann halt so rum. Bis offenbar Anna Luna und Hans auf die Idee der CD-Gestellpoesie kamen. Im Flur steht bei uns nämlich ein sehr langes und sehr hohes Metallgestell, auf dem der Vati achtund- vierzig Laufmeter CDs lagert, aufgeteilt gemäss meinen musikalischen Vorlieben in «Cajun/Zydeco», «Italien», «Blues», «Mali», «Schweiz» und «Rest der Welt».

Zu meiner Schande muss ich gestehen, dass ich über Jahre den Staub nur oberflächlich und viel zu selten wischte. Während der WM-Viertelfinals nahm ich mir endlich Zeit, sämtliche CDs herauszunehmen, feucht zu reinigen und den Dreck, der sich dahinter und darunter angesammelt hatte, zu beseitigen. Und da- bei las ich erstmals bewusst, was an den magnetischen Tablaren so steht. Zum Beispiel: «hilfe TV bier affe ärgert». Hmm… Seit wann das wohl geschrieben steht? Und ob ich gemeint bin, der ich zuletzt viele Stunden WM guckend und

Calanda saufend vor der Kiste verbrachte? «männerkönnkost konserve» nehm ich weniger persönlich, denn ich kann mehr als nur Büchsenravioli zubereiten. Wie ist in der Aufforderung «grübel dich und nimm flott kaffee» das Grübeln zu verstehen? Was bedeutet «das volk wird stolz cool und faul!»? Was «wer zitterzischt dir scheisse? ja wart ein feiertag»? Poesie, halt.

Listig, dass die Wortschöpfungen «superseufz heimlich» und «hochformmüde» ausgerechnet da angebracht sind, wo unzählige Tonträger meines Überhelden Elvis stehen. Noch seufze ich heimlich über das unrühmliche Ende, das der King 1977 nahm, als er, tablettenverladen, vom Klo fiel und an der eigenen Kotze erstickte – offenbar nicht mehr willens, Abend für Abend den Supermann zu geben: «hochformmüde» … Zufall, dass «so ende dich» ausgerechnet unter dem Gesamtwerk von Nirvana steht? Ich muss an den Selbstmord des Sängers Kurt Cobain denken. Wie tröstlich, dass sie gleich daneben «ich und dein wirklich im himmel» geschrieben haben. Und wo steht «kurzes glück richtig tief mein»? Just bei Creedence Clearwater Revival, einer grossen Rockband, der von 1968 bis 1972 nur kurzes Glück beschieden war. Volltreffer.

Und dann dichtete da noch jemand: «ist schule manchmal extrem dumm freund? ja mann.» Gottlob sind auch bei uns bald Ferien. Und als gäbe es über die Urheberschaft all der Sprüche noch den leisesten Zweifel, steht ganz unten rechts beim Blues: «lob zwei süsse Kinder!» Mach ich.

HOT BABE, BÜSI, CHE GUEVARA. «Tätowiert,

ich? Und ob! Ich hab ‹YB› tätowiert, aber ich sage euch nicht, wo», pflege ich Gwundrigen zu sagen, und trage ich dabei nichts ausser einer Badehose, geht schon das Werweissen los, an welcher intimen Stelle…

Aber ich kann Sie beruhigen. Natürlich habe ich «YB» nicht tätowiert. Zwar befürchte ich, auch in vierzig Jahren – sollte dann überhaupt noch Fussball gespielt werden – unvermindert für den Klub zu fiebern, der am Ende ja doch immer nur Zweiter wird. Aber eine Tätowierung wäre albern. (Nicht auszudenken ausserdem, wie blöd ich dastünde, müsste ich in, sagen wir mal, Bangkok bei der Einreise erklären, die Buchstaben symbolisierten, ähem, meine Vorliebe für «Young Boys». Ich würde vom Fleck weg verhaftet.) Nein, ich bin heilfroh, ist mir nie im Suff die Jugendsünde eines Tattoos unterlaufen.

Ein ödes Männersymbol, vielleicht? Anker, Adler, Schwert, übelstenfalls: eine Meerjungfrau. Irgendwelche hässlichen Runen, ein Jesuskreuz gar – schliesslich wollte ich Pfarrer werden. «Italia 1982» hätte mir einfallen können zu Ehren der Azzurri. Die Initialen «G. N.», weil ich mit achtzehn wie verrückt für Gianna Nannini fänte. Ein bescheuerter Stacheldraht am Oberarm, wie Michelle Hunziker ihn trägt… Wetten, dass Töchterchen Aurora den peinlich findet? Ich bin meiner Tochter ja auch peinlich (besonders in der Hawaii-Badehose, die sie für vollkommen démodé hält), aber wenigstens bin ich untätowiert.

In der Badi stupst Anna Luna mich oft in die Seite und weist mit dem Kinn in Richtung einer Gestochenen, an deren Schulter ein Feuervogel und der Schriftzug «Angel» prangen. Man sollte nicht hinschauen, ich weiss. Aber das Wegschauen ist so sauschwierig! Und wozu lassen Menschen sich tätowieren, wenn nicht just deshalb: weil sie angeglotzt werden wollen? Also glotze ich.

Kleine Stichprobe letzten Sonntag am See: «Hot Babe», hat sich eine unterm üppigen Busen auf Bauchhöhe stechen lassen, und ich male mir aus, wie sie anno 2067 im Altersturnen den Schwabbelbauch schwingt, auf dem noch immer «Hot Babe» steht. Schon zeitloser das Büsi mit Blumenbeet, das eine bereits Mittelalterliche am Rücken trägt, künstlerisch leider im Stil einer Gemeinschaftsausstellung im Kirchgemeindehaus geraten, an der auch Filz- und Makrameearbeiten gezeigt werden.

Ein Muskelprotz ist mit düsteren Ornamenten übersät, des Weiteren erspähen wir fünf rätselhafte chinesische Schriftzeichen, drei Geckos, die Inschrift «Cosmic Love» und ein Che-Guevara-Konterfei (Dieses Motiv teilt der Badigast immerhin mit Diego Maradona). Dann den Glatzigen, der dem Totenkopf an seinem Oberarm schon recht ähnlich sieht.

Und ein Jüngling mit Geier am Arm hat, in gotischen Lettern, den eigenen Namen am Unterschenkel stehen: KEVIN. Okay, es ist wichtig, dass man seinen Namen nicht vergisst. Da schreibt man ihn wohl besser auf. Kicker Beckham liess sich ja auch die Namen der Kinder unter die Haut stechen – sicher ist sicher.

Am Glacestand schiesslich betrachte ich das junge Mami mit dem Fantasiemuster auf Steissbeinhöhe – ein deutscher Komiker hat das mal fies «Arschgeweih» getauft – und denke mir … nichts, denn Anna Luna kommt mir zuvor; sie zischt: «Weischwipiinlech!?»

ENDLICH AUSSPANN... Hans weckt mich früh. Sehr früh,

wenn man bedenkt, dass dies der erste Ferientag ist. Ich habe erst mein linkes Auge offen (das rechte braucht stets ein bisschen länger) und höre mit einem Ohr (auf dem anderen liege ich noch) seine Worte: «Heut misten wir aus.» Hoppla. Wie oft versuchte ich ihn in den letzten Monaten zu ermuntern, sich von einigen der Autos und Flugzeuge zu trennen, die er an jedem freien Nachmittag aus Sagex, Holz und Karton fertigt? Sein Zimmer war komplett verstellt. Aber, Nein. Keine Zeit, keine Lust, und überhaupt: «Das bruchen-i de no!»

Eine selbst gebaute Märmelibahn, eine Putzmaschine (fast funktionstüchtig) und U-Boote sonder Zahl standen herum, dazu ein detailgetreues Modell des Steamboat Natchez, eines Dampfers, auf dem Hansli als ganz kleiner Bub mal selber durch New Orleans tuckerte. Nie würde ich dieses Bijou wegwerfen. Aber wenns wirklich nicht mehr anders ging, schmuggelte ich einige der weniger gelungenen Basteleien in den Keller, lagerte sie dort zwischen – und fragte er nicht mehr danach, brachte ich sie ein paar Donnerstage später zum Entsorgungstram. Worauf er prompt am Freitag fragte: «Wo ist mein Kiestransporter?» (Das hatten wir schon, «Friedli's Law».)

Und nun will er selber ausmisten! An diesem wunderschönen Sommertag, an dem man endlich mal das süsse Nichtstun pflegen könnte, «hääängen», wie seine Schwester es nennt. Der Bub ist nicht zu bremsen. Kehricht – Keller – Altkarton, teilt er ein. Während ich noch rasiere, hat er schon eine Riesenbeige Bilderbücher bereitgestellt, die er gefälligst nicht mehr in seinem Zimmer haben will. «Babyzeugs.» Eine Keramik-Vespa mustert er aus, das Feuerwehrauto, das wir mal an einem Regensonntag zusammenklebten, den goldenen Papiermaché-Helm und Plastikfigürgen zuhauf. «Spinnsch?», ruft Anna Luna, als er auch den

kleinen Heffalump entsorgen will. Ich rette das hellviolette Elefäntchen und stelle es auf meinen Schreibtisch.

Schweren Herzens trage ich den «Schellenursli», die Duplo-Eisenbahn und dreiundvierzig Plüschtiere in den Keller, die er in den Mottenschrank verbannt hat. Mich seinen Anweisungen zu widersetzen, hiesse, meinem Ziel zuwiderzuhandeln: dem Ziel einer einigermassen begehbaren Wohnung. Irgendwann freilich erlahmt Hanslis Elan, und er widmet sich einem – Ausmistungsaktion sei Dank! – wiedergefundenen Meccano-Baukasten. Dummerweise just in dem Augenblick, da Flur und Zimmer komplett übersät sind mit allem, was wir aus Schränken, Regalen und Kisten gerissen haben. Und wer sortiert es aus, räumt wieder ein? Der Vati. Dabei fällt mir auf, wie rasch die Kinder vom Kleiner-Eisbär- ins Piraten-, vom Planeten- ins Solar-Experimentierkasten-Alter kommen, vom «Gregs Tagebuch»- ins Harry-Potter-Alter, in dem jüngst auch Hansli angelangt ist, momentane Lektüre: Band drei.

Stunden später, die Kinder tollen längst draussen im Garten, setze ich noch immer Hans' Tagesziel um: «Heut misten wir aus.» Wir Eltern, denke ich bei mir, haben nie Ferien, wir sind das Servicepersonal, allzeit abrufbar wie die Bediensteten in einem noblen Hotel. Da stosse ich auf einen Stapel handgeschriebener Zettel; offenbar haben die Kinder mal Hotel gespielt: «Name: … Adresse: … Telefon: … E-Mail: …», steht da geschrieben. Und darunter: «Wir wünschen Ihnen einen schönen Aufenthalt im Hotel Friedli.»

Das bruchen-i de no_Das brauch ich dann noch / Märmelibahn_Murmelbahn /
Spinnsch?_Spinnst du?

DA HÖCH UF DEN ALPE. Als es so saumässig heiss war un-
längst, schaltete ein DRS-3-Moderator kurzerhand in die Kitag seiner Tochter,
wo die Kleinen dann brav im Chor «O du goldigs Sünneli» sangen, gleich darauf
«Räge-, Rägetröpfli». Ich war wohl nicht der Einzige, dem trotz Hitzetag noch
wärmer ums Herz wurde. Kinderlieder rühren einen, man summt mit und ist
sogleich zurückversetzt… ins Vorschulalter der eigenen Kinder… in die eigene
Kindheit. «… rägnets uf mys Chöpfli. Wänns rägnet werded d Blüemli nass und
alli Steindli uf der Gass…»

Jack Aaron sei zur Welt gekommen, SMS-elte eine liebe Freundin vorige
Woche, ich freute mich erstens über den Zweitnamen Aaron, denn so war auch
mein Elvis getauft: Elvis Aaron Presley, und zweitens war mir sofort klar, was ich
dem Kind mit dem weltläufigen Namen und seinen Eltern zur Geburt schicken
würde: das Kinderliederbuch «Chömed Chinde, mir wänd singe», ein Stück
helvetischer Kultur, das in keinem Haushalt fehlen darf.

Es fehlt auch in fast keinem. Weit über eine halbe Million Mal wurde das
Buch seit 1946 verkauft, Absatz steigend. Von «Grüez di Gott, du liebe Früelig»
bis «O du fröhliche» sind im Ablauf der Jahreszeiten alle Lieder enthalten, die
man kennen muss, und kein Klassiker fehlt, von «Dört äne-n am Bärgli» bis
«Alle Vögel sind schon da», von «Chemifäger, schwarze Ma» bis «Es schneielet,
es beielet». Dass sie seit Generationen unverändert ist, macht gerade den Reiz
der Sammlung aus. Einst gab Maggi das Buch gegen Suppenpunkte an eifrige
Löffler ab, 1958 übernahm der Musikverlag Hug die Rechte und liess seither
viele Auflagen drucken, die jüngste enthält neu Gitarrenakkorde. Und: Die CD,
bislang einzeln erhältlich, liegt gleich bei. Eine kleine Geste gegenüber gesanglich
unbegabten Eltern, ein Entgegenkommen auch für die wachsende «thüütsche»

Gemeinde, die des Helvetischen unkundig ist. Wer in Wolfenbüttel aufwuchs, kennt «Da höch uf den Alpe» nicht.

Allerliebst nur schon die Illustrationen! Unmittelbar nach Kriegsende entstanden, beschwören sie eine ländliche, familienidyllische Schweiz, von äusseren Einflüssen unversehrt – Bächlein fliessen, rotwangige Mägdlein pflücken Blümlein, fangen mit ihren Schürzen fallende Herbstblätter auf… «und d Buebe loufe gschwind.» Ein Stück geistige Landesverteidigung, ein Sittengemälde voller Mäuslein, Schnecklein und Zicklein, eine Schweiz, die es so nie gegeben hat. Kein Offroader, kein AKW trübt das Bild, das Land ist von Computern unbeleckt, noch nicht einmal das Fernsehen ist erfunden.

Darf man diesen Kitsch verschenken? Man muss! Kinder lieben die Details, suchen nach Specht und Eidechse, nach Rehen im Schnee, denn die Sehnsucht nach einer heilen, überschaubaren Welt wohnt ihnen inne. Uns, wenn wir ehrlich sind, genauso. Beim Vorsingen besteht die Schwierigkeit einzig darin, die Texte – schön förderalistisch mal basel-, mal zürichdeutsch notiert – jeweils ad hoc ins eigene Idiom zu übertragen. In Brienzwiler zum Beispiel singt sich «Alli mini Äntli» so: «Alli miini Entli schwümmen uf em See, d Chepfli heis ids Wasser, d Schwänzli heis i d Hee», weil eben «Höhe» im Berner Oberland «Hee» heisst.

Was allerdings der dreijährige Janik, wie mir seine Mutter Ursula berichtet, so verstand: «… d Schwänzli heis i Tee.»

Kitag_Kindertagesstätte / O du goldigs Sünneli_O goldne Sonne / Chömed Chinde, mir wänd singe_Lasst uns singen, Kinder / Da höch uf den Alpe_Dort droben, hoch auf den Alpen, Volkslied-klassiker / D Schwänzli heis i de Hee_Die Schwänzchen in die Höh

HEJA GLUCK! «Hier riechts irgendwie italienisch», befand Hansli vor
einigen Tagen an einer verkehrsreichen Kreuzung. Wir waren mit den Velos unterwegs Richtung Bibliothek. «Wie meinst du, ‹italienisch›?», fragte ich. Er: «Ein
Gemisch aus Pizza und Abgasen.» Das sass. Ohne Absicht hatte er viel über das
italienische Malaise gesagt. Wie schonungslos treffend Kinder doch sein können!
Das Mädchen aus dem Bernbiet etwa, das seine Mutter jüngst fragte: «Du, Mami,
was ist eigentlich ‹Puppertät›? Tuet me sich da verpuppe?» Manchmal ist Kindermund sogar ohne Worte goldig: Leserin Gaby wollte wissen, wie das Gottemeitli,
das bei ihr übernachtet hatte, geschlafen habe; Gaby zeigte mit dem Daumen
nach oben, dann nach unten und schaute das Meiteli fragend an. Worauf dieses
sich den Daumen in den Mund steckte – so habe es geschlafen.

Die Müsterli kindlicher Verhörer und Versprecher, die ich aus der
Leserschaft erhalte, sind zu gut, als dass ich sie für mich behalten könnte. Zum
Beispiel dieses: «Jetz göh mer de mit em Bus hei», sagt Papa zur zweieinhalb-
jährigen Helena. Sie, leicht quengelig: «Aber i ha Hunger, chöi mer nid mit der
Äss-Bahn gah?» Abends bei «I ghöre-n es Glöggli» singe selbige Helena jeweils
treuherzig: «…im Bett tue-n i päägge-n u schlafe de ii…» Für Nichtberner:
«Päägge» hat wenig mit Beten zu tun. Aber manchmal ist es ja besser, wenn
Kinder ein Wort nicht genau verstehen. Klein Yaël etwa ruft oft «Heja Gluck» –
und gottlob ahnt niemand, dass sie damit das «Heilandsack!» nachahmt,
das ihrem Vater mal rausrutschte. Als jedoch ein Yannis, auf seinem Bett
sitzend, lauthals «Mami, Bettchotzä!» ausrief, eilte das Mami mit einem Eimer
herbei – merkte dann aber, weil Yannis dauernd auf die Füsse seiner
Schwester zeigte und «Wott au Bettchotzä!!!» schrie, dass er lediglich nach
Bettsocken verlangte.

Der dreijährige Gabriel machte seinem Papa im Supermarkt die reinste Szene, weil dieser sich weigerte, «Millionen» zu kaufen. «Papa, kauf endlich mal Millionen!» Der Kleine wollte partout nicht begreifen, dass man Millionen nicht kaufen, sondern höchstens im Lotto gewinnen kann. Kurz darauf gibts daheim Melonen zum Dessert, weil die Mama auf dem Heimweg von der Arbeit welche gepostet hat. Gabriel: «Siehst du, Papa? Man kann Millionen eben doch kaufen!» Wie ärgerlich für Kinder, wenn die Eltern sie einfach nicht verstehen wollen…! Nicolai aus Grosshöchstetten bat seine Mutter einst als Vierjähriger: «Mama, sing mer ds Lied vom Gepard!» Sie kenne aber kein Lied über einen Gepard, sagte Mama Katrin. «Doch, Mama!» Nicolai bestand darauf. Ein Trotzanfall bahnte sich an – ganz à la «… im Bett tue-n i ppäägge…» –, also begann die Mutter, ein Lied über einen Gepard in der Steppe im heissen Afrika zu erfinden. Worauf Söhnchen Nicolai noch saurer wurde. «Nei, Mama, nid das!!! Das, wo mir albe-n ar Wiehnachte singe.» Hmm, Weihnacht? Da würden sie doch jeweils nur das einzige Lied singen, «Stille Nacht», dachte sich Katrin. Und sang, mangels Alternativen und der sommerlichen Temperatur zum Hohn, halt «Stille Nacht».

Volltreffer! Denn schon bei der Stelle «… Alles schläft, einsam wacht nur das traute, hoch heili Gepard…» schlief der Kleine selig ein.

Tuet me sich da verpuppe?_Verpuppt man sich da? / Äss-Bahn_«Ess»-Bahn (gemeint ist die S-Bahn) / Ppäägge_Schreien, heulen / Chotzä_Kotzen, Sockä_Socken

STILLE FERIENLEKTÜRE. *«Danke. Danke für alles, was du mir geschenkt hast»*, lese ich im Halbschatten einer Pergola hoch droben in einem Tessiner Tal. Seite 415, der Roman strebt dramatisch seinem Ende entgegen. Da tönts aus dem Inneren des Ferienhäuschens: «Vatiii!!!» – «Komme grad. Will noch rasch …» – *«Danke für alles, was du mir geschenkt hast.» Er wollte sich einreden, dass sie ihn gehört hatte …* «Vati!» Erneut Hans, noch lauter. Ich: «Moment! Ist grad, äh …, spannend.» Wobei spannend der falsche Ausdruck ist. Ein Gatte begleitet das Sterben seiner krebskranken Frau, eben hat er die vermutlich letzten Worte zu ihr gesagt. *Er wollte sich einreden, dass sie ihn gehört hatte, aber sie sank…* «Vati!» – «Ruhe!» – «Hör mir zu, Vati!» – «Wart schnell!»

Ein Freund, der zum Glück nicht weiss, dass ich keine Bücher lese, hat mir «Glückliche Ehe» von Rafael Yglesias geschenkt. Und fragen Sie mich nicht, weshalb, aber: Ich habe es verschlungen. Das ist das Wunderbare an Ferien, dass man Zeit hat … «Vatiiiiiiii!!!» – «Was ist denn, gopf?» – «Welche Karte soll ich für Frau Kronig und welche für Frau Blattmer …?» – «Musst du selber wissen.» … dass man Zeit zum Lesen hat, wollte ich sagen. «Lass ihn, Hansli! Er liest gerade ‹Das Buch 2010›», spottet meine Frau vom Balkon herab, auf den Umstand anspielend, dass ich selten mehr als ein Buch pro Jahr schaffe. *…, aber sie sank langsam auf ihre rechte Körperseite und begann wieder, unruhig auf dem Bett umherzurutschen. Ehe er …* «Welche für wen?», insistiert Hans. Er steht jetzt neben meinem Liegestuhl, schiebt mit einer Hand das Buch aus meinem Gesichtsfeld und hält mir mit der anderen zwei Postkarten unter die Nase, eine etwas düstere Ansicht des Lago Maggiore und einen prächtig touristischen Anblick der Kirche Madonna del Sasso im Abendrot. Hans will wissen, welcher seiner beiden ehemaligen Lehrerinnen er welches Sujet schicken solle. Ich: «Wie du willst.»

Wo war ich? *Ehe er das Gerät anschaltete, versuchte er sie in die Arme zu neh-men.* Ich bin beseelt von diesem Buch. «Glückliche Ehe» erzählt eine Liebes-geschichte vom allerersten bis zum letzten Augenblick, beschreibt, wie zwei Menschen nach wilden Jahren eine Familie gründen, Krisen überstehen, sich entfremden und wieder finden, sich zuletzt nahe sind wie nie – bis der Tod sie scheidet. Elf Seiten noch, der Schluss ist tieftraurig und doch beglückend. *Sie wurde einen Moment ruhiger, schob ihn dann weg, als wäre er kein Mensch, sondern ein Hindernis. Er küss…* «Vatiii!» Hans reisst mir das Buch aus den Händen. «Welche für wen? Sag!» – «Schick der Frau Kronig die Kirche und der Frau Blattmer den See!», sage ich, schlage mein Buch wieder auf, blättere suchend… *Er küsste sie auf den Mund…* Liebevoll, nie aber gefühlsduselig wird eine Ehe geschildert, und man ahnt, dass der Autor den Tod seiner eigenen Frau beschreibt. Bin ganz aufgewühlt. *Er küsste…* Hansli: «Abrvatii! Ich habs grad umgekehrt gedacht.» – «Herrgott, kann ich jetzt mein Buch zu Ende lesen?» *Er küsste sie auf den Mund, aber ihre Lippen waren kalt und starr.* Hans lässt von mir ab. «Mueti! Wem soll ich welche Karte schicken? Muetiii!!!»

Aber es waren schöne Ferien. Ehrlich.

BESUCH DER GUTEN FEE. Was ich Sie schon lange mal

fragen wollte: Ertappen Sie sich auch dabei, mit der Zunge Ihren Zeigefinger zu benetzen, um vom Boden Schmutzkrümel aufzunehmen – ein Brösmeli, einen Melonenkern, ein Haar, was weiss ich… ein Stäubchen gar nur? Dann ist Ihr Reinlichkeitsfimmel ähnlich gravierend wie meiner. Winzigkeiten, derentwegen man sich bückt, Nichtigkeiten! Liesse man sie liegen, es würde niemandem auffallen. Nun ginge es ja noch, dass ich daheim alles und jedes vom Boden klaube. Aber unlängst verpasste ich sogar Bienvenus Führungstor im Letzigrund. Anna Luna hat es mir dann geschildert. Sie sass neben mir und hatte, wie übrigens auch ihr Bruder, ihre Papierserviette und den leeren Plastikbecher unter die vordere Sitzreihe geschmissen, darauf vertrauend, dass dann schon aufgeräumt werde: vom Vati. Und während der Vati also seinen Arm unter die Vordersitze zwängte und mühsam den töchterlichen und söhnlichen Abfall hervorholte, erzielte Bienvenu das 0:1 für YB. Ein sehenswerter Treffer, scheints.

Einem wie mir ist es nie sauber genug. Ich befürchte, Sie kennen das. Also können Sie sich vorstellen, wie es mich störte, dass unser Küchenboden nach vier Jahren in der neuen Wohnung das reinste Vierfruchtmuster abgab, obgleich wir weiss Gott nicht im Ruch stehen, Militaristen zu sein. Nicht einfach nur unputzbar dreckig waren die kleinen, ursprünglich hellgrauen Plättli, sondern fleckig: Hier braun, da grünlich, dort schlammgelb, denn wir hatten es mit allem probiert – Javel, Backpulver, Essig, Spülglanz – und den Boden dabei ein ums andere Mal verschlimmbessert. Nur der Schmutz zwischen den Plättli blieb, die einst blassen Fugen waren raben-, wirklich RABENschwarz.

Mir blieb nur, Beatrice zu Hilfe zu rufen, meine Jemako-Tante. (Für Uneingeweihte: Das ist die Putzutensilienvertreterin, die mich anlässlich einer

Heimdemonstration bei einer Nachbarin zu ihrer Produktelinie bekehrte. Dabei ging ich mehr so zum Spass hin.) Wie erhofft geschah ein kleines Wunder. Einer Fee gleich schwebt Beatrice in unsere Wohnung – wobei ich mich natürlich saumässig für all den Staub schäme, den ich plötzlich überall erspähe –, sie zückt Spezialbürste und Sondermittel, demonstriert die richtige Schrubbtechnik, und nach einer halben Stunde sieht es in der Küche, schwupps!, wie in einem Neubau aus. Ich bin so hingerissen, dass ich ihr besondere Mitteli und Fasern für Chromstahl, Herd und Badezimmer abkaufe sowie – ganz neu! – einen Spezialreiniger für spiegelnde Oberflächen und Flachbildschirme. Mit religiösem Eifer mache ich mich ans Polieren, ich glänze Fernseher und Backofentür, Spiegelschrank und Laptop... und zuletzt das iPad meiner Frau, das mit Fingerabdrücken nur so übersät ist.

«Wer hat mein iPad geschlissen?», ruft sie am Abend aus und schimpft mit den Kindern, jetzt sei aber fertig auf ihrem Gerät «Airportmania» gespielt! Worauf ich kleinlaut von meiner Putzaktion erzähle. Offenbar hat der Reiniger das iPad mit einem staubabstossenden Film überzogen, der nun auch die Versuche abstösst, den Berührbildschirm zu bedienen. Moral? Hat die Geschichte keine. Ausser vielleicht der, dass nicht immer die Kinder schuld sind. Oder am End gar derjenigen, dass allzu viel Putzen schadet?

Letzigrund_Zürcher Leichtathletik- und Fussballstadion / Plättli_Fliesen / Geschlissen_Kaputt gemacht

MEINE ZWANGSPUTZPAUSE. «Jetzt wiederholt er sich

aber! Das hat er schon mal erzählt», ginge Ihnen womöglich durch den Kopf,
würde ich hier beichten, dass ich mein Handy in die Waschmasch… Eben.

Zu etwas anderem: Käthi aus Arbon, Nathalie aus Höngg und Sven aus
Thunstetten schrieben besorgt, ob ich denn nichts Schlaueres zu tun hätte als,
wie letzte Woche geschildert, zu putzen, pützeln und polieren. O doch, ich
wüsste manch Schlaueres! Soll ich aufzählen? Wieder mal Rollbrett fahren, endlich den neuen gelben Tee probieren, den ich mir geleistet habe, Fotos einkleben,
mit Hans Basketball spielen… Aber es ist keine Frage des Wollens. Mein Putzen
folgt einem Zwang, die Psychologie würde von einer Neurose sprechen. Und
ich erweitere mein «Sortiment» laufend. Zunächst polierte ich nur die Wasser-
batterie im kleinen Bad, wo Anna Luna und ich duschen; dann sämtliche Armaturen im grossen Badezimmer; die Kafimaschine; dann das TV-Möbel; die
Dampfhaube; dann das Apothekerschränkchen; dann CD- und Büchergestell;
den Deckel meines alten Plattenspielers… Wöchentlich werden es mehr Polier-
flächen, und mich dünkt, statt uns Poliersüchtigen beizustehen, erfänden die
Erfinder dauernd neue glatte Oberflächen, die nach Politur schreien.

Was uns zum leidigen Thema zurückbringt. Zweimal binnen zweier Jahre
das Mobiltelefon in einer Buntwäsche zu versenken, so was passiert nur einem
Vollidioten: mir. Meinen Liebsten fische ich, ehe ich ihre Kleider in die Maschine
schmeisse, alles aus Hosensäcken und Kapuzenpullitaschen: Kleingeld, Tann-
zapfen, schampar wichtige und schampar geheime Zettel, Schraubenzieher,
Papiertaschentücher, Täfeli, Mehrfahrtenkarten und pro Kind einen bis zwei
Labello-Lippenstifte. Alles rette ich vor dem feuchten Grab. Nur meine eigene
kurze Sommerhose mit den Seitentaschen ziehe ich in der Waschküche im

letzten Moment aus, stopfe sie auch noch grad rein, steige in Unterhosen zurück in die Wohnung (wobei ich zum Glück im Treppenhaus niemandem begegne), geniesse den ungestörten Abend und… Ungestört?! Gegen elf Uhr erst kommt mir die SMS-freie Ruhe verdächtig vor. Zu spät.

Zum Kauf des neuen Handys nahm ich dummerweise – es waren noch Schulferien – die Kinder mit. Die haben mich dann glatt zu einem iPhone überredet. (Weil man darauf, wie ich inzwischen gemerkt habe, so lustige Spielchen spielen kann – pures Eigeninteresse der kleinen Schlaumeier!) Dabei besteht ein iPhone in erster Linie aus einer… glatten Oberfläche. Und weil die zur Bedienung dauernd berührt werden muss, bedeutet dies für mich Poliersüchtigen die Hölle. Das Schlimme sind nicht mal die Tastspuren, das Schlimme ist, dass ich nun mehrmals täglich der Versuchung widerstehen muss, selbige Spuren mit meinem Spezialmittel vom Berührbildschirm zu entfernen. Denn das würde – wie unlängst anhand des iPad meiner Frau herausgefunden – die Funktionsfähigkeit des sensiblen Geräts stören.

Eine Oberfläche, die nicht poliert werden darf? Vielleicht ist dies ja eine Art Therapie für einen, der keinem Spiegel auf öffentlichen Toiletten, keiner verdreckten Haltestange im 32er-Bus widerstehen kann und alles und jedes säubert? In diesem Fall müsste eigentlich die Krankenkasse die Kosten für mein neues Mobiltelefon übernehmen.

Täfeli_Lutschbonbons

FRECHE MÄDCHEN. «Herr Dokter, Herr Dokter, i bruche-n es Schnäbi!», lärmts schon wieder durch unseren Flur. Sollte auch Ihre Tochter mehrmals täglich durch die Wohnung stürmen und dazu «Herr Dokter, i bruche-n es Schnäbi!» deklamieren, dann seien Sie unbesorgt: Sie rappt nur einen Rap nach.

Zum Geburtstag, ihrem zwölften, bekam Anna Luna von Götti Nils die CD «Bittersüessi Pille» der jungen Bernerin Steff la Cheffe geschenkt, und schon nach Tagen konnte sie die Texte auswendig, allen voran: «Herr Dokter, Herr Dokter, i bruche-n es Schnäbi! Zum räppe-n u so wärs drum würklech no gäbig…» Nebst einer Geschlechtsumwandlung wünscht Rapperin Steff sich in dem Stück mächtige Ellenbogen, ein grösseres Ego und «no ne grösseri Schnurre». Eine herrliche Persiflage… – öhm, ist «herrlich» hier das richtige Wort? Eine saugute Persiflage aufs Musikgeschäft ists, eine Satire über die Macker im Rapgenre, die gern mit ihrer Männlichkeit prahlen, samt Längenangabe.

Schmusekätzchen hats in der Hitparade genug, auch furchtbar dünne Knochenmagermodels, anschmiegsame Plüschprinzessinnen und langbeinige Allzeitbereite bekommt unsere Tochter zur Genüge zu sehen, die Plakatwände und Prospekte sind voll davon. Da dünkt mich eine dreiundzwanzigjährige Rapperin ein patentes Vorbild, die den Rank-und-Schlank- und Schönheitswahn der bunten Heftli verhöhnt. Sinnlich und scharfsinnig tut sie es, selbstironisch – und erst noch berndeutsch. Jetzt tönts halt durchs Haus: «Herr Dokter, Herr Dokter, ich bruche…» Mir solls recht sein. Höre ich nämlich der Vorstadtjugend im 33-er zu, ist von weiblicher Emanzipation oft keine Spur. «Ey, Monn, Schlampä!», machte unlängst ein Aufgeplusterter mit Bartflaum eine junge Nabelfreie an, «ey, du deet mit dim tüüfer glegte Äntefüdle!» Und sie funkelte ihn, statt ihm eine runterzuhauen, noch bewundernd an.

Götti Nils war übrigens grosszügig. Nebst Steff la Cheffe und dem Versprechen, sie dürfe mit ihm einen YB-Match besuchen, gabs noch einen Ex-Libris-Gutschein, mit dem Anna Luna sich dann den ersten «Freche Mädchen»-Film auf DVD ergatterte, zur Vorbereitung auf «Freche Mädchen 2», der im Kino läuft. «Weisst, die Autorinnen haben diese ‹Freche Mädchen›-Bücher und -Filme extra erfunden», erklärte sie mir, «damit die Mädchen nicht immer nur so brave Vorbilder haben.» Dagegen ist nichts einzuwenden. «Freche Jungs»-Bücher gibts allerdings keine. Selbstbewusste Buben gelten als schlagfertig, schlau, pfiffig – nie als frech.

Okay, ein bisschen frech ist sie ja schon, unsere grosse Kleine. «Welches ist die Postleitzahl von Höngg?», fragte sie letzte Woche, als sie einen Brief für ihre Freundin Alexandra adressierte. Ich: «8049.» Anna Luna: «Also: ‹8049 Höngg›?» – «Kannst schon Höngg schreiben», gab ich zurück, «käme wohl auch an; aber Höngg gehört seit genau einundachtzig Jahren zur Stadt Zürich.» Sie darauf prompt im Steff-la-Cheffe-Ton: «Tuet dr Herr Friedli chli so, wi wenn er Allgemeinwüsse hätt?» Vorlautes Gör! Statt Merci zu sagen …

Gut … die Eingemeindung von Höngg war – ich habs nachher gegoogelt – erst 1934, vor sechsundsiebzig Jahren. Aber das muss ich meiner Tochter ja jetzt nicht unbedingt verraten.

Herr Dokter, i bruche-n es Schnäbi_Herr Doktor, ich brauch nen Pimmel / No ne grösseri Schnurre_ Eine noch grössere Schnauze / Heftli_Illustrierte / Du deet mit dim …_Du dort mit deinem tiefergelegten Entenarsch / Tuet dr Herr Friedli …_Gebärdet sich der Herr Friedli ein bisschen so, als hätte er Allgemeinwissen?

WOTSCH PROBLEMM? «Ey, du bisch doch dee, wo so Ko-

lumne schriibt?», quatscht mich eine junge Frau kurz vor Mitternacht im Tram
an, «schriib über ois!» Sie, blond und braun gebrannt, stellt sich als Tina vor und
blickt mich mit grossen Augen so hellwach an, dass ich mich meines müden
Gesichts fast ein wenig schäme. Eingestiegen ist sie mit einer Gruppe von fünf,
sechs weiteren erwachsenen Mädchen, allesamt so um die zwanzig. «Was soll ich
denn schreiben», entgegne ich, «wart ihr im Weiberausgang?»

Und schon hab ich zwei Fehler auf einmal gemacht. «Frauä-!», korrigiert
Tina, schaut mich freundlich tadelnd an und kommt noch ein bisschen näher,
«Frauänaabig!» (Klar, ich Blödian – «Weiberausgang» ist der Jargon meiner
Generation.) Und zweitens: Sie waren nicht im Ausgang. «Mir gönd erscht.»
Darüber könnte ich ja schreiben: dass die Jugendlichen heute erst so sauspät in
den Ausgang gingen, sage ich. Worauf sie gesteht, das fände sie eben auch so
schlimm, erst um Mitternacht loszuziehen und dann bis um sieben, acht Uhr in
der Früh Party zu machen. «Da kannst du den nächsten Tag im Fall rauchen…»
Tina studiert, wenn ichs recht verstanden habe, Biologie. «Diä deet», zeigt sie auf
ihre Begleiterinnen, dürften heut Nacht nach Lust und Laune mit Typen rum-
machen, nur sie hätte Kussverbot, sie habe drum einen festen Freund. Ehe sie am
Stauffacher im Pulk ihrer johlenden Freundinnen – «Ey, spinnsch, Tina, häsch
en voll aaquatscht?» – überhastet aussteigt, winkt sie noch zurück, und weg ist
sie. Erfrischend, die junge Frau, die da in die Nacht hinauszog, weil «man» das
heute halt so macht.

Soll ich Anna Luna erzählen, früher sei alles besser gewesen? Unsinn.
Wir machten vielleicht seltener durch, aber auch wir taten manches, weil wir
sein wollten wie die anderen, uniformiert, wie wir waren in unseren Levi's-501-

Jeans. Wir soffen, weil andere soffen, wir kifften, obwohl uns dabei schlecht wurde, und als wir uns einmal nach einer «Rockpalast»-Übertragung am Fernsehen bei Schädeli Fredu daheim – er hatte irgendwie sturmfrei – mangels richtigem Stoff einen Joint aus Muskatnuss drehten, hätte sich keiner getraut zuzugeben, dass er scheusslich schmeckte und überhaupt nicht einfuhr. Stattdessen giggelten wir wie die Doofen. Im «Rockpalast», live aus der Gruga-Halle in Essen, war gerade Gianna Nannini aufgetreten. Und wie die in Schädelis gute Stube gelärmt, von Selbstbefriedigung und Selbstbestimmung gesungen hatte – das war eingefahren! Im Sommer 1983 wars. Soll ich den Kindern davon erzählen? Dass Wochen später die allererste Frau in den Bundesrat … nein, eben nicht gewählt wurde, sondern dass die Bundesversammlung Lilian Uchtenhagen durchfallen liess und an ihrer statt einen Mann wählte?

Fünf Frauen im Bundesrat? «Was soll daran besonders sein?», meinte Anna Luna letzthin nur. Glücklich ein Mädchen, für das die Frage nach der Anzahl Frauen im Bundesrat keine mehr ist. Vielleicht fällt ihr ja später vieles leichter. Ihre Tochter, schrieb Franziska aus Brunnen, gehe «viel ‹ringer› durchs Leben als ich damals». Neulich habe die Kleine auf dem Schulweg einen Jungen überholt. Dem schien nicht zu passen, wie rasant das Mädchen unterwegs war: «Wotsch Problemm?» Darauf sie: «Näi. Aber du villicht?», und spazierte an ihm vorbei.

Frauänaabig_Frauenabend / Mir gönd erscht_Wir brechen erst auf / Häsch en voll aaquatscht?_Du hast den voll angequatscht? / Ring_Leicht, einfach, widerstandslos / Näi_Nein

DIE PILLE FÜR DEN MANN. Kaum sind Frau und Kinder

aus dem Haus ... «Hast du die Folien für deinen Vortrag eingepackt? Und das Turnzeug? ... Himmel, jetzt hat der Hans wieder sein Znüni-Böxli liegen gelassen! Ha-a-ns, wart! Wenn ich schon extra Rüebli rüste, gopf!» – «Mann, dann will ich aber auch Rüebli, wenn du ihm Rüebli rüstest!» – «Wart, muss jetzt dem Hans nachseckeln. Ha-a-ns! Dein Znüni! Und wenn du heut Mittag das Böxli wieder nicht heimbringst, dann ...! Und such bitte nach der grauen Jacke! Und dem Baseballcap, das so teuer war – das findest du auch endlich, sonst ...»

Gechafft. Kaum sind also Frau und Kinder aus dem Haus, braue ich mir eine strenge Tasse Rauchtee, setze mich an den Küchentisch und lese ... Was schon gelogen ist, denn ich lese nicht wirklich, ich entziffere in höchster Not, stelle dann fest, dass ich selbst im «Blick» nur noch die Überschriften lesen kann – «Entdeckt! Das Gen, das kurzsichtig macht» –, wüsste gern Genaueres, suche meine Lesebrille, finde sie nicht, fluche, stelle mich unters helle Halogenlicht der Dampfhaube und erfahre endlich, dass englische Forscher der Sehschwäche auf der Spur seien: offenbar ein vererbter Gendefekt. Bis in ein paar Jahren soll es eine Pille geben, die Brillen, Kontaktlinsen und Operationen überflüssig macht.

Schöne Aussichten. Nur hilft mir dies heute früh wenig. Und dass ich das Los mit den meisten Männern Mitte vierzig teile, tröstet mich mässig – eines Tages geht nicht einmal mehr Zeitunglesen, und man denkt: «Scheisse, bin ich schon so alt?»

Wissen Sie, es ist nicht die Eitelkeit. Seit dem 16. Juni läge das neue Rezept für eine Brille herum. Aber anfertigen hab ich sie noch nicht lassen, weil ... Muss wohl schon wieder von früher erzählen. Von ganz früher. Ich müsste nämlich längst eine Brille tragen: seit einundvierzig Jahren. Aber ich hab ein Brillen-

trauma. Als vierjähriger Bub hasste ich meine Brille; durch sie sah ich noch schlechter als ohne, weshalb ich das scheussliche Ding wiederholt im Garten einbuddelte. Im Spätsommer 1969 muss es gewesen sein, da vergrub ich die Brille so gründlich, dass sie unauffindbar blieb. (Das heisst, sie kam dann schon wieder zum Vorschein; dreizehn Jahre später stiess mein Vater beim Jäten darauf.) «Wenn du sie nicht findest», drohten die Eltern, «darfst du nicht mit an die Springkonkurrenz.» Ich grub mir die Hände wund, irgendwo im Kleinholz zwischen Föhre und Haselstrauch musste die Brille sein! Doch ich fand sie nicht. Vater ging mit meinen älteren Geschwistern allein ans Springreiten beim Viehschauplatz, Mutter blieb mit mir daheim. Strafe musste sein. Es reut mich noch heute. Und vor allem reute es meine Mutter! Derlei Attraktionen gab es nicht oft im Dorf, und nun verpasste auch sie die Springkonkurrenz. Man sollte Kindern nur Strafen androhen, die man einzuhalten gewillt ist.

Was hab ich meinem süssen kleinen zerstreuten Bengel eben angedroht, sollte er seine zahlreichen Fundgegenstände nicht endlich nach Hause bringen? Wir würden am Wochenende nicht ins Kino gehen? Dabei möchte ich «Toy Story 3» selber fürs Leben gern sehen! «Verlier du deine Böxli nur! Kaufe ich halt in der Migros neue …», riefe ich ihm jetzt am liebsten nach. Aber er ist schon um die Ecke.

Znüni_Vormittagsimbiss / Böxli_Kunststoffbehälter, Schachtel / Seckeln_Rennen, laufen

HERZLICHEN GLÜCKWUNSCH, WUSCHU!

Haben Sie den Spruch auch schon gehört? Würden Mütter anderen Frauen erzählen, wie anstrengend und schmerzhaft das Gebären wirklich ist, stürbe die Menschheit aus. Doch das ist nur die halbe Wahrheit. Es gibt einen zweiten Grund, weshalb man – und ich meine durchaus auch: Mann – über Geburten nichts erzählt ausser technischer Finessen wie Periduralanästhesie, Steisslage, Mondguckerchen. Das eigentliche Wesen des Geburtsvorgangs bleibt geheim. Denn: Die Geburt eines eigenen Kindes entzieht sich jeder Beschreibung, es sind dies Augenblicke bar jeder Vergleichsmöglichkeit. Zu verraten, wie man sich dabei gefühlt hat, wäre Verrat. Ich werde Ihnen also nicht erzählen, was ich empfand, als Anna Luna und Hans zur Welt kamen.

An dieser Stelle aber ganz herzlichen Glückwunsch zur Geburt von Claudio Matteo – 50 cm, 3500 Gramm – an Christoph «Wuschu» Spycher und, vor allem, seine Partnerin, Barbara. Jetzt fängt der Friedli wieder mit Fussball an, denken Sie bestimmt. Richtig, «Wuschu» Spycher spielt bei meinen Young Boys. Nur gehts diesmal eben gerade nicht darum. Mir imponierte nämlich, wie Spycher, als der Termin nahte, klipp und klar machte, dass er bei der Geburt dabei sein würde, selbst wenn er einen Europa-League-Einsatz seines Teams verpassen sollte: «Es gibt Wichtigeres als Fussball.» Punkt. Wie unaufgeregt, mit welcher Selbstverständlichkeit er dies sagte, gefiel mir.

Spycher liess ein Aufhebens, wie es Wochen zuvor um die Vaterschaft von Nationalgoalie Diego Benaglio gemacht worden war, gar nicht erst zu. Welch Theater, als es hiess, Benaglio werde möglicherweise ein Länderspiel verpassen, weil er seiner Frau bei der Geburt beistehen wolle. Als würde dieser private Entscheid irgendjemanden etwas angehen! Er sei unprofessionell und

verantwortungslos, warf der «Blick» dem Torhüter vor und unterstellte perfid, seine Gattin habe ihn unter Druck gesetzt – als ob ein Mann nicht von sich aus den Wunsch hegen könnte, die Geburt seines ersten Kindes zu erleben. Der Kommentar (betrüblicherweise von einer Frau geschrieben) schloss mit der Weisung an Benaglio: «Nur noch Frühlingssex, damit der nächste Geburtstermin auf die Fussballpause im Januar fällt.» Ähnlich dreist wie Roger Köppel, der vor Jahresfrist der ABB-Konzernleiterin Jasmin Staiblin das Kinderkriegen verbieten wollte: «Darf die Chefin in einer grossen Wirtschaftskrise schwanger werden?», fragte er in seiner «Weltwoche».

Sollten Sie sich nun sorgen, ich läse nur Holzhammerpostillen, keine Bange. Zuweilen finde ich sogar Zeit für «Die Zeit». Darin schrieb eine Berner Ständerätin im Mai: «Mütter denken, wenn es um die Vereinbarkeit von Beruf und Familie geht, vor allem an die eigene Situation: Sie fordern Kinderkrippen, Tagesschulen und Teilzeitarbeit für Frauen. Ich meine, dass auch Väter ein Recht auf Teilzeitstellen haben. Auch sie wollen (und sollen) mit ihren Kindern mehr Zeit verbringen. Denn Kinder brauchen schon früh beides: weibliche und männliche Identifikationsfiguren. Deshalb schlage ich vor: Einem vollzeitlich erwerbstätigen Mann wird, wenn er Vater wird, das Arbeitspensum automatisch um mindestens 30 Prozent reduziert.» Grossartiger Vorschlag. Von wem? Von Simonetta Sommaruga. Vielleicht erinnert sie sich als Bundesrätin an ihre Idee.

Die Sozialdemokratin Simonetta Sommaruga wurde am 22. September 2010 in den siebenköpfigen Bundesrat gewählt, die Schweizer Regierung, die somit dank vier Bundesrätinnen erstmals eine Frauenmehrheit aufwies.

DAS NEUE SCHROTTINETT. Hans hat jetzt ein tiefer ge-

legtes. Trotti, meine ich. Es ist dies, gefühlt, der siebenunddreissigste dieser blöden kleinen Tretroller, den wir kaufen mussten. Das neue Trotti, versprach Hansli, werde bestimmt nicht kaputtgehen. Aber natürlich wird es, und er kann nicht mal etwas dafür. Denn diese Scooter (man nennt sie, etwas zutreffender, auch Kickboards) sind gemacht, um kaputtzugehen.

Sie waren mir von Anfang an zuwider. Irgendwann in den Neunzigerjahren begannen schampar Urbane im Zürcher Seefeld, wo ich damals arbeitete, damit herumzufräsen: Locker krawattierte Schnösel mit Gelfrisuren kurvten durchs Vorabendgedränge am Bahnhof Stadelhofen. Weder gewannen sie dadurch Zeit, noch war es gäbig. Wie gekrümmt sie auf den viel zu kleinen Dingern standen! Schon vom Zuschauen tat einem der Rücken weh. Nie sah ich damals ein Kind auf einem klappbaren Trottinett, nur immer diese Junior Creative Directors, Key Account Managers und sonstigen Wichtigtuer, alle betont lääääss.

Jahre später erst wollten auch unsere Kinder ein Minitrotti, «Vati, pliiiis!». Rasch musste ich feststellen, dass das kleinste Steinchen genügt, sie zu Fall zu bringen. Viele Schürfungen und drei herausgeschlagene Zähne später nahm ich mir Zeit, aus mehreren Kickboard-Wracks ein brauchbares zu fertigen, indem ich, letzten Herbst wars, das Vorder- des einen, das Hinterrad des anderen, den Lenker des dritten und das Trittbrett des vierten zusammenschraubte. Die Operation dauerte einen ganzen Mittwochnachmittag; das Resultat hielt dann bis zum Wochenende. Worauf Hans das schöne blaue Trotti bekam, vom Samichlaus. Noch wäre es zwar fahrtüchtig. Aber ins Schulhaus dürfen nur zusammenklappbare Trottinetts mitgenommen werden, und weil der Klappmechanismus klemmt, brauchte es nun also ein neues: das grüne. (Eigent-

lich finde ich ja, Kinder sollten zu Fuss zur Schule. Und ich spiele den Bösen, wenn Hans fragt: «Darf ich heut das Trotti?» – «Darfst du nicht.» – «Aber der Milos darf jeden Tag!» Anzumerken ist: Milos wohnt fünfundvierzig Meter neben dem Schulhaus.)

«Die Polizei legt den Eltern ans Herz, den Kindern keine derartigen Mobilitäten mit auf den Schulweg zu geben», hiess es mal in einer Weisung. «Der Schulweg, zu Fuss mit Kameradinnen und Kameraden zurückgelegt, bietet Zeit für Gespräche und Spass. Davon weiss man später zu erzählen.» Meine Worte! Aber was willst du? Den Kindern täglich sagen: «Wir sind nicht die anderen!», wenn sie betteln, die anderen dürften auch alle mit dem Trotti zur Schule? Also darf der Hans – erzieherischer Kompromiss! – an gewissen Vor- und Nachmittagen, wenn er in der weiter entfernten Schulanlage Schwimmen hat oder nach der Handarbeit nach Hause pressieren muss, damit es noch ins Basketballtraining reicht, das Trotti nehmen.

Falls gerade eines fahrtüchtig ist. Bei Drucklegung dieser Ausgabe funktionierte das neue, tiefer gelegte. Es trägt den beängstigenden Namen «Micro Rocket» und hat breite Räder – zum «Carven», hiess es in der Gebrauchsanweisung. Und schon fürchte ich, Hansli carve damit, weil das Trottoir zu schmal ist, auf die Strasse raus und riskiere einen Unfall. Oder aber er carvt schwungvoll in die nächstbeste Rentnerin. Da tröstet mich einzig, dass auch das neue Trotti bald zu Schrott sein wird.

VON KÜHEN UND VOM BÜFFELN. Da rennt klein

Silas also hell begeistert durch die Käserei und ruft: «Lueg, Papa! E Chue mit ganz viel…» Ob ich das überhaupt erzählen darf? Als ich hier unlängst einige Verse wiedergab, die unsere Zwölfjährige der Rapperin Steff la Cheffe nachrappt, war eine Frau Gamber, weil darin ein männliches Geschlechtsteil auf Berndeutsch vorkam, äusserst ungehalten und drohte an, die Kolumne nie mehr zu lesen. Was aber, wenn Frau Gamber nicht Wort hält? Dann wird sie heute schon wieder mit dem wüsten Ausdruck konfrontiert! Familie Ackermann hat mir nämlich berichtet, wie Stadtbub Silas während der Ferien auf dem Land in der Käserei eine Plastikkuh erblickte und aufgeregt auf deren Euter zeigte: «Lueg, Papa, e Chue mit ganz viel Schnäbi!» Okay, in Biologie muss Silas noch dazulernen, aber er ist ja auch erst zweieinhalb.

Am Mittwoch sagte Nachbarin Ulrike, ihr Kleiner könne sich nicht merken, wo er klingeln müsse; ob wir noch von den farbigen Klebepunkten hätten, von denen einst drunten beim Eingang zum Mehrfamilienhaus einer neben unserer Klingel klebte? Mir kams vor, als wäre es gestern gewesen: Als wir hier einzogen, konnte Anna Luna noch nicht einmal lesen – daher der farbige Punkt neben unserem Namensschild. Jetzt steckt sie in der siebten Klasse, und was sie sich in den sieben Schulwochen seit den Sommerferien an Stoff zu merken hatte, geht auf keine Kuhhaut. Soll jemand behaupten, unsere Kinder lernten nichts mehr!

Kostprobe? Sie kann locker referieren, dass die frühen Hochkulturen in grossen Flusstälern entstanden, am Nil, an Euphrat und Tigris, an Indus und Huangho, dem «Gelben Fluss». Hätte ich, ehe ich sie abfragte, gewusst, dass dies vor 5000 Jahren geschah? Nein. Ich hätte gesagt: «Muss ich googeln.» Sie hat Sätze wie «Tai chi is an excellent way of getting rid of stress» in ihr Englischheft notiert, hat «mon arbre généralogique» gezeichnet, ihren Stammbaum, und weiss jetzt, was Urgrossmutter auf Französisch heisst. «Die Tonhöhe heisst Frequenz», sprudelt es bei Bedarf aus ihr heraus, «wobei die untere Hörgrenze bei 16 Hertz liegt, die obere bei Babys bei 20 000, bei einem Neunzigjährigen nur noch bei 3000 Hertz.» Dazu hat sie Geographie gebüffelt – «Vati, Geografie schreibt man neu mit f», würde sie mich an dieser Stelle korrigieren – und weiss nun, dass der tiefste Punkt der Erde im Marianengraben liegt, auch Witjastief genannt, 11 022 Meter unter Meer. Sie hat mir beigebracht, dass Modalverben die «Wo-so-kö-mö-mü-dü-Wörter» sind: wollen, sollen, können, möchten, müssen, dürfen. Ich durfte auffrischen, was Komplementär- und Ergänzungsmengen sind. (Hab ich schon damals nicht kapiert. Anna Luna kapierts.) «Tenent lacrimas» übersetzt sie korrekt mit: «Sie halten die Tränen zurück», und über die römische Gesellschaft erklärt sie mir (der ich immerhin eine Weile Latein studierte) Dinge, die mir neu sind: wo Sklaven hausten, wie Krämer und Gerichtsbeamte sich kleideten. Zu löten hat sie gelernt, im Werken; und sie hat – Himmel, Herrgott! – sogar den Religionsunterricht besucht. «Da liess Gott, der HERR, einen tiefen Schlaf fallen auf den Menschen», könnte sie im Schlaf zitieren.

Dass Anna Luna es neben alledem schaffte, sämtliche Raps von Steff la Cheffe auswendig zu lernen… «Herr Dokter, Herr Dokter, i bruche-n es Schnäbi!» Chapeau. Jetzt hat sie Ferien verdient.

KÜCHENPUTZ MIT KUHDUNG. «Gru Tsi», sagt der

Erste, der mich in Nepal anhaut. Die Oktobersonne brennt auf den Tempelplatz von Patan, wir sind vor Stunden erst angekommen in dieser anderen Welt und noch ganz benommen. Der freundlich Aufdringliche, die Sonnenbrille lässig ins Haar hochgeschoben, wiederholt: «Gru Tsi!» Ich kenne die Grussformel nicht und stammle das einzige Wort, das ich auf Nepali beherrsche: «Namasté!» Das bedeute, lernte ich vor achtunddreissig Jahren, «ich verbeuge mich vor dir»; es war das Erste überhaupt, was ich in der Schule lernte, denn so begrüsste uns im Frühjahr 1972 Frau Krüger, die Lehrerin in der ersten Klasse: «Namasté!» Sie war gerade von einem Nepaltrip zurück und legte, während sies sagte, ihre Handflächen vor dem Gesicht aneinander.

«Gru Tsi, Gru Tsi!» Der Jüngling lässt nicht von mir, zerrt an meinem Ärmel, «Gru Tsi». Und erst, als er mir in kuriosem Englisch zu verstehen gibt, er sei schon mal in der Schweiz gewesen, begreife ich, dass er die ganze Zeit «Grüezi» sagen wollte. Offenbar hat er unseren Dialekt erkannt. Jetzt redet er sich ins Feuer: «I know Switzerland! Yes! I know Migros!» Und ich muss schmunzeln, dass in meiner allerersten Begegnung in Nepal die Migros als Inbegriff unseres Landes genannt wird.

Wie wir auf die Idee kämen, in den Herbstferien mal eben mit den Kindern an den Fuss des Himalaja zu jetten, werden Sie fragen. Verrückt, nicht? Aber: Liebe Freunde wohnen seit vier Jahren in Kathmandu. Sie haben uns eingeladen, also wagten wirs – und waren hingerissen von den blumengeschmückten Tempeln, wir bestaunten Gipfel und Reisfelder, ritten auf Elefanten durch den Dschungel, schwelgten in Düften und Geräuschen, waren verzaubert ob der Friedfertigkeit der Menschen und erschraken über die Müllhalden und Wellblechbehausungen,

in denen sie leben. Wenn ein bärtiger Greis, nur in ein Tuch gehüllt, am Boden kauernd eine Buddhafigur schnitzt, dazu aber am Handy telefoniert … Wenn im Nachbarsgarten vor Tagesanbruch der aus einem Ghettoblaster plärrende Rap nicht das letzte Meckern einer Geiss zu übertönen vermag, die als Opfergabe geschlachtet wird … Dann weiss man nicht, wo einem der Kopf steht. In Nepal krachen Mittelalter und Moderne aufeinander. Ich sah, wie die Frauen ihre Küchen täglich mit einer Mischung aus rotem Lehm und Kuhdung bestrichen. Kuhdung! Eine rituelle Reinigung, denn Kühe sind den Hindus heilig, selbst ihre Kacke ist es. Ich beobachtete, wie Bäuerinnen ihr Geschirr mit Dreck «sauber» rieben, schaute zu, wie sie ihre Wäsche am Bach wuschen, und getraute mich nicht, sie zu fotografieren – hätte ja auch keine Freude, wenn plötzlich ein Wildfremder mit Kamera in meiner Waschküche stünde.

Die Menschen in Nepal? Ungemein liebenswert. Erst in der Abflughalle zetert eine Dame in Outdoorkleidung, rauft sich die grauen Haare, «mäi God!», weil ein Zöllner ihr das Sackmesser weggenommen hat. Sie täubelt, stampft. «Ou mäi God!» Kann es sein, dass die nicht mitbekommen hat, dass Messer im Handgepäck seit neun Jahren verboten sind? Was gerade hier beruhigend ist, die Region ist terrorgefährdet, Pakistan und Afghanistan sind nicht weit. «Sinz dörtifäif Iirs», keift sie mit vernehmbarem Schweizer Akzent, seit fünfunddreissig Jahren trage sie das Messer mit sich, «eweri dei!» Sie weist auf die Gravur: «Luk! Deer is mäi neim on it!» Unmöglich, wie die Frau trötzelt.

Worauf ich unsere bereits gezückten roten Pässe unauffällig wieder in der Jackentasche verberge.

«HÖRT AUF DEN NAMEN CHRÜSELI». Wenn

im Oktober die Tage grauer werden und an jedem Laternenpfahl ein Büsi
vermisst wird, deprimiert mich das ein bisschen. «Gesucht! Tigerchätzli, hört
auf den Namen Chrüseli», steht da jeweils zu lesen, darunter eine Telefon-
nummer. Meist tintenstrahlgedruckt und daher vom Regen schon halb ver-
wischt, oft mit Foto – und immer denkt man: Die Ärmsten werden ihr Chrüseli
nie wiedersehen.

Deshalb meide ich solche mit Klebeband befestigten Aushänge, denn sie
künden von kleinen, grossen Tragödien, und man kann ja doch nicht helfen.
Ausserdem bin ich mir nicht sicher, ob ein Kater wirklich auf den Namen Chrüseli
hört oder ob sich das seine ehemaligen Halter nur einbilden. Letzthin aber –
fragen Sie mich nicht, weshalb – las ich wieder mal einen der Zettel, die drunten am Quartiersträsschen stets an den Strassenlampenpfosten hängen. «Schild-
kröte, handgross», stand da in farbigen Lettern, schon vermutete ich wieder ein
Drama. Doch darunter war klein geschrieben: «Vermissen Sie diese? Gefunden!
Bitte melden in Haus Nummer 68c.» Et voilà, ein Happy End.

Es hat halt immer alles zwei Seiten. Beim Stichwort «Gefunden!» kam
mir der Junge in den Sinn, der letzten Herbst Anna Lunas Velo klaute. Sie
kommt aufgelöst und viel zu spät, weil zu Fuss, vom Fussballtraining heim: Das
Velo sei weggekommen. Ich schimpfe, statt zu trösten. Eine halbe Stunde später
bringe ich den Kompost in den Garten. «Hey, aber dein Velo steht ja vor dem
Nachbarshaus!» – «Hä?!» Wir gehen gemeinsam runter, und wirklich: Da steht
ihr silbergraues Fahrrad, abgeschlossen. Ist doch derjenige, der es ihr entwendet
hat, stracks zu einem Jungen im Block vis-à-vis von uns zu Besuch gefahren.
Wir passen ihm ab. Als er rauskommt und sich aufs Rad schwingen will, gehe

ich auf ihn zu: «Das ist nicht dein Velo!» Er: «Moll, sicher scho.» Ich: «Nein, es gehört unserer Tochter.» – «Sicher nöd.» – «Sicher schon, mein Lieber. Du hast es heute Nachmittag gestohlen.» Darauf er: «Sii! Ich hans nöd gstohle. Ich hans gfundä!» Und seckelt dann doch Hals über Kopf ab durch die Büsche… – «Sii! Ich hans gfundä», der Spruch gehört wohl in die Rubrik «Frecher, als die Polizei erlaubt». Dass derselbe Bursche dasselbe Velo zwei Tage später wieder gestohlen hat, verschweige ich Ihnen lieber. Sonst denken Sie noch: Zustände seien das in diesem Zürich!

Es ist immer alles eine Frage der Anschauung. Nehmen Sie unsere Salat-sauce: Jahrelang hab ich gepröbelt, mal Honig dazugegeben, mal Ketchup, es mal mit Rapsöl versucht (kalt gepresst, aus integrierter Produktion, den Bauern kenn ich sogar persönlich!), mal mit Sonnenblumenöl, mal mit Mayonnaise, mal mit Joghurt, aber immer hatten die Kinder etwas zu mäkeln. Bald hiess es, die Sauce vom Grosi sei aber besser, bald rühmten sie die von Ömi. Nur nie meine. Bis ich eines Tages in der Eile, so, wie wirs früher als kinderlose Ledige getan hatten, nur rasch all'italiana einen Gutsch Olivenöl, einen Spritzer Aceto balsamico, ein paar Kräuter und eine Prise Meersalz an den Salat schmiss – fertig. «Wow, Vati! Die Salatsossä isch sooooo fein!», riefen Hans und Anna Luna unisono aus. Seither mach ich nur noch die.

Büsi, Chätzli_Katze / Sii! Ich hans nöd gstohle … _Sie! Ich habs nicht gestohlen. Ich habs gefunden /
Gutsch_Spritzer

«MAMA, SO PEINLICH!» Mit dem Minitrotti zur Schule,

schrieb ein Leser, sei immerhin besser, als wenn die Kinder à l'américaine mit dem Auto vors Schulhaus gekarrt würden. Womit er zweifellos recht hat. Aber … wir haben doch gar kein Auto.

Das Leiterwägeli wäre vielleicht eine Option – so schwer beladen, wie die Kleinen manchmal sind! Das Rekordgewicht von Anna Lunas Schulrucksack – hab ihn eigens auf die Waage gestellt – betrug im letzten Quartal 11,4 Kilogramm, der Schnitt lag nicht viel tiefer. Und es ist nicht so, dass sie unnötig Material hin und her transportieren würde; jeden Morgen sortiert sie geflissentlich Bücher, Hefte, Ordner, Schreibzeug und packt nur ein, was sie an diesem Tag wirklich braucht. Am Abend bittet sie dann um eine Rückenmassage … Ich warte ja gespannt auf eine Studie über die Spätschäden des Schulthekschleppens. Wenn der Richtwert stimmt, den ich aufgeschnappt habe, nämlich, dass ein Tornister nicht schwerer als zwölf Prozent des Körpergewichts des Kindes sein dürfe, damit die Wirbelsäule nicht beschädigt werde, dann müsste Anna Luna 95 Kilo wiegen … (Oder noch mehr, denn die Tasche mit dem Turnzeug, die sie in der linken Hand trägt, haben wir noch nicht eingerechnet.)

O ja, jetzt geht die Schule auch bei uns in Zürich wieder los. Für mich hat das auch sein Gutes, so habe ich, derweil die Süssen in der Schule sind, wieder etwas Zeit, meine Lieblingsmusik zu hören. Im Moment läuft bei mir die neue CD «Memphis Blues» von Cyndi Lauper heiss. Sie erinnern sich: Cyndi Lauper, das saufreche Gör, das 1983 den Song «Girls Just Want to Have Fun» in die Charts krächzte und lustvoll schlachtrief, dass den Frauen alles erlaubt sei; ein schriller Feminismus war dies, mit dem sie viele Musikerinnen beeinflusste, allen voran Madonna. Heute ist Cyndi Lauper kein Girl mehr, Fun aber scheint sie

auch mit siebenundfünfzig noch zu haben. Sie singt Blues-Klassiker wie «Rollin' and Tumblin'»», wobei mit «Tumblin'» nicht der Wäschetrockner gemeint ist. Mir gefällts, und ich muss immerzu an meine Begegnung mit Cyndi Lauper denken. Ich traf sie nämlich mal für ein Interview, sie hatte sich wuchtig zurechtgemacht: Netzstrümpfe mit Spinnenmuster, ein zotteliger Kunstpelz, dick aufgetragene Schminke, die Brüste quollen neckisch über den Rand des Décolletés, die golden glänzenden Stöckelschuhe gaben den Blick auf die türkis schimmernden Zehennägel frei. Und ihr Haarschopf: knallig türkisfarben. Lustig wars mit ihr, und so albern ihre Aufmachung erscheinen mochte – was sie zu sagen hatte, war klug. Nur eines verschwieg sie mir, damals, im Januar 1997: dass sie schwanger war.

Sieben Jahre später traf ich sie wieder, da war sie blond. «Weshalb nicht mehr türkis?», wollte ich wissen. «Damit es wenigstens ein bisschen seriös aussieht», gab sie zurück, «sonst schämt sich mein Bub, wenn ich ihn von der Schule abhole. ‹Mama, so peinlich!›, hat er gesagt, ‹du sollst dir nicht mehr die Haare färben.›» Und mich tröstete, dass Weltstars dieselben Probleme haben wie unsereiner – Cyndi Lauper war ihrem Sohn Declyn Wallace peinlich.

Übrigens: Frau Lauper hat ihr Kind, ganz unamerikanisch, zu Fuss von der Schule abgeholt.

Leiterwägeli_Handwagen, Zeiselwagen mit seitlichen Stützleisten

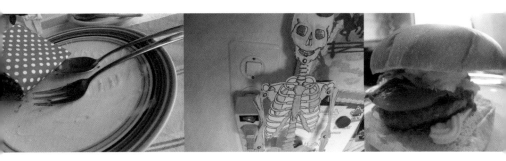

FONTÜ SCHINUAS GIBT GUTE LAUNE. Montag-

abend. Hans schlabbert sein Emmentaler Voressen an Safransauce – beziehungsweise die aufgewärmten Reste des Emmentaler Voressens an Safransauce
vom Vortag, und das war immerhin sein eigenes Geburtstagswunschmenü! –
herunter, dass es keine Art hat: die eine Hand unterm Tisch, mit der anderen
schaufelt er, den Kopf tief über den Teller gebeugt, Nudeln und Fleisch notdürftig
in den Mund, schmatzend und sabbernd. «He! Wie isst du?!», herrsche ich ihn
an. Antwort, seelenruhig: «Gruusig.» Natürlich müsste ich tadeln, stattdessen
lache ich ob seiner frechen Schlagfertigkeit laut heraus. Und er schiebt noch
triumphierend nach: «Eh, ja, wenn du schon fragst…»

Entwaffnender Kindermund, da haben wirs wieder. Auch Leserin Annemarie musste bei Tisch lachen. Zuerst allerdings schimpfte sie, als eines ihrer
Tageskinder zum anderen sagte: «Scheiss!» Das Kind aber war sich keines Ver-
gehens bewusst. Es habe doch nur «C'est chaud» sagen wollen! Man muss wissen: Annemarie wohnt im Elsass, und besagtes Kind versuchte einen Ausspruch
zu verwenden, den es von seinen Grosseltern kennt: «S isch heiss.» Die Tages-
mutter stellte das Missverständnis klar, aber man kann sich vorstellen, dass an
ihrem Mittagstisch seither immer von «Scheiss» die Rede ist.

Denn Kinderversprecher bleiben hängen. «Gläggäständer», «Grase-
nübele» und «Channsprütze» wurden mir gemeldet, bei uns heissen Wett-
rennen für immer «Rettwennen», der Kühlschrank «Schülkrank» und, wenn
wieder mal gebohrt werden muss, ein Dübel «Tubel». Bob dr Boumaa blieb im
Familienjargon «Papi Bollmann», denn so nannte ihn einst Nachbarstöchterchen
Lea. Weil sie daheim keinen Fernseher hatten, schlich sie gern zu uns in den
zweiten Stock, um «Papi Bollmann» zu schauen. Apropos TV: Für Familie

Hotz in Fehraltorf heisst die Fernbedienung noch heute «d Fernseh-Dienig», und die Wortschöpfung des Sohns ergibt durchaus Sinn. In welcher Familie heissen die belegten nicht «beleidigte» Brötchen, das Cordon-bleu nicht «Karton blöd»? Bei Familie Rainer in Samstagern heissts «Minewalrasser»; Elisabeth aus Huttwil schreibt, ihre «Buben» seien zwar schon achtundvierzigjährig, doch für die Zwillingsbrüder sind Kniesocken, berndeutsch «Chnöisocke», noch immer «Söichnoche».

Und das Beste ist ja: Kinder haben immer recht. Im Forum auf Migros-magazin.ch erzählt eine Leserin, sie sei mit ihrer Tochter an der Firma Schul-thess vorbeigefahren. «Was für eine Firma ist das, Mami?» – «Die stellen Wasch-maschinen her.» – «Haben wir auch eine Schulthess?» – «Nein, wir haben eine Electrolux.» – «Stimmt nicht, Mami, wir haben doch eine Koch/Bunt.» Und sollten Sie, wenn die Buntwäsche gerade läuft, mal Trübsal blasen – schnappen Sie sich ein Freunde-Buch Ihrer Kinder! Die Einträge sind goldig. Müsterchen? Lieblingsessen: «Horndli mit Kakez», «Fontü Schinuas». Mein grösster Wunsch: «Fil Gelt». Hobby: «Skyfaren». Berufswunsch: «WisenSchafftler». Lieblingslied: «‹Sou wat› von Pink».

Die Lehrerin, berichtete eine Mutter mir, habe die Drittklässler gebeten, alles aufzuschreiben, was sie über Schweizer Musik wüssten. Worauf Tochter Laura notierte: «Der grösste Schweizerhit ist ein Jodellied. Es singen Jodel-männer und Frohsinn Jordi.»

*Gruusig_Unappetitlich, unanständig / Gläggäständer usw._Wortverdrehungen / Söichnoche_*
Schweinsknochen / Frohsinn Jordi_Gemeint ist die Schweizer Sängerin Francine Jordi

WO DER HIRSCHPFEFFER WOHNT. Pardon,

aber: Ich muss noch mal mit dem Schnäbi kommen. Aus Beckenried erreicht
uns nämlich wundersame Kunde. «Wollen wir noch schnell dein Schnäbi ab-
wischen?», fragt Sandra nach dem Mittagessen ihren Berner Neffen, den sie
hütet. Der Kleine legt reflexartig die Hände in den Schritt, blickt entsetzt drein
und schreit: «Nei!» Erst allmählich klärt sich, dass das «Schnäbi» in Nidwalden
der Kindermund ist, in Bern hingegen ... Eben. Nun hoffe ich einfach insgeheim,
Frau Gamber, die sich wegen des wüsten Wortes für immer und ewig von dieser
Kolumne abwenden wollte, sei doch rückfällig geworden, denn heute lernen
wir: Nicht alles, was strub tönt, ist auch so gemeint.

Nehmen wir den «Nuttensong». Roy war überzeugt, am Radio einen
Song über Nutten gehört zu haben. «Ich hatte keine Ahnung, was er meinte»,
schreibt seine Mutter. «Bis er beim Essen mal ausrief: ‹Das ist genau der Song,
den ich meine!› Die braven Plüsch schmachteten ihr ‹Irgendeinisch›...» Roy
verstand: «Alli Gfüehl so nöi für mi, keini Nutte ohni di...» Es hiess natürlich
«ke Minute...» Doch für Familie Betschart blieb das Lied der «Nuttensong».
Ähnlich bei Gautschis, wo Töchterchen Kassandra darauf bestand, auf ihrer
Kinder-CD singe einer dauernd von «Underhose». Mutter Melanie: «Nein, er
singt ‹Alperose›.» Mama nimmt die CD zur Hand, legt sie ein. «Hör mal genau
zu!» Darauf klein Kassandra, leicht verlegen: «Ah, ja, er singt nicht ‹Underhose›, sondern ‹Alpehose›.» Alpenhosen! Ob damit Wander- oder Schwinger-
bekleidung gemeint ist?

Ruedi Lauterburg konnte als Kind nicht glauben, dass sein Bruder Gerhard
ein Gott sei, denn sie wuchsen in einem Pfarrhaus auf, wurden ergo ziemlich
monotheistisch erzogen. «Gott, der Gerhard, sie gezählet...», hörte Ruedi aus

«Weisst du, wie viel Sternlein stehen?» heraus – während Iwan Frey aus Täger-
wilen zwar das mit Gott, dem Herrn, richtig verstand, dann aber: «… hat sieben
Zähne.» Ich fasse zusammen: Gott, der Gerhard, hat sieben Zähne. Und wenn
wir grad beim lieben Gott sind: Fred aus Bern, inzwischen pensioniert, musste bei
Tisch täglich «Gott ist die Liebe» singen; nie aber wollte ihm in den Kopf, warum
er dazu eine Säge brauche. «Drum sag ichs noch einmal, Gott ist die Liebe …»,
sang Fred … Und musste bei «… sag ichs noch einmal …» immer ans Laubsägeln
denken. Aus dem Tessin schliesslich berichtet uns Frau Lautenbach, ihre Mutter habe sich einst gefragt, weshalb sie beim Tischgebet täglich «Kotze Dank für
Speis und Trank …» zu deklamieren hätte, das Wort «kotzen» ansonsten aber
keinesfalls verwenden durfte.

Und noch rasch die Versprecherhighlights der Woche: Ein Bub glaubt, im
Lampengeschäft könne man «Lämpe chaufe»; auf Ricardo.ch wird «Kaj's Hütten-
bett» feilgeboten (richtig: ein Kajütenbett); eine Mutter putzt jeden «Wahnen-
hasser» mit «Mitzputtel»; und als Nicole ihrem Sohn beim Spazieren die Tiere
aufzählt, die im Wald wohnen – «Hase, Fuchs, Reh …» –, ruft der Zweieinhalbjährige dazwischen: «… und der Hirschpfeffer!»

Der Bub übrigens, dem Tante Sandra nach dem Essen das Schnäbi ab-
wischen wollte, frohlockte beim nächsten Besuch: «Gäll, Tanti, bei dir zu Hause
haben die Leute das Schnäbi mitten im Gesicht!»

Strub_Schrecklich, derb, unanständig / Alli Gfüehl so nöi für mi … _Alle Gefühle so neu für mich,
keine Minute/keine Nutten ohne dich … / Lämpe_Streit, Meinungsverschiedenheiten

ZEIT DER SCHERZENGEL. Himmel, ich kann doch hier

nicht mit den Kinderversprechern aufhören, ehe die Grossmütter zu Wort gekommen sind! Wunderbare Müsterli über sich verhörende und verhaspelnde
Enkelinnen und Enkel wurden mir zugetragen. «Ich gehe jetzt in die Drogen-
übung», beschied Klein Ana ihrer Grossmama, was diese leise beunruhigte.
Früh übt sich…?! Es stellte sich heraus, dass Schlittschuhläuferin Ana ihre
Sprünge und Pirouetten jeweils zunächst abseits des Eisfelds trainieren muss: in
der Trockenübung.

Während der Ferien bei Grossmuttern habe der fünfjährige Jean-Claude
Heimweh gehabt, schreibt Frau Hofer aus Erlinsbach. Sie habe ihn mit einer
Nascherei zu trösten versucht: Studentenfutter. Der Bub, entsetzt: «Enten essen
keine Nüsse!» Grossmutter klärt auf: «Studenten sind Leute, die viel lernen müssen und sich mit wenig Geld etwas Gesundes kaufen wollen. Daher der Name
Studentenfutter.» Am nächsten Tag treffen sie auf eine ältere Dame, die nach
einer Adresse fragt; sie habe studiert und studiert, aber der Name der Strasse
wolle ihr nicht mehr einfallen. Der Kleine glotzt die Frau mit offenem Mund an.
Als sie weg ist, will er wissen: «War das nun so eine Frau, die Entenfutter isst?»

Annelies Gerber berichtet von Enkel Alex, der unlängst meinte: «Gäu,
jetz bini de glii halbi sächsi.» Obgleich Kinder stets gern schon grösser wären,
machte er sich unfreiwillig jünger – «halbi sächsi» würde fünfeinhalb bedeuten,
Alex aber war schon sechseinhalb. Das mit dem Alter ist halt Glückssache. Eine
Mutter erklärte ihrer vierjährigen Tochter: «Jetzt feiern wir dann Weihnachten
und danach den Geburtstag deines Bruders.» Der Bub wurde am 26. Dezember
zwei. Das Mädchen überlegte und kam zum Schluss: «Dann ist der Bruder ja fast
gleich alt wie Jesus, wenn er nur einen Tag später Geburtstag hat!»

Nun, da die stille, heilige Nacht bald naht, dürfen wir Leandra aus Bern nicht vergessen. Sie sang stets voller Inbrunst: «Alles schläft, ein Sam wacht…» Schliesslich ging sie mit einem Sam in die Klasse. Und wieder werde ich, wenn ich dieser Tage die Krippenfiguren aus dem Keller hole (Nicht edel handgeschnitzt, sorry, sondern diejenigen von Playmobil…), mit Wonne die Hirten Betrach und Tenesfro neben Ochs und Esel platzieren. (Sie wissen schon, mein Lieblingsverhörer: Der Bub aus Basel, der felsenfest überzeugt war, so hiessen die Hirten. «Im Lied wird doch aufgezählt: Maria und Josef, Betrach, Tenesfro…») Ohnehin scheint der Advent die hohe Zeit des Verhörens zu sein! Eine Leserin aus der Innerschweiz ging schon gegen vierundvierzig, als sie checkte, dass das «Ofestäggi» im «Santinigginäggi»-Vers nicht irgendein Kämmerchen oder Treppchen ist, sondern dass es heisst: «… hinter dem Ofen steck ich.» Eine Mutter berichtet, die Tochter probe mit ihrer Klasse fürs Krippenspiel. Aufgeregt sei sie nach Hause gekommen: «Mami, der Lukas spielt den Josef und Vera die Josefa. Und Lara… Lara spielt einen Scherzengel!»

Halt! Einen hab ich noch. Wie eine Familie im Bernbiet letztes Jahr kurz vor Weihnachten ins feierlich geschmückte Schulhaus trat, muss ich erzählen, und vom Tannast über dem Eingang rieselten vereinzelte Nadeln zu Boden. Sohn Ruedi: «Gäll, Mueti, drum heisst es ‹nadelbringende Weihnachtszeit›!»

Studentenfutter_Hiess ursprünglich Studenten- oder Pfaffenfutter, weil die darin enthaltenen Mandeln verhältnismässig teuer waren, ausserdem angeblich wirksam gegen den Kater nach einem Rausch / Gäu, jetz bini…_Jetzt bin ich dann bald halb sechs, gell?

HOBBYLOSE KALKULATIONEN. Hobbylos. Es ist einfach alles hobbylos. Die Schule? Hobbylos. Der YB-Match? Hobbylos. Sogar die Hobbys der Kinder: hobbylos. Mich müssen Sie nicht fragen, was der Ausdruck bedeutet, ich höre ihn nur dauernd. Grad gestern fanden sie meinen gedämpften Rotkabis hobbylos. Die Schulhäuser im Quartier stritten sich schon, wer «hobbylos» erfunden habe, aber dann fanden die Kinder raus, dass es auch anderswo gebräuchlich ist, bis ins Ober- und Unterland. Wenn sie mittags heimkommen, frage ich schon gar nicht mehr, wie es war. Es war hobbylos. Was übrigens nichts Negatives bedeuten muss. Letzthin kommt Anna Luna aufgeregt von einer Geburtstagsparty heim: «Wir waren total hobbylos!», und ich ahne, sie hattens furchtbar lustig. «Hobbylos» kann dieses und jenes heissen, ist meist verächtlich, selten aber auch anerkennend wie das amerikanische «bad». Und das Verrückte: Untereinander wissen die Jugendlichen stets, was gemeint ist.

«Duvati, Kinder zu kriegen ist eigentlich schon noch hobbylos», hob Hans letzte Woche an, schwieg kurz und fragte schliesslich: «Was koste ich?» Es war nicht etwa so, dass wir seinetwegen gerade eine enorme Investition getätigt hätten. Kein Kursgeld bezahlt, keine neue Winterjacke, nichts. Die Frage kam aus heiterem Himmel: «Was koste ich?» – «Gute Frage», sage ich und beginne zu rechnen. «Pro Tag? Also, äääh, Miete… sagen wir, hmm, geteilt durch… Dings… macht pro Tag Fr. 16.50.» Er schluckt. «So viel?» Ich zähle weiter auf: Krankenkasse Fr. 10.35. Versicherungen? 70 Rappen oder so. Essen? Das Joghurt zum Frühstück Fr. 1.15, dazu die Schokokügeli und der Tee… Dann das Znüni: Sellerie, Rüebli, Peperonischnitze, Getreidecracker… Und so weiter. Wir landen bei rund 19 Franken Verpflegung pro Tag. Kleider: 3 Franken. Schulmaterial, Pfadi, Basketball, Musikschule: 4.60 pro Tag. Dazu kämen ein Anteil an Strom,

Wasser, Wasch- und Putzmitteln, TV, Internet und Telefon, sagen wir: 4 Franken. Weiter: Kinderzimmereinrichtung, Zahnärztin, SBB-Juniorkarte. (Wenigstens die Coiffeurkosten sind vernachlässigbar – Sie sollten Hanslis lange Haare sehen!) Wir sind noch nicht mal bei Geschenken, Ferien und Snowboardschule, da hat er schon flink addiert: «68 Franken 75! Ist ja Horror, Vati!» Ich aber hab mich ins Feuer gerechnet: «Wart, einen Anteil Steuern müssten wir noch kalkulieren! Und einen Anteil am neuen Sofa?» – «Weil ich das alte vermooret habe?» – «Nein, aber weil du ja auch täglich darauf sitzt.» Ein Kind, hab ich mal gelesen, «koste» bis zur Volljährigkeit 800 000 Franken. Aufzucht, sozusagen.

Inzwischen sind wir im Mobility-Auto unterwegs, am Radio wird vermeldet: «Stau am Gubrist, stockender Verkehr auf... und Hauptstrasse Nummer... Achtung, vereiste Fahrbahn!...» Ich drehe lauter, will hinhören. Da trötet der Bub vom Rücksitz, die iPod-Stöpsel in den Ohren, denn er hört gerade zum x-ten Mal eine «Bestseller auf dem Plattenteller»-Sendung mit den Hits von 1985 – «Rock Me Amadeus»! Und Hans' Favorit «(Don't Mess With) My Toot Toot» –, die er sich letzten Sommer als Podcast heruntergeladen hat, samt den entsprechenden Wetteransagen und Moderationen: «I ha de die viiil küülere Vercheersmäudige!»

Nun lasse ich das Rechnen endgültig bleiben und rufe – laut, damit er mich hört – zurück: «Völlig egal, was du kostest, Hans! Du bist unbezahlbar.»

Vermooren_Versauen, verschmutzen / I ha de die viiil küüilere Vercheersmäudige!_Ich hab dann im
Fall die viel cooleren Verkehrsmeldungen!

ALLES HOBBYLOS ODER WAS?! Hobbylos?! Schon

mal gut, wenn Sie das Schweizer Jugendwort des Jahres nicht verstehen. Denn dadurch zeichnet ein Jugendwort sich aus. «Hobbylos» kann ebenso öde wie amüsant, cool, genial meinen. Das Wort lehrt uns, dass der ironisch imitierte Jugoslang – «Ey, Monn, wotschdu Magebox ims Frässi, odrwass?» – abklingt. Die Jugend parliert wieder helvetischer, fragt im Sound der Ahnen, wo Bartli den Most hole, jongliert – «Auu, du verbrännti Zäine!» – im Kasperlijargon mit Sprüchen von früher, verhöhnt sich selbst und die gegen sie gehegten Ressentiments. Den Vorwurf, die Jungen hätten keine Interessen mehr, kehrt «hobbylos» keck ins Gegenteil. Solcherlei umgedeuteten Spott nennt die Linguistik Geusenwörter: Nigger, Hexe, Pirat, Yankee.

Bewusst entschied die Jury sich nicht für ein von Werbern gezimmertes Kunstwort wie das in Deutschland ausgewählte «Niveaulimbo» (womit das stetige Absinken des Niveaus gemeint sein soll), sondern für ein Wort, das auf den Pausenplätzen grassiert. Binnen Stunden meldeten sich Schulhäuser in Gossau, Basel und Zürich Albisrieden, die den Ausdruck erfunden haben wollen. Und wer «hobbylos» hobbylos findet, tut dem Wort den grössten Gefallen.

Erschienen in der «NZZ am Sonntag».

«Hobbylos» wurde 2010 zum Schweizer Jugendwort des Jahres 2010 gewählt. Bänz Friedli ist Mitglied der Jury.

ALTER ZOPF? *100. Internationaler Tag der Frau. Wozu eigentlich?*

Ob es einen Tag der Frau überhaupt noch braucht? Solange all unsere CEOs Männer und die überwiegende Mehrheit unserer Politiker und Professoren nicht Politikerinnen und Professorinnen sind, solange Frauen für gleiche Arbeit nicht den gleichen Lohn erhalten, solange es Regimes und Religionen gibt, die den Frauen freie Entfaltung in Beruf, Sport und Freizeit verbieten, solange es für ein Mädchen aussergewöhnlich ist, Fussball zu spielen, solange es sich für Jungen nicht ziemt, mit Puppen zu spielen, solange McDonald's den Girls rosafarbene Kätzchen und den Buben monströse Supermännchen zum Menü serviert, solange eine Tunnelbauingenieurin und ein Hausmann überhaupt noch der Rede wert sind, weil von exotischer Seltenheit – so lange braucht es einen Internationalen Tag der Frau. Leider. Aber im Grunde bräuchte es davon nicht einen einzigen, sondern 365 im Jahr.

Erschienen in «Arena Alva».

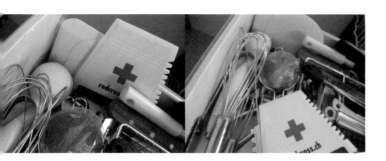

EIN TEIGSCHABER VOM ROTEN KREUZ. «Du

schon hier?», entfährt mir. «Ist was passiert?» Anna Luna kommt überraschend
bereits kurz nach elf Uhr von der Schule heim. Ich weiss noch nicht einmal, was
ich kochen will, geschweige habe ich eingekauft; wollte mich gerade ins Quartier-
migi aufmachen. «Lehrerstreik!», klärt sie mich auf. Statt zu unterrichten, hätte
die Lehrerschaft sich zusammengesetzt, um zu debattieren, wie sie sich gegen die
Überlastung wehren könnte.

Nichts gegen die Lehrerinnen und Lehrer, ich beneide sie nicht um ihren
Job. Nur geht mir unweigerlich durch den Kopf, wir Hausfrauen könnten ja auch
mal… ja: streiken! Von Überlastung können wir ein, zwei Liedlein singen. Immer-
hin leisten wir in der Schweiz jährlich – und falls Sie nicht ohnehin gerade am
Küchentisch käfelen (frau gönnt sich ja sonst nichts), ist es vielleicht besser, wenn
Sie sich jetzt setzen – … wir leisten unbezahlte Arbeit im Wert von 370 Milliarden
Franken. Aber wie wollte, wer Gratisbüez macht, streiken?

Das Telefon reisst mich aus dem Gedankenspiel. Ein Herr von Swissaid
fragt, ob ich nicht… «Eh, haben Sie jetzt Pech», unterbreche ich ihn, «dass ich
grad vor einer halben Stunde den Médecins Sans Frontières 50 Stutz überwiesen
habe und mein Spendenkonting…» Ob ich nicht wenigstens meinen jährlichen
Betrag aufrunden möchte? Jährlicher Betrag? Stimmt, ganz vergessen – da war
doch vor Jahren die freundliche junge Frau, die mich auf offener Strasse über-
redete, Swissaid per Lastschriftverfahren jedes Jahr 120 Franken zukommen zu
lassen. Der nette Callcentermensch spricht vom Anpflanzen einheimischer Sorten
in Burma… Ich höre etwas von «Saatgutmultis» und «verarmten Bauern» … und
ich denke: Was koche ich heute bloss? Um abzukürzen, sage ich: «Dann halt.
Momoll, runden Sie den Betrag auf jährlich 150 Franken auf! Adieu!» Allein in

den letzten zehn Tagen gingen Pro Juventute, Christlicher Friedensdienst, Pro Natura, Caritas, Tierschutz, Helvetas, die Schweizerische Bibliothek für Blinde, das Sterbehospiz Lighthouse, dieser Kambodschadoktor, Terre des Hommes, ein Waisenheim in Nepal, eine Stiftung für Alterswohnen und zwei für Menschen mit Behinderung mich um Spenden an. Ecosolidar will Strassenkindern helfen, die Caritasaktion der Blinden legte Doppelkarten mit Landschaftsaufnahmen bei, leider nicht mein Stil. Das Albert-Schweitzer-Spital in Lambarene «schenkte» mir ein Büchlein mit geflügelten Worten Alberts Schweitzers. Das Rote Kreuz schickte ungefragt einen Eisschaber fürs Autofenster, den wir mangels Auto nicht wirklich gebrauchen können, und ich habe trotzdem brav einbezahlt. Hans meinte im Ernst: «Gäu, das ist ein Teigschaber?», und steckte ihn in die Küchenschublade.

Alle Jahre: die Adventsbettelei! Und bestimmt wollen die Kinder nächste Woche auch bei «Jeder Rappen zählt» wieder mitspenden. Aber warum kommen die alle, alle immer zur Vorweihnachtszeit? Ahnen sie unser schlechtes Gewissen angesichts der üppigen Geschenkkäufe? Zielen sie auf den dreizehnten Monatslohn? Sorry, hab ich keinen. Oder rechnen sie sich aus, das in diesen Kerzenschimmertagen zelebrierte eigene Familienglück stimme einen empfindsamer für das Unglück anderer? Gewiss wäre jedes beschriebene Schicksal der Anteilnahme würdig, aber nähme ich stets Anteil, ich würde…

Richtig: das Kochen vergessen. Schon stürmt Hans in die Wohnung: «Was gits z ässe?» Himmel, schon zehn nach zwölf? Ich: «Ähm, es gibt…» Rascher Blick in den Vorratsschrank. «… Tomatenrisotto!» Kurzer Blick auf die Packung des Fertigrisottos… «In zwölf Minuten!»

Käfelen_Kaffee trinken, Kaffeeklatsch halten / Büez_Arbeit / Stutz_Hier: Franken / Z ässe_Zu essen

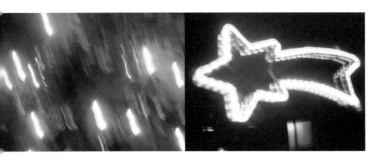

GEWISSE GEWISSENSBISSE. Vogelwarte! Sport-

hilfe! Krebsforschung Schweiz! Die letzte Kolumne war noch nicht gedruckt, da schneiten schon neue Bettelbriefe ins Haus; WWF, GSoA, Road Cross. Okay, ich hab die Initiative zum Schutz vor Rasern unterschrieben. Aber woher haben all die anderen meine Adresse? Macht nun schon sechsundzwanzig Spendenanfragen in zwölf Tagen. Die Sponsorenläufe kommen in dieser Jahreszeit noch dazu; welcher Sportverein bessert seine Bilanz nicht mittels dieser freundlichen Nötigung aller Gotten, Onkel und Urgrossmütter auf? Und ich Löli trug bei Alessia, einer Fussballjuniorin aus dem Quartier, pro gerannte Runde töricht zwei Franken in die Liste ein, weil sie vor der Haustür so herzig bettelte – und dann seckelt das Kind bei dieser Kälte sechsundvierzig Runden!

Zweifellos folgen bald Winterhilfe und Paraplegiker-Stiftung, zu schweigen von der Heilsarmee, die mir bestimmt wieder lobpreisend vor dem Starbucks meines Vertrauens auflauert. Heilandsa… Halt, nicht fluchen! Aber bei aller Spendierfreudigkeit – wie wollte ich all den Begehren nachgeben? Angesichts der Adventsoffensive auf unsere Barmherzigkeit, welche die Hilfswerke starten, schrieb eine Leserin von «fieser Gefühlsduselei». In der Vorweihnachtszeit gebe sie aus Prinzip nichts. Ich sentimentale Memme bin da schon anfälliger, besonders, wenn unangefordert ein Geschenklein beiliegt. Wenngleich man die ja kaum je gebrauchen kann. Gut, der Radiergummi von der Caritas landete in der Küchenschublade, und weil Hans seine Rechenaufgaben stets am Küchentisch erledigt (neu, unter Wehklagen: schriftliche Multiplikation!), wird der Gummi sicher zum Einsatz kommen. Aber für den meisten zugesandten Krimskrams – ob Stoffelefäntchen aus Bangladesch oder Baumschmuck aus Kenia – hat man ja keine Verwendung. Den Eiskratzer vom Roten Kreuz, den Hansli für

einen Teigschaber hielt, habe ich inzwischen entsorgt. (Leider kurz bevor Daniela mir schrieb, sie benutze fürs Autofenster seit Jahren einen Teigschaber als Eiskratzer – hätte einen prima Tausch gegeben.)

Nein, zurückgeschickt hab ich den Kratzer nicht, einfach nur weggeschmissen. Ich habe diesbezüglich weniger Skrupel, seit Peter Schneider, mein Lieblingssatiriker und -briefkastenonkel, mal riet: «Wer ungefragt wertloses Zeug verschickt, muss sich nicht wundern, wenn der Empfänger die Sendung wegwirft, nach Belieben verwendet oder unfrankiert zurücksendet.» Er war gefragt worden, ob man solcherlei Zusendungen guten Gewissens wegwerfen oder – noch verwerflicher! – verwenden dürfe, ohne eine Spende zu leisten. Er fragte zurück: «Warum lassen sich nahezu die meisten Menschen durch eine noch so nutzlose und unerwünschte Gabe in Zugzwang setzen?» Herr Schneider! Ich weiss, warum. Weil wir im Dezember so furchtbar viel Geld ausgeben, um Leute zu beschenken, die schon alles haben. Trägt ein Couvert dann das Schlagwort «Eine Milliarde Menschen hungern», schiesst uns Moralin ins Blut. (Das war die Caritas. Natürlich habe ich einbezahlt.)

Apropos Schenken: Als ich Hans unlängst stolz ein Weihnachtsgeschenk für seine Mutter zeigte, fragte er, was es gekostet habe, und meinte dann schnöd: «Weisst, manchmal sollte man einfach den Preis dranlassen. Man sieht ihm sonst nicht an, dass es so teuer gewesen ist.»

UND JETZ, WOTSCH EN KEKS?

DER POSTRAUB ZU UETTLIGEN.

Derweil seine Schwester in der Kirche fürs Krippenspiel probt (sie spielt das Kamel), ist dem Hans langweilig. Plötzlich fragt er: «Vati, hättest du mir ein Buch, das du nicht mehr so brauchst?», und während ich noch überlege, was er wohl mit «nicht mehr so» meine, reiche ich ihm irgendeinen Ratgeber, in dem ich nicht über Seite elf hinausgekommen bin. Dann muss ich aus dem Haus, eines dieser Weihnachtsessen. Es ist just der Tag, an dem die neue Pisa-Studie vorgestellt wurde. Schweizer Kinder, erfahre ich unterwegs aus einem Abendblättchen, läsen zwar etwas besser als vor ein paar Jahren, noch seien die Resultate aber nicht berauschend: Es mangle an Lesekompetenz. Ui, da hätte ich dem Bub aber ein packenderes Buch aushändigen sollen!

«Das ist aus deinem Buch geworden», hat er auf einen Zettel gekritzelt, den ich bei der Heimkehr spätnachts neben meinem Bett finde. Dahinter steht ein papiernes Tannenbäumchen. Er hat Buchdeckel und -rücken zusammengeklebt, nachdem er die Form einer Tanne aus dem Buch geschnitzt hatte. Dazu habe er – erzählt die Grossmutter, die ihn gehütet hat – zunächst Brot-, dann Fleisch-, dann Teppichmesser benutzt und schliesslich den Fuchsschwanz aus dem Keller geholt. So ein Kalb. Aber ich muss sagen, es sieht schmuck aus, das zersägte Buch. (Und wie froh ich bin, es nicht zu Ende lesen zu müssen…) Merke: Wir haben vielleicht keine lesestarke Jugend, aber eine kreative! Hans verbringt sowieso jede freie Minute im Werkraum des Quartierzentrums. Vom Lötkolben bis zur Heissleimpistole steht dort alles zur freien Verfügung – super Sache! Nachmittagelang werkelt er vor sich hin. Ausbeute der letzten Wochen: ein Flipperkasten, funktionstüchtig; eine Roboterfigur aus Holz; ein Kipplaster. Manchmal begleite ich ihn, nagle und schleife da und dort, aber Hans ist ohnehin

geschickter. Und oft geht er allein hin. Man muss sich fragen, ob der Leiter der Werkstatt, Christoph, meinen Sohn bald öfter sieht als ich selber.

Aber ich hatte als Bub ja auch den Schütz Pesche. Er war mein Jugend-riegeleiter im Turnverein und Posthalter am Ort. Ich besuchte ihn täglich, kraxelte (da gabs die öden Rauf-und-runter-Sicherheitsscheiben noch nicht) über den Schalter in die Poststube, löcherte ihn mit Fragen, trug zuweilen ein Telegramm aus, sortierte während der Sommerferien die Postkarten und kontrollierte, von wem die Dorfschönheiten – Tina, Carola, Nicole und die Gardi-Töchter – An-sichtskarten bekamen und wem sie geschrieben hatten. Und nun, da der Pesche pensioniert wurde, kann ich das Postgeheimnis ja lüften: Eines Tages stahl ich ihm zum Jux Geld zur Kassenschublade raus, nicht wenig … hundert Hunderter-noten. Kurz vor Feierabend wars, ich düste ab und warf das Notenbündel von draussen in den Briefkasten. Drinnen zählte der Pesche nach und zählte und zählte, und wie er es auch wendete, es fehlten ihm 10 000 Franken. Aufgelöst ging er schliesslich nach Hause, berichtete seiner Margrit von dem Unheil. Als er am nächsten Morgen zur Arbeit erschien, war Wyss Housi, der Pöstler, schon dort: «Das glaubst du nicht, Pesche! Zehntausend Stutz lagen im Briefkasten, alles Hunderternötli!»

Die Moral von der Geschicht? Vielleicht gibts gar keine. Ehrlich, jetzt. Ausser derjenigen, dass ich Ihnen schöne Weihnachten wünsche. Und Ihren Kindern die Freiheit, Seich zu machen.

RASEN BETRETEN ERLAUBT! Zu beklagen ist, dass
unser Schulhausabwart auf Ende Jahr in Pension geht. Am Freitag hatte er
seinen Letzten. Und sollten Sie sich nun den sprichwörtlich bösen Abwart alter
Schule ausmalen, Typus pingeliger Kinderhasser mit «Rasen betreten verboten»-
Schild – falsch! Die Kinder waren sehr traurig, haben zu seinem Abschied gezeichnet und gesungen, denn ihr Abwart war eine Seele von einem Menschen.
Jeden Morgen Punkt zehn nach acht war er zur Stelle, schloss das Schulhaus
auf und begrüsste die Kinder (er kannte jedes beim Namen) mit ermunternden
Worten. Für Hans stets ein Antrieb, beizeiten dort zu sein: «Sonst verpasse ich
den Herrn Saudatto!» Seit das Türschloss vor einigen Monaten freilich durch
eine elektronische Schliessanlage ersetzt wurde, stand der Abwart nicht mehr
parat – und die Tür blieb öfter mal verschlossen, weil die Elektronik spukte.

   Als ob Technik den Menschen ersetzen könnte! Herr Saudatto ist un-
ersetzlich. Er half mir lange nach Feierabend nach Hanslis vermissten Handschu-
hen suchen, kam gar an dessen Akkordeonvorspiel in der Musikschule. Ohne zu
murren brachte er an jedem Sporttag, jedem Jahresabschluss den Grill in Stellung,
und schon seine Methode des Anfeuerns versetzte die Kinder in Verzückung:
Er übergoss die Kohle mit einem Liter Brennsprit, warf dann ein brennendes
Zündholz darauf – tätsch, wuschhhhhh! Ein Knall, ein Feuerball… Die Buben
liebten ihn dafür! Zum Schluss des Fests verzehrte er voller Wonne die drei, vier
auf dem Rost liegen gebliebenen verkohlten Würste. Ein grossväterlicher Freund
war er den Schülern, er liess sie gewähren, hörte zu, schlichtete, wann nötig.
Und er nahm sich der Aussenseiter an. Einmal hörte ich, wie er einem Jungen,
der gerade von der Schule geflogen war, gut zuredete, er solle es dann am neuen
Ort nicht gleich wieder mit allen verderben, solle die Chance zum Neuanfang

packen. «Ich mag dich nämlich», klopfte er ihm auf die Schulter. Jeder andere hätte gesagt: Endlich bin ich den Saugoof los.

Sonntags gehen wir gern en famille zum Rollschuhlaufen auf den Schulhausplatz, spielen Pingpong, Fuss- oder Basketball. Sie! Das ist nicht selbstverständlich. Aus Oberönz wurde mir das Leitbild der dortigen Schule zugespielt; darin steht zwar: «Die Schule ist ein Ort, wo man gerne verweilt.» Aber wehe, man will abends oder an einem Sonntag auf dem Areal verweilen. Verboten! Und die Einhaltung des Verbots wird von der Securitas überwacht. Bei uns gesellte Peter, der Abwart, sich auch am Sonntag zu einem Schwatz dazu. Sein Geheimnis? Ganz einfach, er hat die Kinder gern. Gab ihnen irgendwie zu verstehen, auf ihrer Seite zu sein. Nachfolger gibts keinen, ab Januar ist die Abwartwohnung verwaist, das Facility Management wird outgesourct. Lassen Sie mich zum Abschied Danke sagen: Danke, Peter!

Was er als Rentner mit der neuen Freiheit anstellen will? Möglichst rasch wieder nach Ruanda, den Leuten helfen gehen. Schon als junger Mann hatte er dort gewirkt und seine Frau kennengelernt: Espérance. Gibts einen schöneren Namen? An Liebenswürdigkeit übertrifft sie ihren Mann beinahe noch. Und ich weiss nur: Bestünde die Welt aus lauter Menschen wie ihr und unserem Schulhausabwart – es wäre eine bessere Welt.

Goof_Verächtlich für Kind

MEISTER DER HOFFNUNG. Und? Haben die lieben

Kleinen sämtliche Dankesbrieflein an Gotten und Grosspapis verschickt? Falls nicht, sagen Sie Ihren Kindern, der Onkel Friedli aus der Zeitung finde, dafür sei es jetzt aber höchste Zeit!

Dann können wir uns dem neuen Jahr zuwenden. Lassen Sie mich zunächst meinen Lieblingsreim in deutscher Zunge zitieren: eine Liedpassage von Udo Lindenberg, der beschreibt, wie ein gestrandeter Seebär in einer Hafenkneipe alten Tagen nachhängt. «An der Wand, da hängen Postkarten, die hat er mal geschickt. Und er denkt an die Japanerin, die hat er mal... gekannt.» Stimmt! Der Reim ist gar keiner. Just deshalb fiel er mir zum Jahresbeginn wieder ein: Es kommt immer anders, als man denkt. Insofern hat es keinen Sinn, sich etwelche Dinge vorzunehmen.

Okay, ich könnte ja wünschen. Könnte mir so innige Familienmomente wünschen, wie wir sie in der Altjahrswoche beim Schlitteln in Bergün erlebt haben, und noch viele mehr. Könnte mir überhaupt die kleinen Dinge wünschen: Fichtennadelduft, unverhoffte Gespräche beim Einkaufen, wieder mal ein Sauerteigbrot, das den Namen verdient. Dass ich viele Tassen meines Lieblingstees, Long Jing Shi Feng, ungestört trinken kann, und dazu erklingt ein so wunderschönes Lied, wie es 2010 «The Weary Kind» von Ryan Bingham war. Dass ich Überraschungen erlebe wie letztes Jahr das Konzert von Madeleine Peyroux, in das ich mehr so reingestolpert bin, ohne grosse Erwartungen... und dann – wow!

Ach ja, soll ich mir wünschen, dass, wenn ich Anna Luna nach einem Fünf-bis-Sechser in Latein «Wow!» SMS-eln will, mir mein schlaues Handy nicht immer «Wowereit» vorschlägt, den Berliner Bürgermeister? Und wenn ich

berndeutsch schreiben will, ein Abend sei «schön gsy», macht es aus «gsy» stets «gay». Ich glaub, mein Handy ist schwul.

Was solls, ich könnte mir ja vornehmen, mich nicht zu ärgern. Nicht über Unwichtiges wie ein besserwisserisches Mobiltelefon, nicht über Wichtiges wie den Ausgang der Waffenabstimmung im Februar. Könnte mir stattdessen wünschen, dass die Kinder mich auch heuer zum Lachen bringen, wenn ich im Grunde schimpfen sollte, à la: «Vati, bringst mir einen Lineal?» – «Welches Wörtchen fehlt noch?» – «Sofort!» Aber man darf nicht allzu dreist sein beim Wünschen. Als ich mir hier mal wünschte, mein YB möge sich «bis zur letzten Runde Hoffnungen auf den Meistertitel» machen dürfen, wurde ich erhört. (Leider wörtlich: In selbiger Runde, der allerletzten, bekam YB noch von Basel auf den Ranzen.) Als ich mir letztes Jahr «den ersten Meistertitel seit vierundzwanzig Jahren» wünschte, bekamen wir wieder von Basel auf den Ranzen, abermals in der letzten Runde. Nun wünsch ich mir gar nichts mehr; meine Lieben haben mir ein gelb-schwarzes Shirt unter den Tannenbaum gelegt, auf dem gross «Meister» steht und klein darunter «der Hoffnung».

Und nahm ich mir nicht schon vor Jahresfrist vor, mir nichts mehr vorzunehmen? Ich würde das Einkleben der Fotos ja doch wieder hinausscheiben… Aber, hey, es kam anders. Ich habs im Fall geschafft, Föteli einzukleben! Nicht, dass ich die ganzen siebeneinhalb Jahre aufgeholt hätte, die ich im Rückstand bin. Aber ich habe angefangen, und zwar auf Rat vieler Leserinnen von hinten. Nahm mir also zuerst das Jahr 2010 vor und habe schon sechsundfünfzig Bilder unserer Nepalreise eingeklebt. Immerhin.

Gsy_Gewesen

DIE PLAUDERTANTEN. Hier ein ächzender Viel-zu-viel-

Pfünder, dort eine Junggebliebene, die nicht mehr ganz ins enge Take-That-Shirt von einst passen will, sich schweissnass auf dem Stepper abmüht und periodisch ein nahezu tonloses «Omeingooott!» vor sich hinstöhnt... Nie herrscht im Fitnessstudio solches Gedränge wie im Januar. Aber, gemach, all jene, die sich wegen der Festtagswampe vorgenommen haben, im neuen Jahr mehr für die Linie zu tun, werden ihren Vorsätzen bald untreu. Und dann sind wir vergifteten Freizeitsportler wieder unter uns.

Danke, mir gehts gut. Okay, auch ich hab nach all den Schlemmereien zwei, drei Kilos zu viel. Aber der Pfnüsel zum Jahresbeginn, den das Horoskop in was-weiss-ich-welchem Heftli mir androhte, traf schon mal nicht ein. Offenbar ist auf die Sterndeuterei wieder mal wenig Verlass. In der buntesten Illustrierten der Schweiz verhiess die Grande Dame der Himmelsguckerinnen (Sie wissen schon, die gut Erhaltene aus dem Welschland) mir punkto Fitness und Gesundheit: «Die erste Jahreshälfte sollte besser werden als der Rest.» Was heisst das nun? Keine Verletzung beim Snowboarden im Februar (nach der gebrochenen Rippe 2009 und der gebrochenen Hand 2010)? Oder heisst es bloss, geringere Sportverletzungen als in der zweiten Jahreshälfte, also: «nur» Bänderriss beim Snöben, im September dafür dann Beinbruch beim Fussball? Das wüsste man halt gern, aber eben, die Astroplaudertanten...

Da freue ich mich gescheiter auf Dinge, die bestimmt eintreffen. Die erstmalige Playoff-Teilnahme der Langnau Tigers, zum Beispiel. Auf die Tulpen im Frühling freu ich mich, die Sonnenblumen im Spätsommer, auf Hanslis Basteleien und meinen nächsten Mittagstisch mit acht Kindern aus dem Quartier.

Und überhaupt, warum sollte ich mich nicht freuen? Nebst ihrer Fitness-prognose verheisst mir die Astrotante der Nation nämlich: «Jupiter sorgt bei Widdern für Erfolg und neue Perspektiven!» Allerdings schränkt sie sogleich ein: «Besonders im Verlauf des Sommers könnte alles anders kommen als geplant.»

Das nenne ich eine glasklare Vorhersage.

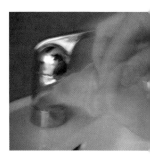

DIAGNOSE: POLIERSCHULTER. Wir waren bei der

Gesundheit stehen geblieben, stimmts? Keinen Tennisarm. Keine Raucherlunge.
Keine Midlife-Crisis. Nicht mal Migräne. Nein, nichts von alledem. Aber ich hab
eine Polierschulter. Ist im Fall wahr. «Was arbeiten Sie denn?», fragte unlängst
der Chiropraktor, der vierzehntäglich versucht, meine Funktionstüchtigkeit
wiederherzustellen. Er traktierte gerade vergeblich meine rechte Nackenpartie,
jeder Muskel betonhart verkrampft. «Ich, ääh… gar nichts», antwortete ich
bäuchlings auf seinem Schragen liegend, «also… nicht richtig, ich bin Dings,
öhm… Hausfrau.»

Und dann war rasch klar, dass es davon kommt: vom Haushalten. Vom
Kneten des Zopfteigs, vom Auswringen der Handwäsche, vom druckvollen
Schrubben mit dem Scheuerlappen (von Hand, am Küchenboden kniend),
vom Guseln mit der WC-Bürste, vom Wände Weisseln mit dem Fleckenradie-
rer und vor allem: vom Polieren. Vom viel zu heftigen Reiben, viel zu krampf-
haften Pützeln, vom ewigen Hantieren mit dem Mikrofasertuch an Wasserhahn,
Chromstahlabdeckung und Spiegelschrank. Kurzum: «Herr Friedli, Sie haben
eine Polierschulter.» Und wirklich: Über Neujahr, während der paar Tage im
Hotel, liess der Schmerz merklich nach.

Doch noch ein Vorsatz fürs angebrochene Jahr: Weniger polieren? Nein,
dazu ists doch jetzt zu spät. Ohnehin fraglich, ob ich es ohne Beizug einer
Psychotherapeutin schaffen würde, denn mein Poliertick ist manisch. Ich könnte
höchstens versuchen, meine Polierschulter, die rechte, zu entlasten, indem ich
vermehrt mit der linken Hand polierte. (Sie! Ich habe einen Onkel, Rechtshänder, ein erfolgreicher Maler; der gewöhnte sich eines Tages an, seine Bilder
mit links zu malen, und er schaffte es mit links!)

Aber jetzt muss ich erst mal schauen, dass ich all die Tannennadeln aus der Wohnung bekomme. O Tannenbaum! Die sind überall. Üüüü-ber-all! Sie ahnen es: Finger benetzen, Nadel aufnehmen, und ab in den Kompostkübel. Die Prozedur wiederholte ich einige Dutzend Male am Tag (wahlweise auch mit dem Zeigefinger der linken Hand), bis ich die Wohnung drei Wochen nach Weihnachten nadelfrei wähnte. Doch dann trat Lino in unser Entrée, ein Spielkamerad der Kinder, und schon war wieder alles voll. Der Bub konnte nichts dafür: Ein Nachbar hatte seinen Weihnachtsbaum erst spät entsorgt, folglich war die Tanne furztrocken und hat unterwegs zum Entsorgungsplatz dermassen genadelt, dass Lino, der denselben Weg in umgekehrter Richtung ging, sämtliche Nadeln an seinen nassen Stiefeln kleben hatte, als er bei uns anlangte.

Mein Ziel wäre schon, das Haus nadelfrei zu haben, ehe die Fastnachtskonfetti drohen. Die sind noch hartnäckiger. Nach Monaten noch werde ich in Hanslis Unterwäscheschublade auf Konfetti stossen, in Sporttaschen, in der Tiefkühltruhe. Bis lang in den Frühling hinein wird das dauern. Ach ja! Ich freute mich auf die Tulpen im Frühling, schrieb ich hier letzte Woche, wohlwissend, dass mein Herr Baumann vom Blumenladen sie schon im Jänner wieder im Sortiment führen würde, genauso der Grossverteiler meines Vertrauens. Tulpen sind mir das Liebste, aber ich bleibe hart bis, sagen wir mal, nach den Sportferien. Und diesen Vorsatz, diesen einen, werde ich einhalten! Vielleicht.

KOMISCHE FRAUEN. Kaum hatte ich hier von meinem Onkel

berichtet, dem Kunstmaler, der sich – wiewohl Rechtshänder – eines Tages aus
freien Stücken entschloss, seine Bilder fortan mit links zu malen, kamen wir in
«Tintentod» an die Stelle, an der Balbulus …

Sie kennen «Tintentod» nicht? Es ist der dritte Band einer Trilogie, die
wir den Kindern im Oktober 2009 vorzulesen begannen. In den drei Büchern
macht Cornelia Funke die reale Welt märchenhaft und eine Märchenwelt reell.
Der Clou ist: Durch lautes Vorlesen kann das Gelesene wahr werden. Figuren aus
«Tausendundeiner Nacht» landen im Jetzt, derweil Menschen aus unserer Welt
in einem Buch verschwinden. Daraus ergibt sich ein Tanz zwischen den Welten,
ein Spiel mit der Wahrnehmung, mit Wunsch und Wirklichkeit. Eine Ode an die
Macht der Sprache! Uns hielt in Atem, wie die kleine Meggie, ihr Vater Mo und
ihre Mutter Resa sich durch eine von Elfen, Riesen und Räubern bevölkerte Welt
schlagen, eine Welt voller Zauber, voller Grauen. 566 Seiten zählt der erste, 707
der zweite und 739 Seiten der dritte Band. Das hat – zumal meine Frau und ich
stets ins Berndeutsche übersetzten – gedauert: fünfzehn Monate.

Eben: Balbulus, ein meisterlicher Buchillustrator, versucht, mit der linken
Hand zu zeichnen – nachdem ihm die rechte abgehackt wurde. Erstaunlich, was
die Autorin den Kindern alles zumutet: Gewalt, Verrat, erloschene Liebe, Ehe-
bruch, Tod. Nein, sie traut es ihnen zu – Funke nimmt die Kinder ernst. Nur
mussten wir halt manchmal diskutieren, wenn im Buch wieder gemeuchelt und
gebrandschatzt wurde.

«Nie im Leben!», posaunte ich – in Band zwei, «Tintenblut», wurde gerade
scharf geschossen –, hätte ich eine Schusswaffe auch nur angerührt, geschweige
besessen. Dass ich Memme dienstuntauglich war, wissen Anna Luna und Hans

längst. Und solang in der Schweiz jährlich zwei Dutzend Männer ihre Frauen töteten und viele weitere sich selbst, gehörten Armeewaffen ins Zeughaus, finden die Kinder. Natürlich pflichte ich bei; da bin ich gefühlsmässig ganz Hausfrau.

Die grosse Mehrheit der Frauen sagt Ja zur Waffenschutzinitiative. «Komische Frauen» seien das, befand unser Maurer Ueli. Frauen wüssten mit Schusswaffen nicht umzugehen, sagte er und liess durchblicken, dass sie folglich auch nicht über deren Verbleib entscheiden sollten. Da Frauen aber seit geraumer Weile das Stimmrecht haben, werden sie mitentscheiden. Noch nie wurde eine Vorlage quer durch Familien so heftig debattiert, und ich würde ja fürs Leben gern lauschen, wie an einem der Küchentische argumentiert wird. Stimmen Frauen, denen die Waffe im Haus unangenehm ist, ihre Männer um? Oder umgekehrt? (Bei uns ists langweilig, wir sind uns einig. Ausserdem gibts, wie gesagt, in unserem Haushalt keine Waffe.)

«Vatiiiii…», kommt Hans von seiner Grossmutter heim, und das ansteigende «Vatiiiii» verheisst, dass er gleich triumphieren wird. «Wie war das? Du hast nie eine Waffe besessen?» – «Nie!» Er zückt das Luftgewehr, das er bei meiner Mutter auf dem Estrich gefunden hat. Mein Luftgewehr. Hatte ich ganz vergessen. «Aber ich habe nie auf Menschen gezielt!», rufe ich. Hans weiss es besser: «Doch! Du hast das Gewehr mit Wattestäbchen geladen, und damit habt ihr ‹g'indianerlet›.» Nun will er als Jäger an die Schulhausfastnacht, mit meinem Gewehr. Ob ich es besser vorher ins Zeughaus bringe?

Am 13. Februar 2011 stimmte das Schweizer Volk über die Initiative «Für den Schutz vor Waffengewalt» ab, die forderte, Armeewaffen müssten künftig im Zeughaus aufbewahrt werden und nicht wie bis anhin daheim.

MAMMA MIA! Ist Elton John also doch noch Mami geworden! Er und sein Mann haben den kleinen Zachary Jackson Levon bekommen. Also, «bekommen» … Eine Leihmutter hat den beiden am Weihnachtstag das Kindlein geboren, gewissermassen unbefleckt. Schon fast biblisch, das Ganze. Ferner hatte ich zur Kenntnis zu nehmen, dass auch Gianna Nannini, Idol meiner Jugendjahre, auf ihre mittelalten Tage Mutterfreuden geniesst: Bald fünfundfünfzigjährig, hat die Sängerin eine Penelope zur Welt gebracht. La Mamma und Tochter, heisst es, seien wohlauf. (Im Befruchten nicht mehr ganz junger Damen sind italienische Ärzte bekanntlich, was die spanischen im Dopen: Weltspitze.)

«Gestört!» Das war auch Ihr erster Gedanke, stimmts? Nur geraten wir Normalbürger, wenn wir es gestört finden, wie sich Promis mal eben ein Baby besorgen, in Verdacht, bloss neidisch zu sein. Die Schönen und Reichen – okay, im Falle Elton Johns und Nanninis vor allem reich – können sich leisten, wonach immer sie gelüstet. Kind gefällig? Her damit! Irritierend. Aber vielleicht zeigen die Promis mit ihrem späten Elternglück nur auf, zu was das Kinderkriegen in der Ära der vielen Optionen ohnehin geworden ist. Ein Kind wird angeschafft wie ein Accessoire, nachdem man alles ausgelebt hat: wilde Jahre, Drogen, sexuelle Ausschweifungen, berufliche Verwirklichung … Und dann, wenns grad passt, noch hurtig das Wunschkind auf Bestellung. Bei vielen geschieht das um die vierzig, Elton John war nun halt schon dreiundsechzig; folglich ein Extrembeispiel, aber eben nur ein Beispiel.

Solch späte Einzelkinder, terminlich hübsch in die Laufbahn der Eltern eingepasst, werden mit Erwartungen überhäuft. Für Promikinder wie Zachary und Penelope kommt hinzu, dass sie im Fokus der Öffentlichkeit aufwachsen. Auch «das älteste Mami der Schweiz», die Vierundsechzigjährige aus dem

Aargau, zeigt ihre Katherine freilich gern im «Blick» her. Aber wer weiss denn, ob dies nicht die Zukunft ist? Dass die demografische Entwicklung, wonach es immer weniger Kinder und immer mehr gesunde Alte gibt, aufgefangen wird, indem Pensionierte noch gebären?

Ach, kommen Sie! Ich freu mich doch einfach. Denn die Lieder, die Stars für ihre Kinder schrieben, gehörten stets zu den schönsten: Jovanottis «A te», Kris Kristoffersons «From Here to Forever», Claudio Baglionis «Avrai», Billy Joels «Lullabye (Goodnight, My Angel)», Bob Dylans «Forever Young» für Sohn Jakob… allesamt herzerweichend! Selbst die grössten Rabauken werden, einmal Vater, butterweich: Der französische Rocker Renaud widmete seiner Tochter das Chanson «Morgane de toi», sogar Eminem, als Rüpel verschrien, rappt in «Hailie's Song» ganz zart. Bereits hat Gianna Nannini ihrer Tochter ein ganzes Album gewidmet, «Io e te». Wetten, auch Elton John schreibt ein Lied? Eines, ergreifend wie «Your Song», wie «Daniel», seine frühen Songs, die mir fast den Verstand raubten. Das ist sehr lange her.

Was Zachary und Penelope betrifft, wünsche ich ihnen ein sorgloses Leben. Ich stelle mir vor, dass sie sich dereinst an irgendeiner Jetsetparty kennenlernen, sich vielleicht verlieben und zusammen durchbrennen. Sie wird seine Stupsnase mögen, er ihre Grübchen und den drolligen Akzent. Und zwischen wilden Küssen werden sie sich irgendwo am Ende der Welt in die Augen schauen, grinsen und zueinander sagen: «Unsere Eltern? Gestört!»

EIN STINKNORMALER MANN. Gleichstellung im

Lego-Land! Die Schwedinnen und Schweden sinds natürlich mal wieder, die beklagen, es gebe zu viele Lego-Männchen und zu wenige … ähm, wie sagt man? Lego-Weibchen? Frauen kämen bloss als Hausfrauen, Kinderwagen schiebende Mamis, allenfalls noch als Bäuerinnen vor, nie als Berufs- und Businessfrauen, wird bemängelt. Bereits drohte «Aftonbladet», Schwedens grösste Zeitung, der Firma mit einer Quote, einer … Weibchenquote. Tatsächlich: In der neusten Serie der «Minifigures» (Lego-Überraschungen im Beutel, die wir, weil sie an der Migros-Kasse so neckisch neben den Süssigkeiten ausliegen, den Kindern manchmal heimbringen), gibt es neben je einem Fischer, Indianerhäuptling, Formel-1-Piloten, Baseballspieler, Wikinger und Sumoringer nur gerade zwei eindeutig als weiblich auszumachende Figürchen: eine Tennisspielerin und eine Rumbatänzerin; zwei von sechzehn.

Wenn wir schon bei den Geschlechtern sind … Aufsatzthema an der Primarschule Greppen am Vierwaldstättersee: «Hausmann – was ist das?» Mir wurden einige Müsterchen zugespielt: «Ein Hausmann ist das Gleiche wie eine Putzfrau», schrieb ein Fünftklässler, und ich dachte noch: Das hat was. Doch der Bub fuhr fort: «Aber ich weiss es nicht so genau, weil ich selbst noch nie einen gesehen habe. Ich kann mir einen Hausmann nicht so recht vorstellen.» Er kann sich einen Hausmann nicht vorstellen! So viel zum Thema Gleichstellung vierzig Jahre nach Einführung des Frauenstimmrechts, liebe Leserinnen. Wie bitte? Sind heute auch Leser da, Hausmänner gar? Freut mich. Also auch: … liebe Leser!

«Ein Hausmann ist ein Mann, der im Haushalt seiner Frau/Freundin manchmal kocht, putzen hilft, ab und zu auf die Kinder schaut (falls vorhanden)», schrieb eine Schülerin. Wobei gerade das «ab und zu» in vielen Familien zu reden gibt,

wenn sie einen Job hat und sich daheim mehr Entlastung wünschte. Interessant freilich auch die Formulierung «… im Haushalt seiner Frau/Freundin», denn hier wird die Frau implizit als Chefin dargestellt, als Gebieterin über Heim und Herd – selbst wenn sie auswärts arbeitet. Darunter leiden viele Teilzeithausmänner: dass sie zur Hilfskraft degradiert sind. Andere schieben eine Sinnkrise, weil sie sich als Hausmann nicht männlich genug fühlen. Schwierige Sache! Dabei wäre es so simpel: «Ein Hausmann ist etwa dasselbe wie eine Hausfrau», schrieb ein Kind. Ein anderes notierte erfrischend: «Ein Hausmann ist im Grunde genommen ein stinknormaler Mann, er macht einfach den Haushalt.»

Unser Hans übrigens weiss längst, wie man beim Legölen das Problem der mangelnden Rollenteilung löst: «Easy! Man muss nur die Frisuren austauschen!», erklärte er mir. Bei Bedarf steckt er «weibliche» Frisuren auf Männchenköpfe und macht im Handumdrehen aus Polizisten Polizistinnen, aus Piraten -innen, gar eine Harrie aus einem Harry Potter. Und aus Hausfrauen -männer. Hans schafft den Rollentausch spielend. In der Realität haben wir noch viel zu wenige weibliche CEOs, zu wenige Physikprofessorinnen, Kranführerinnen – und zu wenige Hausmänner. (Sonst würde ja um den einen im Migros-Blättli nicht solches Aufheben gemacht…) Und kommenden Sonntag wird mir vielleicht angesichts des Abstimmungsresultats der Gedanke kommen, weshalb eigentlich all die Jahre eines nie in Frage gestellt wurde: das Männerstimmrecht.

Die Initiative «Für den Schutz vor Waffengewalt» wurde mit 56,3 Prozent Nein-Stimmen abgelehnt.

Legölen_Mit Lego spielen

SVEN EPINEY UND DIE SQUAW. Die Kinder haben
davon angefangen: ob es auch bei den Nanos zweierlei Geschlecht gebe oder
ob die Purzelfigürchen am End geschlechtsfreie Wesen seien? Wir waren un-
schlüssig, hofften, dass nicht allein die pinkfarbenen mit Kussmund als Weiblein
gedacht seien, tauften sicherheitshalber eines davon Sven Epiney und stellten
uns vor, auch hinter den Maskeraden der Banditen stecke die eine oder andere
Banditin. Viel wichtiger aber: «Vati, wie kommen wir in den nächsten zwei
Wochen bloss an die noch fehlenden elf Nanos?» Wo wir doch im tiefsten Volg-
Land in den Ferien sind! Rasch war die nächstgelegene Migros-Filiale ausfindig
gemacht: in Ilanz.

Den Indianerhäuptling von letzter Woche übrigens, den Lego-Männchen-
Häuptling, hat unser Hansli schon mal entmannt. Nein, er hat nicht dessen Speer
ins Zeughaus gebracht, er hat ihm schlicht die Frisur einer Squaw aufgesetzt,
eines Lego-Weibchens aus einer früheren Serie der Steckfigürchen – und schon
war der Häuptling eine… Verdammt, eine was jetzt?! «Häuptlingin» geht ja
wohl nicht. Also muss ich «Weibliches Wort für Häuptling» googeln, stosse in
diversen Chats auf muntere Kommentare zur Frage, weshalb es solch ein Wort
eben just nicht gebe, und finde schliesslich heraus, dass das Englische durchaus
eine Häuptlingin kennt: Woman Chief.

Wäre der Rollentausch doch auch im wirklichen Leben so einfach! Dann
würden wir Männer, die mindestens die Hälfte der Hausarbeit erledigen, mehr
als die statistische Nichtigkeit von 0,6 Prozent ausmachen. Wieder fällt mir die
Sentenz aus einem Greppener Aufsatz ein: «Ein Hausmann ist im Grunde genommen ein stinknormaler Mann, er macht einfach den Haushalt.» Die simple
Feststellung aus Schülerhand freute mich umso mehr, als ein Grossverteiler uns

Hausmänner in einem TV-Spot gerade mal wieder als Deppen hinstellt. Nur damit das klar ist, Leute: So wie der unrasierte Niklaus-Meienberg-Wiedergänger am Fernsehen, der in seinem Ramones-T-Shirt darauf wartet, dass die business-mässig im Deuxpièces einherstolzierende Gattin ihm am Abend die Zeitung heimbringt, auf dass er die Supermarkt-Tiefpreise raussuche, so sieht ein Haus-mann nicht aus! Im Fall.

Wo waren wir? In Greppen, beim Aufsatz «Was ist ein Hausmann?». Eine Sechstklässlerin wusste es präzise: «Ein Hausmann ist ein Mann, der immer putzen und Wäsche waschen muss. Und am Abend muss man kochen und abwaschen und dazu gleich noch abtrocknen und die Küche sauber putzen. Und am Morgen das Essen bereit machen, dann noch den Sohn wecken. Dann muss man noch den Boden aufnehmen.» Woher weiss die das: dass man den Sohn wecken muss? «Hansli, ufstah!» Weiss sie auch, dass er darob meist nicht sonderlich erbaut ist? «Wott nid i d Schuel!» (Den quengelnden Tonfall kennen Sie, nicht wahr?) Jeden Morgen klang es in den letzten Wochen so. Bis vorigen Mittwoch. Da erwachte unser Sohn glühend heiss; hoch fiebrig war er, hatte die halbe Nacht gehustet. Ich: «Du bist krank, musst zu Hause bleiben.» – «Aber i wott i d Schuel!!!»

Das mit dem gewaltsamen Wecken des Sohnes falle nun, da auch wir Zürcher endlich Sportferien hätten, ja fürs Erste weg, mögen Sie einwenden. Wo denken Sie hin? «Ha-aans, aufstehen! Snowboardschule!»

Sven Epiney_Moderator zahlreicher Radio- und TV-Sendungen / Nanos_Purzelfigürchen, die die Migros im Frühjahr 2011 an die Kundschaft abgab. / Volg_Detailhandelskette, vor allem auf dem Land stark / Ufstah_Aufstehen / Wott nid i d Schuel!_Will aber nicht in die Schule!

EIN ZIMMERBUB HAT WEHEN. Hans ist dazu über-

gegangen, gewissen Lego-Menschlein die Finger- und Zehennägel rosa zu lackieren. Und glauben Sie bloss nicht, ich hätte den Jungen dazu gedrängt! Nein. Er hat sich von allein in die Idee der Geschlechtsumwandlung seiner Spielfiguren gesteigert. Und nach dem «Woman Chief» von letzter Woche, dem Indianerhäuptling, der dank «weiblicher» Frisur zur Häuptlingin wurde, hat unser Sohn sich nun in den Skiferien den Nagellack seiner Schwester gekrallt und einen Tiefseetaucher aus der Lego-Serie «Atlantis», der harpunenbewehrt nach einer Riesenkrake taucht, kurzerhand zur Taucherin gemacht, indem er ihm, pardon: ihr Hand- und Fussspitzen lackierte – rosarot. Keine Bange, der Bub ist ansonsten ziemlich normal. Die Pisten (oder was mangels Schnee davon übrig ist) brettert er jedenfalls jungenhaft rasant runter.

Aus Brunnen berichtet mir eine Familie, die hier schon für manches Bonmot gut war, vom emanzipierten Berufswunsch des Sohns: Er möchte Zimmermann werden. «Weil, weisst du, Mama, ich finde Staubsaugen so cool.» Was Zimmerleute mit Staubsaugern zu schaffen hätten, werden Sie fragen, und weshalb dies ein emanzipierter Berufswunsch sei... Der Kleine meint, Zimmermann sei die männliche Form von Zimmermädchen. Emanzipatorische Tendenzen verriet derselbe Junge übrigens schon, als er sich in einem Restaurant auf die Eckbank legte. Er war kurz zuvor gestürzt, hatte sich an Ellenbogen und Rippen wehgetan. «Weisch, das mach ich nid, wil ich müäd bi», klärte er liegend auf, «sondern wäg minä Wehä.» Das KKL, Luzerns riesiges Kulturzentrum, nennt er XXL. Und als Mutter fragte, ob er beim Nutella-Wettbewerb mitmachen möchte, wo es ein Frühstück mit der Schweizer Fussball-Nati zu gewinnen gab, meinte er: «Sicher nid, diä ässed mier ja alles wäg.»

Und dann kam in Winterthur, wo ich unlängst aus meinen Kolumnen vorlas, eine Dame zu mir, die hier lieber nicht namentlich erscheint. Begreiflich, denn sie berichtete, wie sie einst voller Inbrunst sang: «Gott ist die Liebe, er liegt auf mir.» Ein fürwahr fleischliches Gottesverständnis! Leider ist diese Auslegung wegen gewisser Vorgänge in der katholischen Kirche nicht unaktuell. Aber es handelte sich doch nur um einen kindlichen Verhörer: «… er liebt auch mich», hätte das Mädchen singen sollen. Frau Riesen aus Bremgarten BE erzählt, wie ihr Schwesterchen – und dieses Vergehen ist verjährt und vergeben, denn es trug sich vor siebzig Jahren zu – einst betete: «Hab ich unrecht heut getan, gehts dich, lieber Gott, nichts an!» Im Original hiesse es: «… sieh es, lieber Gott, nicht an!» Aber kommt das nicht aufs Gleiche raus? Und weil ich grad in katholischen Landen (wo man solcherlei Lästerung uu-huara viel lockerer nimmt) weile, noch dies: Der dreijährige Felix singt abends leidenschaftlich «I ghöre-n es Glöggli…» und kommt stets zum Schluss: «Dr lieb Globi im Himmu wird wohl bi mir sy…»

Apropos Globi im Himmel: Anita, eine Krippenfrau, mailte mir folgende Kinderfrage: «Bekommt der Wetterberichter einen Pokal, wenn er recht hat?» Wohingegen wir, noch immer im Bündnerland, uns dringend wünschten, er hätte unrecht. Wir hätten gern gaaaaanz viiiiiel Schnee!

Weisch, das mach ich nid…_Weisst, das tue ich nicht aus Müdigkeit, sondern meiner Wehen wegen. / Sicher nid…_Sicher nicht, die essen mir ja alles weg / Uu-huara_Verstärkungswort im Bündnerland: verdammt, ungemein / Dr lieb Globi…_Der liebe Globi (Schweizer Comicfigur) im Himmel wird wohl bei mir sein

FIDEIVEL PAZIENT DIL MIEDI. Nichts gegen Dr. Bürki.

Der Dorfarzt von Laax GR ist ein überaus freundlicher Mensch, selbst dann nicht aus der Ruhe zu bringen, wenn die untrainierten Unter- und Niederländer, die am Crap Sogn Gion blöde Unfälle gebaut haben, im Fünfminutentakt in seine Praxis getragen werden. Winters röntgt und gipst der Mann, dessen Haus bilingue mit «Arzt Miedi» angeschrieben ist, im Akkord. Ein patenter Kerl. Echt jetzt.

Und doch waren es meine «Fuck Doctor Bürki!»-Ferien. Denn es ging mir dann doch zu weit, dass sogar schon das Lokalblatt «La Quotidiana» berichtete, der «um da casa» vom «Migros-Magazin», der Hausmann, sei ein «fideivel pazient dil miedi Josef Bürki», was – wenn mein Rätselromanisch mich nicht täuscht – bedeutet, ich sei sein treuer Kunde. Stimmt ja auch: Hirnerschütterung, Kreuz- und Innenbandriss, gebrochene Rippe, Handgelenkbruch… In den letzten Jahren war ich Stammpatient. Daher mein Ziel, heuer heil zu bleiben. Und, hey, wenngleich wir die Sportferien auf zwei Wochen ausdehnten, überstand ich sie unverletzt! Mag sein, dass ich mich nach wie vor etwas ungelenk auf dem Snowboard halte, aber immerhin unfallfrei. Und als Anfang letzter Woche zum Kanonenschnee wunschgemäss auch noch reichlich echter fiel, war mein Glück perfekt.

«Mir sy stolz uf di!», kommentierten die Kinder jeden meiner Jauchzer auf der Piste, und wenn ich hernach in der Gondel bluffte: «Hesch gseh, mini Kurve?», wiederholten sie unisono – halb höhnisch im Tonfall, halb mitleidig – «Mir sy stolz uf di, Vati!», steigerten ihre Fiesheiten dann wahlweise zu «Hesch dini Tablettä hütt scho gnoh?» und «Ja, ja, isch guet, mir tüe di de wieder i ds Heim begleite». Neuster Pausenplatzslang, wie ich lernte. Überhaupt erfuhr ich auf den Schlepp- und Sesselliften, was die Jugend momentan lustig findet – vor

allem die «Deine Mutter»-Witze, etwa: «Heute morgen bin ich zwei Kilometer gejoggt – rund um deine Mutter.» Grundton: Deine Mutter ist arm, versoffen, lüstern und vor allem dick, und zwar alles aufs Mal… «Deine Mutter bezahlt die Miete mit dem Flaschendepot.»

Gemein. Aber wir Eltern müssen gar nicht so tun, als hätten wir damals bloss Häschenwitze erzählt: «Hattu Rüebli? Muttu essen!» Nein, wir waren genauso gnadenlos. Kinderwitz ging schon bei uns da hin, wo es am meisten wehtut; unüberlegt, politisch unkorrekt. «Möngu» war eines unserer Schimpfwörter; kein schönes. Dennoch wird mir bei «Deine Mutter…» bang. Denn es ist perfid, ein Kind ins Abseits zu stellen, indem man dessen Mutter beleidigt, zumal, wenn besagter Makel wirklich zutrifft, sie tatsächlich übergewichtig ist, Alkoholikerin, soziale Randfigur. Musste ich dann und wann doch lachen, tat ichs verschämt und war froh, mein Lachen unterm Skihelm und dem synthetischen Kälteschutzüberzieher (die frivolen Bündner nennen ihn «Kopfpariser») verbergen zu können. Beispiel: «Deine Mutter ist so fett, sie studiert die ganze Speisekarte und sagt dann zum Kellner: ‹Okay.›»

Dr. Bürki? Den sahen wir dann doch noch kurz, Hans verspürte nach einem Sturz Schmerzen am Bein. Gottlob wars falscher Alarm; aber ich war fast froh um den Vorwand für einen Praxisbesuch. Irgendwie hätte mir sonst etwas gefehlt.

Mir sy stolz uf di_Wir sind stolz auf dich / Hesch gseh, mini Kurve_Hast du meine Kurven gesehen? / Hesch dini…_Hast du deine Tabletten heute schon geschluckt? / Ja, ja…_Ist ja in Ordnung, wir begleiten dich dann wieder ins Heim / Rüebli_Karotte / Kopfpariser_Kopfkondom

GROSSES KINO.

«Ey, diini Muetter …» kann, wenn Jugendliche es einander zuraunen, auch listig sein: Pass auf, gibt es dem anderen zu verstehen, ich weiss alles über dich. Ein entlarvender Spruch in einer Zeit, da jeder sich auf Youtube selbst darstellt, jeder mittels Facebook ein Bild zeichnet, das er der Welt von sich zeigen möchte. Gerade einem Muttersöhnchen, das sich öffentlich gern aufplustert, lässt sich mit einem «Deine Mutter …» prima die Luft rauslassen. Die Verkürzung ist treffender als ein ganzer Witz.

Weniger hübsch ist freilich, wenn «… deine Mutter» den hässlichsten aller Sprüche meint: Ich ficke deine Mutter. Der ist – welch Ironie – gerade unter Jungs aus südlichen Kulturen verbreitet, in denen das Vergöttern der eigenen Mutter gängig ist. Sie glauben nicht, wie oft ich es im Tram und auf Fussballplätzen in der Vorstadt mit anhören muss: «Eymonn, ich figg …!» Und wissen Sie noch, wie Zinédine Zidane, der elegante Weltfussballer, vor fünf Jahren im WM-Final ausrastete? Wie er dem Italiener Marco Materazzi einen Kopfstoss versetzte, daraufhin des Feldes verwiesen wurde und alles verlor: die Weltmeisterschaft, sein Gesicht, seinen Ruhm. Dem Vernehmen nach hatte Gegenspieler Materazzi zuerst Zidanes Schwester, denn dessen Mutter beleidigt. Das war zu viel für den algerischen Einwanderersohn. Und so sehr ich mich damals über den Titel meiner Azzurri (samt ihrem Flegel Materazzi) freute – man muss Zidane verstehen.

Andrerseits müssen kleine Übertretungen sein. Und Sie werden niemandem verraten, gell, dass wir unseren Zehnjährigen in einen Film mitgenommen haben, «The King's Speech», der erst ab zwölf Jahren freigegeben ist? Vorigen Sonntag, noch vor dem Oscar-Segen. Meine Frau fand, die Kinder seien jetzt mal reif für einen Erwachsenenfilm. Volltreffer. Wie Anna Luna und Hans mitgingen! Wie grandios sie sich amüsierten! Natürlich vor allem über die

Passagen, in denen der stotternde König von seinem Sprechtherapeuten angehalten wird, zwecks Lockerung vor sich hinzufluchen: Er bringt das «Fick, fick, fick! Furz, Pisse! Scheisse, Scheisse, Scheiss!» ganz ohne Stottern über die Lippen. Er bannte fluchend seinen Fluch. Und ehe sich Leserin Gamber wieder empört, hier sollten keine struben Wörter stehen: Meine Kinder wissen schon, dass man solche Wörter in der Regel nicht gebraucht. Aber erst durch den Verstoss lernen sie, mit der Regel umzugehen. Insofern ist es dumm von den Amerikanern, den Film zensuriert ins Kino zu bringen, ohne die Schimpfwörter; denn so geht seine Essenz verloren: wie befreiend das Fluchen sein kann. Übrigens blieb bei unseren Kindern durchaus auch anderes hängen, sie wollten den ganzen Abend Genaueres über das englische Königshaus erfahren, über Churchill, die Queen Mum und Hitler. Kurzum: «The King's Speech» war, Schimpfwörter hin oder her, im besten Sinn anregend.

Und was das F-Wort betrifft, gefiel mir Christa. Ihr war zu Ohren gekommen, dass ein Gschpänli, Leandro, zu ihrem Sohn gesagt hatte: «Eymonn, ich figg diini Muetter, Monn!» Als sie kurz darauf eine Bubenschar zum Auswärtsspiel chauffierte, Junioren D, fragte Christa am Steuer: «Sag mal, Leandro, was war das genau, was du mit mir tust?» Worauf das kleine Grossmaul auf dem Rücksitz sehr, sehr stumm blieb. Und knallrot anlief.

Eymonn, ich figg ..._Mann, ich ficke deine Mutter

WEIHNACHTSBAUMNADELN IM MÄRZ. «Jetzt

tu doch nicht so blöd, gopf! Es ist Winter.» – «Nein, Vati, es ist Frühling!», streiten Hans und ich uns am Morgen um 07.57 Uhr, und die Wahrheit liegt irgendwo in der Mitte. Draussen zeigt das Thermometer drei Grad an, was sich wegen der saumässigen Bise noch viel kälter anfühlt, als es tatsächlich ist; habe mich vorhin eigens vergewissert auf dem Balkon. Aber der Himmel ist klar, und natürlich will der Bub schon bei der ersten Märzensonne mit kurzen Hosen zur Schule. «Sonst bin ich wieder der Einzige mit langen.» – «Ach, spinn doch nicht!» – «Vati, ich schwörs! Heut haben alle kurze Hosen an, alle!» – «Wetten, nicht?» – «Wetten, doch?»

Okay, wetten. Ich gebe ihm – wohl wissend, dass Fötelen in der Schule eigentlich verboten ist – einen Fotoapparat mit: «Pro Kind, vom dem du mir beweisen kannst, dass es in kurzen Hosen oder einem Jupe zur Schule gekommen ist, bekommst du eine Tafel Schokolade. Wirst sehen, du findest kein einziges.» Eine einseitige Wette, aber ich bin mir meiner Sache sicher.

Ach, diese blöde Übergangssaison. Am TV noch die letzten Weltcuprennen, draussen Märzenglöckchen und Krokusse. Vor dem Wohnungseingang ein Gstellasch, weil wir die Rollbretter schon wieder hervorgeholt, die Schlitten jedoch noch nicht versorgt haben. Schränke und Schubladen sind übervoll, man muss ja alles doppelt führen im Vorfrühling: Mützen, Schals, Handschuhe und Winterstiefel sind noch da, Baseballcaps, T-Shirts und Sommerschuhe aber längst aus dem Keller geholt. Das eine schon ausgewintert, das andere noch nicht eingesömmert. Kurzum: ein Riesenpuff, überall.

Beck und Quartier-Migros sind schon voller Osterleckereien, doch was erspähe ich am 16. März am Stubenboden? Eine Tannennadel vom Weihnachts-

baum! Und Sie wissen ja, dass ich nicht der Unreinlichste bin, habe seit Neujahr bestimmt vierunddreissigmal gestaubsaugt, aber die Dinger sind hartnäckig… jedes Mal, wenn man denkt: Das war die letzte, kommt anderntags wieder irgendwo eine zum Vorschein. Ich benetze mit der Zunge meinen Finger, bücke mich und will mich schon bemitleiden, da… Himmel! In Japan explodieren die Atomkraftwerke, Tausende sterben in einer Flutwelle, in Libyen lässt ein irrer Führer das eigene Volk niedermetzeln, und ich jammere über eine winzige Chirstbaumnadel?

Mir prägte sich einst das Wort Tschernobyl ein. In die Erinnerung unserer Kinder brennt sich nun unauslöschlich Fukushima – als Sinnbild für das gefährliche Spiel des Menschen mit Mächten, die er nicht bannen kann, als Synonym für Zerstörung, Angst, Tod. Die Kinder sind aufgewühlt, lesen alles, was ihnen zum Thema in die Finger kommt. Bereits weiss Hans über Kernschmelze und radioaktive Strahlung besser Bescheid als ich. Und immer wieder: «Vati, warum?» – «Weil…» Man wünschte, man könnte ihnen eine Antwort geben.

Als ich gegen zehn Uhr einkaufen gehe, schwitze ich in meinem leichten Mantel. Mist, der Bub hatte recht: Es ist Frühling. Triumphierend schwenkt Hans am Mittag die Pocketkamera, klickt Mädchen in knielangen Leggins und kurzen Röcken aufs Display, Buben in Shorts. Nach dem siebten Bild lenke ich ein und handle eine Pauschale aus: «Fünf Tafeln Schokolade?» Er ist gnädig: «Okay. Aber Riesentafeln!»

*Bise_Kalter, trockener Nordwind im Schweizer Mittelland / Fötelen_Fotografieren / Gstellasch_*
Wenn alles verstellt ist, Durcheinander / Beck_Bäckerei

BABYS AN DIE URNE. Haben Sies gelesen? Kleine Kinder,

findet das Bundesamt für Strassen, dürften nicht unbeaufsichtigt mit dem Trottinett fahren, auch nicht rasch bis zur Bäckerei um die Ecke. Ich finde: Dürften gewisse Erwachsene nicht mehr unbeaufsichtigt Auto fahren, wäre das Problem auch gelöst.

Schon verrückt: Wir schränken den Freiraum der Kleinen immer mehr ein, psychologisieren und medikamentieren sie, sedieren sie mit Pillen, statt ihnen Auslauf zu gewähren. Andrerseits überfordern wir sie dauernd. Sie sollten immer früher immer mehr leisten. Sportliche Früherfassung, musikalische Früherziehung, Frühenglisch, Frühcomputer... und – wir erinnern uns – neuerdings auch noch Frühsex; Pariser, pardon, Pariserchen, gibts nun schon für Elfjährige, Grösse XS, Name: «Hotshot». Kinderkondome! Kam die gloriose Idee nicht auch aus irgendeinem Bundesamt?

«So ne Schiisdräck!», flucht Anna Luna beim Zvieri hinter einem Abendblatt hervor, «geits dä Grüene no?!» Sie hat gelesen, dass die Grünen bei uns im Kanton das Stimm- und Wahlrecht für Kinder und Jugendliche einführen wollen. Trotti fahren, Nein – wählen und abstimmen, Ja. «Die Eltern füllen ja dann sowieso aus, was sie wollen! Und nicht, was das Kind will...», ereifert sich unsere Tochter und vertilgt den nächsten Orangenschnitz. Pro Kind bekäme eine Familie eine zusätzliche Stimme, wir hätten dann insgesamt vier. Familien mit Kindern, so der Gedanke, sollen mehr Gewicht erhalten, wenn es um die Schweiz von morgen geht. Aber das ist unfair gegenüber all denen, die – aus welchen Gründen auch immer – keine Kinder haben. Wer wollte zum Beispiel Freund Widmer, einem gut verdienenden Single und prima Steuerzahler, unterstellen, er schere sich nicht um die Zukunft und trage zur Umwelt keine Sorge?

Quatsch. Er hat nie im Leben ein Auto besessen, wandert fürs Leben gern und ist ein Naturfreund par excellence. «Aber, du wählst doch die Grünen, Vati?», hakt Anna Luna nach. «Manchmal, ja. Trotzdem ist es eine blöde Idee.» Und erst noch eine politisch unkluge: Auch die Stimmkraft rechts stehender Familien würde gestärkt, und das sind erst noch die kinderreichsten. Womit der Schuss hinten rausginge. Doch vermutlich ist dies nicht die letzte Schnapsidee, die wir im Wahljahr zu ertragen haben.

«Kinder an die Macht!» Das klang schon gut, als Herbert Grönemeyer es 1986 sang. Und es war schon damals albern. «Gebt den Kindern das Kommando! Sie berechnen nicht, was sie tun.» Kinder seien «die wahren Anarchisten», meinte Grönemeyer und schwafelte von Armeen aus Gummibärchen und Panzern aus Marzipan. Klar, sind Kinder manchmal einfach genial. Aber wir Erwachsenen dürfen uns doch nicht um die Verantwortung drücken! Stimmrechtsalter null? Unsinn, schon Stimmrechtsalter sechzehn ist eine Zumutung. In diesem Alter haben Jugendliche doch andere Sorgen – die Stifti, die Liebe, das Saufen und Kiffen… Und nun sollen sie sich auch noch mit eidgenössischen Vorlagen beschäftigen? Dann werden sie nur früher politikmüde.

Anderntags hocke ich etwas rat- und lustlos vor den Wahlzetteln. Hans schaut mir über die Schulter: «Was machsch?» – «Ich sollte den Regierungsrat wählen, aber …» Der Bub findet, er würde diesen Dings wählen, «weisst du, den Mario, der auch Hausmann war.» – «Den Fehr?» – «Ja, genau, den!» Wo hat er das wieder aufgeschnappt? Schlaues Kerlchen.

So ne Schiisdräck!_So ein Scheiss!

JUSTIN PINKELT, DIE WELT SCHAUT ZU.

Ach, kommen Sie! Geben Sie es zu! Nicht nur Ihre Tochter geht ans Justin-Bieber-Konzert – Sie gehen mit. Als Aufpasserin, ja, klar; man weiss ja nie, bei 13 000 Leuten auf so engem Raum… Nein, Sie brauchen nicht zuzugeben, dass der Schnügel auch Ihnen gefällt. (Gäben Sies doch zu, ich verspreche, es bliebe unter uns. Ich find ihn nämlich auch herzig.) Und überhaupt, Kinderstars wie den kleinen Bieber gabs doch schon immer. Über Fünfzigjährige erinnern sich an Heintije: «Maaaaaama, du sollst doch nicht um deinen Jungen weinen…!» Schon er war der Schwarm aller Teenies und Schwiegermütter. Halb so schlimm.

Schlimm ist nur, dass Teenieschwarm im Twitterzeitalter ein 24-Stunden-Job ist. Der arme Bub kann nicht mal mehr pinkeln gehen, ohne dass es seine Millionen Getreuen – Neudeutsch: Followers – erfahren. Privacy gibts keine mehr. Justin Bieber ist der bislang absurdeste Auswuchs der «Alle wissen jederzeit alles über alle»-Ära, in der jede Regung sogleich gefacebookt, geyoutubet und in alle Welt hinausgetwittert wird, bis sich Leben und «live» derart vermischen, dass der Hauptdarsteller – in diesem Fall: ein braver siebzehnjähriger Bengel aus der kanadischen Provinz – nicht mehr weiss, wie ihm geschieht. Wurde sein Leben soeben verfilmt? Oder ist, was er erlebt, nur Fiktion?

Wie leid er mir tut. Die Dollarmillionen, die er bis zwanzig verdient haben wird, kann er fortan in Psychotherapien und Entziehungskuren stecken.

Wer mir nicht glaubt, wie verstört einer, der als Kind schon ein Weltstar war, später durchs Leben torkelt, der google mal «Leif Garrett». Für die unter Vierzigjährigen hier: Das war der Justin Bieber meiner Jugendjahre, er piepste «Surfin' USA» ins Mikrofon, die Mädchen kreischten, und natürlich haben wir

Jungs ihn gehasst! So süss, wie der aussah mit seinen langen Haaren und dem kaliforniensonnenbraunen Teint!

Am Besuchstag in Anna Lunas Schule fiel mir auf: Alle Buben tragen eine Justin-Bieber-Frisur, alle! Schräge Fransen, bis leicht übers Auge. Aber natürlich würde es keiner zugeben. Die Jungs in ihrer Klasse, zwölf-, dreizehnjährig, machen allesamt am Stimmbruch rum. Und ich soll den Berichten in «Bravo Girl», «Hey», und was bei uns sonst noch so rumliegt, glauben, dass der gute Justin noch keinen Stimmbruch gehabt hat? Leute, nicht, dass ich euch den Konzertbesuch vergällen wollte – aber der «singt» doch nur noch Playback!

Letzthin bei der Coiffeuse übrigens war ich so in die «Gala» vertieft (Clooney wieder solo! Sie wollte keine Kinder! Dummes Huhn! Von einem wie dem liesse sogar ich mich schwängern!) ... Item, ich also in meine «Gala» vertieft, denke nichts Böses, passe nicht auf. Daheim ruft Anna Luna geschockt: «Jesses, Vati! Du hast eine Bieber-Friise – sooo peinlich!» Peinlicher als mich findet sie nur noch den Bieber selbst. Klar, dass sie das Justin-Poster aus dem «Popcorn» nicht aufgehängt hat in ihrem Zimmer. «Ey, spinnsch, Mann?»

Ob der Bieber, frage ich mich anderntags beim Abstauben, wohl auch im «Bravo» steckt? Und stosse auf ein Poster von Bruno Mars, eines von Rihanna, dann ... Hä?! Ich glaub, ich seh nicht recht: ein Poster mit dem Anti-Atom-Symbol aus meiner Jugend; rotes Sünneli auf gelbem Grund, Slogan «Nein danke». Im «Bravo»! Wetten, dass Anna Luna es aufhängt?

Coiffeur, Coiffeuse_Friseur, Friseuse

SELTSAM GLÜHENDER GLIBBER. Okay, Leute,

ruhig Blut. Der Justin ist wieder abgereist, auch meine Bieber-Friise ist weg. Kaum hatte ich realisiert, wie bescheuert ich aussah, eilte ich zur Coiffeuse.

Frei und Streller sind auch weg. Aus der Nati, meine ich. Und der Primitivling in mir sagt: Endlich. Der Realist freilich fragt: Ja, haben wir denn bessere Stürmer? Und der innere Zögerer zaudert, denn diesen Streller findet er... irgendwie noch süss. Als der Basler jüngst auf der Reise zum Spiel in Bulgarien verlauten liess, er wäre lieber daheim bei Sohn und Töchterchen, schlug mein Vaterherz da nicht mächtig? Mächtiger als das YB-Herz? Gut, es gibt YB-Fans in meinen Bekanntenkreis, die gingen mir an die Gurgel, würde ich ihnen verraten, dass ich den Streller in seiner ganzen lulatschigen Art im Grunde mag. (Zugegeben, früher stresste ich auf ihn; aber seit er sich bei dessen schwerer Verletzung auf dem Platz so rührend um «unseren» Emiliano Dudar gekümmert hat...) Aber das interessiert Sie alles nicht besonders, ich weiss.

Und dass Anna Luna das «Atomkraft? Nein Danke»-Poster natürlich aufgehängt hat, ahnten Sie bereits. Aber, Sie! Am Dienstag bekam ich Vögel. Von den «Minifigures» hatte ich ja erzählt, den Lego-Sammelfigürli, die in undurchsichtigen Plastiktüten stecken – man weiss also nie, was man den Kindern kauft. (Und wie bei Panini und den Nanos gibts reihenweise Doppelte.) Item, jetzt kam die neue Figürchenserie auf den Markt, die vierte, und ich wollte sogleich kontrollieren, ob nun der Frauenanteil, wie von schwedischen Feministinnen gefordert, gestiegen sei. Nicht wirklich: Ganze drei weibliche stehen dreizehn männlichen Figuren gegenüber, vom Matrosen bis zum Minifussballer, der dem Messi ähnlich sieht. Sie können sich vorstellen, wie unsere Tochter sich freute, dass sie grad als Erstes ein Weiblein erwischte: eine Surferin. Weiter wären da

noch eine Eiskunstläuferin und ein Mädchen im Kimono … Womit wir dem Thema näher kommen: Japan. Der Clou ist nämlich: Männchen Nummer dreizehn ist gemäss Beipackzettel ein «Gefahrengutbeauftrager». Er steckt in einem Schutzanzug mit aufgedrucktem Warnzeichen für Radioaktivität, just wie die armen Kerle in Fukushima, die in den letzten Wochen in aussichtsloser Mission ihr Leben opferten. Und er sieht nicht besonders glücklich aus unter seinem Helm. Auf der Lego-Site las ich Heroisches: «Wann immer es seltsam glühenden Glibber in der Stadt gibt, ist der Gefahrengutbeauftragte genau der Richtige für den Job.» Ob es die Kanalisation nach mutiertem Schlamm abzusuchen gelte oder radioaktiv verseuchte Hühner beseitigt werden müssten, die vom Himmel gefallen seien – stets sorge er «mit seiner High-Tech-Ausrüstung» für Sicherheit.

Wir dürfen annehmen, dass das Männchen vor dem 11. März in Produktion ging; Lego ist unfreiwillig aktuell. Wie ein Hohn liest sich heute die Fortsetzung des offiziellen Werbetexts: «Wenn man sich ständig in gefährlichen Situationen befindet und mit gefährlichen Stoffen hantiert, entwickelt man natürlich eine gewisse Nervosität. Obwohl er bei einem Notfall immer zur Stelle ist, hat er immer Angst davor, dass seine Ausrüstung irgendwann einmal versagen könnte. Es grenzt an ein Wunder, dass ihm bei dem häufigen Kontakt mit seltsamen Substanzen noch kein zweiter Kopf gewachsen ist!»

Mich nähme wunder: Wurde derjenige, der den «Gefahrengutbeauftragten» erfunden hat, inzwischen wegen seines guten Timings befördert – oder entlassen?

Alex Frei, Marco Streller_Stürmer des FC Basel, die im April 2011 ihren Rücktritt aus der National-mannschaft bekannt gaben / Emiliano Dudar_Spieler der Berner Young Boys, der sich im Spiel gegen den FC Basel lebensgefährlich verletzte

UND JETZ, WOTSCH EN KEKS? Fukushima im Kinder-

zimmer. Mit seinem Strahlenschutzmännchen – geplant vor dem 11. März, auf
den Markt gekommen danach – hat Lego unfreiwillig einen Volltreffer gelandet.
Und ich bin noch immer uneins mit mir selbst, ob ich dies für eine üble Laune des
Schicksals oder für einen gelungenen Zufall halten soll. Vielleicht eher Zweiteres,
denn wer weiss, ob nicht Höhlenbewohnerkinder einst «Vom Mammut zer-
trampelt werden» spielten, ob Knirpse im alten Rom nicht die Punischen Kriege
nachstellten? Da käme das Figürchen, auf dessen Schutzanzug das Warnzeichen
für atomare Verstrahlung prangt, gerade recht – im Spiel können Kinder ver-
arbeiten, was sie beschäftigt…

Und es soll niemand sagen, die unermessliche Katastrophe würde unsere
Kinder nicht beschäftigen! Hans hat, statt den «Desert Waltz» zu üben, auf
seinem Akkordeon eine japanische Suite komponiert: Zunächst spielt er nur auf
den schwarzen Knöpfen, das klingt lieblich «japanisch», weil es die asiatische
Pentatonik nachahmt; dann wird er lauter, rüttelt am Instrument – das Beben.
Er wirbelt ungestüm – der Tsunami. Worauf Hans den Balg tonlos schnauben
lässt – die gespenstische Ruhe nach dem Sturm. Zuletzt: Weltuntergangsgetöse.

Aber möglicherweise wollen Sie schon längst nichts mehr von Fukushima
hören. Mir wäre ein unbeschwerter Frühling ja auch lieber. Stattdessen läuft bei
uns daheim, wenn Hans nicht gerade handorgelt, immer wieder «Crossroads»
des alten Texaners Calvin Russell, der vorige Woche starb. In diesem April ist der
Wurm drin, und Russells trauriger Blues trifft meine Stimmung besser als das
Geträller der Stars und Sternlein, die nun mit einem «Song for Japan» Anteilnahme heucheln und dabei nur Aufmerksamkeit suchen. Wenn wir schon dabei
sind: Sandra Bullock spendet eine Million für Japan! Super. Soll ich berichten,

ich hätte 26 Franken und 35 Rappen gespendet? (Das entspräche demselben, gemessen am 85-Millionen-Dollar-Vermögen des Hollywood-Stars; meines belief sich per Ende März auf Fr. 2239.75.) Aber fertig gejammert, sonst kommen mir die Kinder mit dem neusten Pausenplatzspruch: «Und jetz, wotsch en Keks?» Mit dieser aus dem Germanischen eingezürcherten Wendung wird verspottet, wer mit der Tabellenlage des FCZ rumbluff oder sich über eine ungenügende Geografienote beklagt.

Komischer April. Irgendwie bin ich dann froh, wenn er vorüber ist. Die Kalenderblätter in unserem Haushalt sind allesamt schlimm anzusehen: Der Elvis-Kalender in meinem Zimmer zeigt den King abgekämpft und aufgedunsen; in allen anderen Monaten sieht er blendend aus. Der Maine-Kalender im Bade-zimmer (als Erinnerung an unsere Amerika-Ferien 2008) plagt uns mit einer garstigen Winterlandschaft. Der Nepal-Kalender in der Stube (zur Erinnerung an unsere Reise letzten Herbst) zeigt eine «Living Goddess», ein kleines Mädchen, das als Gottheit verehrt wird, und weil wir erfahren haben, dass solch «lebende Göttinnen» nach der ersten Menstruation aus den Klöstern verstossen wer-den und meist als Prostituierte enden, erfreut uns ihr Anblick kaum. Und auf dem Blues-Kalender über meinem Schreibtisch? Eine triste Illustration zu Blind Lemon Jeffersons «Rabbit Foot Blues» – der Osterhase mit gebrochenem Bein!

Wobei… Jemand brachte mich doch noch zum Schmunzeln. Katy Perry hat für die Benefiz-CD zugunsten der Opfer von Fukushima einen Song namens «Firework» gespendet. Noch ein unfreiwilliger Volltreffer! Oder sollte ich Fauxpas sagen?

GEFLÜGELTE UNWORTE. Bei den Bratkartoffeln macht

mir, ehrlich gesagt, niemand so schnell etwas vor. Ich würze sie, einmal an-
gebraten, mit viel Rosmarin und Thymian, lasse sie bei kleiner Hitze ewig brutzeln,
schmeisse reichlich Salz dran (aber nicht irgendein Salz, nein – geräucherte
Meersalzflocken!), ziehe ab und zu etwas Bratbutter darunter, verfeinere zuletzt
mit wenig Pfeffer und Origano. Im Restaurant, ich schwörs, schmecken die Härd-
öpfeli nie so gut wie daheim.

Welche Hausfrau hielte ihren Hefezopf nicht für den einzig richtigen,
würde von ihrer Bolognese und ihren Hörnli mit Gehacktem nicht behaupten,
sie müssten so und nur so zubereitet sein? Die Selbstgerechtigkeit ist etwas vom
Besten an unserem Beruf. Der hölzerne Esstisch? Muss geölt werden, wie ich es
mache. Genau so. Der Spiegel im Bad? Darf nur mit meiner Spezialmikrofaser
gereinigt werden. Und so weiter. Leises Eigenlob schwingt meist mit – es lobt uns
ja sonst keiner. Aber genug schwadroniert, sonst kommen mir die Kinder wieder
mit «Und jetz, wotsch en Keks?».

Übrigens… Wenn sie schon dauernd damit nerven, wollte ich es halt
auch mal ausprobieren. Weiss gar nicht mehr, worüber Hans sich gerade grämte;
darüber, glaub ich, dass ein Geschoss seiner Plastikpistole im Garten verloren
gegangen war. Jedenfalls ich: «Und jetz, wotsch en Keks?» Er: «Ja, gern!» Und
das hatte ich nun davon. Musste ihm am helllichten Vormittag ein Chocoly raus-
rücken. Merke: Du sollst den Slang deiner Kinder nicht nachahmen.

Eigentlich hätte ich das wissen müssen. Denn nie vergesse ich den Nachmittag im Sommer 1974, als meine Mutter aus heiterem Himmel «Du Rosshodä!»
zu mir sagte. Mit ihrem vornehm gerollten R tönte das eher drollig als grimmig,
dennoch muss ich sie völlig entgeistert angeschaut haben: Meine Mutter, die

allzeit Zurückhaltende, Wohlerzogene, hatte einen solchen Fluch ausgestossen?! Ihn noch dazu mir angehängt, dem neunjährigen Nesthäkchen! «I ha nume wölle lose, wie s tönt», sagte sie entschuldigend, offenbar selber überrascht. Sie musste den Ausdruck von meinen älteren Geschwistern und deren Kumpanen aufgeschnappt haben – Landjugendjargon. Und nun wollte sie herausfinden, wie es sich anfühlt, ihn auszusprechen: «Du Rosshodä!» Wir haben sie später oft mit dieser Entgleisung gefoppt, und natürlich durfte sie sich hernach nie mehr über unsere Sprache beklagen – wir erwiderten einfach … Erraten.

Längst ist «I ha nume wölle lose, wie s tönt» in der gesamten Verwandt-schaft ein geflügeltes Wort, und wenn unserer Anna Luna etwas Derbes raus-rutscht, brauche ich sie gar nicht erst zu tadeln, denn sie schiebt von sich aus trocken nach: «I ha nume wölle lose, wie s tönt.»

Wenn wir schon bei der Selbstgerechtigkeit sind: Heuer verzichte ich im Fall auf den Frühjahrsputz. Weil er dem Eingeständnis gleichkäme, ich hätte in den letzten Monaten nicht gut geputzt. Natürlich ist dies eine Ausrede, eine buchstäblich faule, und allein die Tatsache, dass ich am Gründonnerstag erneut eine trockene Tannenbaumnadel fand, diesmal unterm Rollkorpus in meinem Zimmer… allein diese Tatsache beweist, dass ich nicht gut genug geputzt habe, Himmelheilanddonner und Sternenhagelabenand, nochmal! Oh, pardon. Wollte nur hören, wies tönt.

Chocoly_Schokokeks / Rosshodä_Pferdehode / I ha nume wölle lose, wie s tönt_Wollte nur hören, wies tönt

SCHON WIEDER FRUIT CRUMBLE...! Frage: Was

ist mühsamer? Wenn im Businesswagen der SBB, 1. Klasse, ein Baby kräht –
oder wenn im Familienwagen unweit der Rutschbahn ein Senior Vice President
am Handy saulaut «total uf de Lewel vom Wentschrkäppitel fokussiert, wäisch»?
Antwort: beides.

Alles zu seiner Zeit, alles an seinem Ort. Bin ich mal allein unterwegs,
gönne ich mir durchaus 1. Klasse – mit den Kindern reise ich stets im Familienwagen, wo wir beim Scrabble so laut über unsere Wortkreationen giggeln können,
wie uns beliebt. Nur, als ich letzten Donnerstag besagten Waggon ansteuere, den
coolen neuen mit dem Dschungelspielplatz, protestiert Hans: «Vergiss es, Vati! Das
Gschrei vo dene Chind nääärvt.» Und zerrt mich Richtung Zugsende: «Chumm,
mir göh i d Erschtklass!» Wo ich dann den total abgeschlafften Uniformierten mit
Rollkoffer beobachten durfte, der anscheinend gerade von der Arbeit kam: einen
Piloten. Herrschaften! Pardon: Damschaften! War da nicht jüngst wieder so eine
alberne Studie, die herausgefunden haben will, dass Piloten die begehrtesten
Männer seien? Und zuunterst auf der Skala, weil totally unsexy: der Hausmann.

Während er nun so abgefuckt in seinem Sessel hängt, unser Pilot, sich
schon mal die Krawatte gelockert hat und döst, denke ich bei mir: Nöö. Kann
nicht sein, dass 42 Prozent der Frauen einen Piloten für begehrenswert halten –
und nur 1,5 Prozent einen Hausmann. Piloten sind nie zu Hause, und wenn,
dann riechen sie ungeduscht und sind so jetlagged, dass mit ihnen im Bett nichts
anzufangen ist. Ausserdem sind Frauen ja nicht doof. Die wollen keine Helden
der Lüfte, sondern verlässliche Männer. Zum Beispiel solche, die noch wissen,
was sie gekocht haben, als die Brechbühls zum letzten Mal zu Besuch waren.
Denn nichts ist peinlicher, als zweimal dasselbe aufzutischen.

Oder, noch schlimmer: dreimal. Vor vielen Jahren waren meine Liebste und ich einige Male bei Paul eingeladen, einem durchaus liebenswerten Fotografen. Und der tischte dreimal nacheinander Lammgigot auf, gespickt mit Knoblauchzehen. Erstens geriet es ihm nie so recht, und da ich, zweitens, Knobli nicht vertrage, sind mir jene Abende in suboptimaler Erinnerung. Jedenfalls beschlossen wir, uns solle das nicht passieren, und begannen Buch zu führen. Wer regelmässig bei uns zu Besuch war, bekam eine Seite in einem Notizbuch zugeteilt, wo wir dann unter «Schwiegereltern», «Esther und Christoph» oder «Toni plus momentanes Gspusi» eintrugen: 23. 2. 1994 Olivenbrot, Nudelgratin de luxe, Schoggimousse, Barbera d'Asti. 7. 9. 1994 Gurken-Melonen-Suppe, Gschwellti mit div. Salaten, Primitivo, Zwetschen-Zimt-Glacé. 14. 1. 1995 Raclette. Und so weiter. Solch ein Buch empfiehlt sich umso mehr, als man ja stets während einer gewissen Zeit ein Lieblingsmenü hat, das bestimmt gelingt und das man dann allen Gästen serviert. (Wer aus unserem Freundeskreis wäre nicht schon in den Genuss meines Kalbsfilets «al rosmarino» gekommen?)

Da sind wir unlängst bei Amélie und This zu Besuch. Während des Apéros (Prosecco und Wasabinüsschen, wie immer) schwadroniere ich, wir würden nie zweimal dasselbe servieren; Amélie errötet. Zum Dessert gibts mit Streuseln überbackene Früchte: Fruit Crumble. Zum vierten Mal in Folge. Amélie führt offenbar nicht Buch. Gottseidank! Wir hatten uns nämlich schon den ganzen Tag auf ihren Fruit Crumble gefreut.

SBB_Schweizerische Bundesbahnen / Das Gschrei …_Das Geschrei dieser Kinder nervt! Lass uns in der 1. Klasse fahren

SEINE FRAU LIEST MICH.

SEINE FRAU LIEST MICH. Sonntagmorgen, kurz nach halb sieben Uhr. Vernünftige Menschen schlafen um diese Zeit noch. Ich aber bringe unsere Tochter zu einem Klarinettenauftritt irgendwo dort draussen in der Nordostschweizer Pampa und überquere, weil ich eine Autobahnausfahrt zu spät erspäht habe, eine durchgezogene Sicherheitslinie. Genauer: eine doppelt durchgezogene Linie. Ja, ja, ist gut, ich weiss, man hält uns Mobility-Fahrer ohnehin für ungeübte Autolenker. Aber an diesem Sonntagmorgen ist ja weit und breit kein anderes Fahrzeug in Sicht. Keine Gefahr; nichts passiert. Und niemand hats gesehen.

Ausser Jenzer. Der Kantonspolizist. Er verfolgt mich gleich mit Blaulicht, bedeutet mir anzuhalten, baut sich dann breitbeinig vor meinem Wagenfenster auf: «Kapo, Jenzer. Grüezi…» Ich sage kleinlaut, ich wisse, dass ich bizli Seich gemacht hätte. Aber es sei doch nur ganz, ganz knapp gewesen, um einen halben Meter vielleicht, und überhaupt… Wie man sich halt so rausschnorrt. Er verlangt einen Ausweis, stutzt. «Jää… sind Sii dee Bänzfriedli?» Er schluckt. «Miini Frau liest Ihri Kolumne.» Damit das klar ist: Ich beklage mich nicht, der Mann machte nur seinen Job, und nichts ist einfältiger, als sich öffentlich über Polizisten zu beklagen, die ihren Job tun. Aber wie sollte ich das nun verstehen: «Miini Frau liest Ihri Kolumne…»? Wollte er sagen: «Sie sind mir ein ganz Weicher, Sie! Ein Frauenversteher! Aber glauben Sie bloss nicht, ich harter Kerl würde Ihre doofen Berichtlein im Migros-Blättli lesen, dieses Waschlappengejammer! Und Autofahren können Sie üüüü-ber-haupt nicht, im Fall. Typisch Hausfrau!» Oder wollte er nur sagen: «Ich… ähm… Dings… Hab ich Ihre Fresse nicht schon mal in der Zeitung gesehen?!» Ich werde es nie erfahren. Das Schicksal wollte nicht, dass Jenzer und ich Freunde werden.

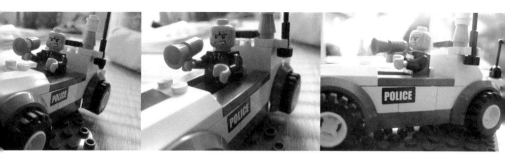

Er erstattete pflichtbewusst Anzeige, und die Busse, die ein Gericht mir später aufbrummte, war erklecklich; aber dafür konnte der Jenzer ja nichts. Und im Grunde ist der Mann doch ein armer Kerl: einer, der sonntagmorgens in aller Herrgottsfrüh Streife fahren muss! Scheissjob. Heimlich gönnte ich ihm den Triumph, wie er an diesem Sonntag nach Hause kommen und seiner Frau zuraunen würde: «Chräbeli, heut hab ich deinen Friedli erwischt, weisst, den Gspürigen vom Brügglipuur. Der fährt ja so was von lausig Auto, sag ich dir! Und? Was gits z ässe?»

Nur etwas gönne ich ihm nicht, dem Jenzer. Echt, jetzt. Letzten Montag nämlich habe ich Ihnen das Schlimmste verschwiegen: die Ränge zwei und drei der begehrenswertesten Männer nach Berufsgruppen. (Der Pilot, wie gesagt, schwang als erotischer Traum obenaus, der Hausmann galt als der unattraktivste.) Auf Rang zwei, scheints von 38,9 Prozent der Frauen begehrt: der Arzt. Verdient halt reichlich Kohle. Dann aber kommts! Rang drei: 36 Prozent finden Polizisten sexy! Polizisten!! Gefühlsmässig bin ich ja ganz Hausfrau. Aber, nein, das kann ich nicht nachvollziehen: wie frau auf Uniformierte abfahren kann.

Und unter uns, liebe Frau Jenzer: Einen wie Ihren Gatten, mit diesem furchtbar buschigen Schnauz… den würd ich nie küssen. Aber sagen Sie ihm einen schönen Gruss!

RÖSTI ALLA ROMANA. Auf diese Frühlingsferienwoche hatte
ich mich besonders gefreut: Die Kinder und ich – plus mein Schwiegervater, der
die Stadt noch nie gesehen hatte – gemeinsam in Rom! Vor allem deshalb hatte
ich mich gefreut, weil ich meine Polierschulter ein paar Tage würde pausieren
lassen können… Wir wohnten im Hotel, und es würde nichts zu haushalten
geben. Nicht mal das eigene Bett machen! Echte Ferien.

Denn ich wusste: Im Haus unserer Römer Freunde, wo wir fast täglich
vorbeischauten, würde mir die Nonna – eine winzige, aber resolute Person von
einundneunzig Jahren – den Zugang zur Küche versperren. «Vai via!», hatte
sie bei unserem letzten Besuch gekrächzt, wenn ich auch nur ein Glas ausspülen wollte, und sich klein, aber mächtig im Türrahmen aufgebaut – mit solch
grimmiger Miene, dass ich es nicht wagte, ihr zu widersprechen. In ihren Augen
haben Männer in der Küche nichts verloren, da konnte ich ihr noch lange klar
zu machen versuchen, dass ich daheim Hausmann sei, «casalingo». Für sie gibts
nur die «casalinga», basta. Die Nonna lässt keinen Mann an den Herd. Kurzum,
ich hatte Aussicht auf Tage voller Müssiggang. Aber erstens war die Nonna nicht
im Hause, sondern weilte in den Abruzzen. Zweitens lasse ich, als Stangen-
selleriedips gereicht werden, nebenbei fallen, mit dem anderen «sedano», dem
knolligen, würde ich daheim manchmal eine Rösti zubereiten.

Schon ist es passiert. Gastgeberin Giulia, die durchaus weiss, was eine
Rösti ist, hakt ein: «Eine Rösti mit Sellerie?» Und natürlich sagt sie «Rosti»,
wie sie mich auch seit dreiundzwanzig Jahren «Banz» nennt… «Una rosti col
sedano? Das musst du für uns kochen! Am Dienstag, va bene?» – Raus auf den
Campo de' fiori. Zwar mein Lieblingsplatz in der ewigen Stadt, eingekauft habe
ich auf dem dortigen Blumen- und Gemüsemarkt freilich noch nie. Jetzt aber

muss es sein. Während die Kinder einem Gaukler zuschauen, der aus einer Wassermelone ein Kolosseum schnitzt, besorge ich meine Zutaten. Die «patate» sind kein Problem; dass Lauch «porro» heisst, wusste ich noch … Aber die Frühlingszwiebeln? Ich schlage mich mit «cipolle piccole piccole» durch, und als ich «sedano» verlange, bekomme ich Selleriestangen, mache dann aber mit Händen und Füssen klar, dass ich Knollensellerie benötige. Rasch noch Salat gekauft, ein paar Kräuter und, auf Drängen der Kinder, Zucchettiblüten für die Vorspeise. Fehlen schliesslich noch die Speckwürfeli, die ich jeweils über meine Blechrösti streue. Doch der Metzger schüttelt ob meiner Umschreibungen nur den Kopf. Mist, mein Italienisch ist zu wenig alltagstauglich.

Der Abend wird anstrengend. Eine Meisterköchin wie Giulia zu bekochen, wäre das eine. In einer fremden Küche nach geeigneten Messern zu suchen, den Thymian nicht zu finden und den Gasofen zu verfluchen, ist das andere … Nach vielen Schweissausbrüchen sind die Zucchettiblüten gefüllt, der Sellerie gerüstet, die Kartoffeln geschwellt – ich wähne mich auf der Zielgeraden, es kann ans Raffeln gehen. Aber … suchen Sie mal in einem italienischen Haushalt eine Röstiraffel!

Tage später habe ich immerhin herausgefunden, was Speck auf Italienisch heisst: «Speck».

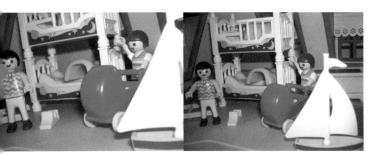

ES GIT E BUEB MIT NAME FRITZ. Liebe schwangere
Leserin! Lieber Kindsvater! Einfach, damit das klar ist: Leon dann bitte nicht.
Nein, wirklich – Sie sollten ihren Sohn nicht Leon taufen!

Höchste Zeit, dass ich wieder mal auf die Vornamen zu sprechen komme.
Denn Sie, erwartende Leserin, und Sie, werdender Vater, beschäftigen sich
gerade mit der Namenssuche, stimmts? Und wenn das so weitergeht, heissen
in der Schweiz bald elf von zehn Buben Leon. Nicht auszudenken, wie die
Lehrerinnen in sechs, sieben Jahren ihre Erstklässler werden durchnummerieren
müssen: «Wie viel gibt 2 plus 3? Leon 1?… Nein, falsch. Leon 4?… Leon 8?»
Und so weiter.

Etwas unklar bleibt, ob man ihn nun spanisch «León» oder französisch
«Léon» aussprechen soll, aber sonst ists ein durchaus schöner Name. Überdies:
Die Rockband Kings of Leon ist grossartig, «Tagesschau»-Legende Léon Huber,
dem nichts ausser sein Pudeli geblieben ist, heult nur noch selten im «Blick»
auf, und an den eigenartigen Film «Leon – Der Profi» von Luc Besson erinnert
sich Gott sei Dank niemand mehr. Nein, gegen den Namen an sich ist nichts einzuwenden. Aber gegen seine Häufigkeit. Warum muss man ein Kind so taufen,
wie schon alle anderen heissen? Nämlich Lara, Laura, Mia oder Lia.

Oder, wenn es ein Bub ist, Leon. In St. Gallen und Zürich, im Aargau
und im Thurgau ist der Name längst Spitzenreiter. Nur die Berner und Walliser
waren bei der letzten nationalen Erhebung etwas hintendrein; sie waren noch
beim Luca. Doch bis zur nächsten Namenshitparade hat Leon auch diese Gebiete
erobert, und dann wirds langweilig. Warum nicht antizyklisch, liebe Eltern?
Seit sechs Jahren wurde im Kanton Zürich kein Bub mehr Fritz getauft. Das wär
doch was!

Wie entsteht überhaupt ein Modename? Nur Stunden nach Obamas Wahlsieg taufte das Ehepaar Jeilah in Phoenix, Arizona, seinen Sohn auf den Namen Barack. Verständlich, schliesslich hatten die Wehen eingesetzt, weil Frau Jeilah ob der Wahl Obamas Freudensprünge vollführt hatte. Hunderte Babys mit Namen Barack folgten, auch die Vornamen der First Lady und der Töchter boomen seither in den USA: Michelle, Malia und Sasha. Aber wir Schweizer sind da zurückhaltender; mir wäre nicht bekannt, dass sich die Namen Ueli und Simonetta seit den jüngsten Bundesratswahlen in der Schweiz besonderer Beliebtheit erfreuten. Und auch Barack hat sich bei uns nicht durchgesetzt – ein Barack Pfeuti blieb uns erspart. Sie wissen, dass ich Namen wie Shakira Affentranger, Cheyenne Grüebler und Britney Bärlocher suboptimal kombiniert finde. Wobei, ein nach dem Westernhelden Charles Bronson getaufter Bronson aus Oberruntigen lebe – wie seine Schwester mir versichert – seit über zwanzig Jahren gut mit seinem Namen: Bronson Gerber. Dann könnten Sie, liebe Schwangere, Ihren Spross, wenn es denn eine Raubkatze sein muss, statt Leon auf den Namen Tiger taufen, schön englisch «Täiger» ausgesprochen. (Keine Bange, in ein paar Jahren denkt niemand mehr an den schlüpfrigen Golfer Woods.)

Aber vielleicht erwarten Sie ja gar keinen Sohn. Sondern eine Tochter! Wie wäre es in diesem Fall mit Leonie?

HALT AUF VERLANGEN. An einem Halt auf Verlangen

steigen zwei aus, bestellen eine Stange in irgendeiner Beiz, wo ein Alter brabbelt, das sei dann im Fall die älteste Zahnradbahn der Welt; vielleicht sagt er auch «die steilste», sie hören nicht recht hin… So beginnt «Heimat», ein neuer Song darüber, wie verloren man sich zuweilen in dem Land vorkommt, aus dem man kommt. Die Ostschweizer Band Stahlberger skizziert darin das grüngraue Gefühl der versuchten Zugehörigkeit, des Nicht-recht-Wissens, wo man hingehört. Und auf einmal fragt jemand: «Isch Heimat e Gfühl oder isch es ächt en Ort?»

Sogleich muss ich an einen Heimatlosen denken, den Musiker Chris Whitley, und seine Leidenschaftslieder. In Texas aufgebrochen, streunte er ein Erwachsenenleben lang umher. Weltenbummler wäre ein zu freundliches Wort, ein Flüchtiger war er, ein Getriebener. Einen schwarzen Grossonkel hatte er und Cherokee-Indianer als Vorfahren, selber war Whitley kreidebleich. Aus einem lauernden Fuchsgesicht schaute er mich mit aufgerissenen Augen an, als ich ihn einmal in einer Bar in Winterthur traf, trank hastig Bier um Bier, zündete sich zu der Zigarette in seiner Linken und derjenigen, die am Aschenbecher glimmte, nervöselnd eine dritte an.

Ein Hohn, dass ihn kurz darauf der Lungenkrebs dahinraffte, denn Nikotin war noch das mindeste der Gifte, die er seinem sehnigen Körper zumutete. Whitleys Leben war Selbstmord auf Raten. In seinem Blick funkelte die Rastlosigkeit des Suchtmenschen, wenn er sang, kündete sein Winseln von einer wunden, sich windenden Seele. Ein Zerrissener, von Zweifeln zerfressen. Im ärmellosen Shirt trat er stets auf; den rechten Fuss vorn an der Rampe, den linken einen Schritt zurück, krümmte er sich mit geschlossenen Augen über die zerbeulte Stahlgitarre, verzerrte den Klang zum Klirren, als wollte er sich selbst Schmerzen zufügen. Das Zuhören: schmerzhaft schön. Ob er ahnte, welch grandioser Musiker er war?

«Es braucht Mut, seine Verletzlichkeit preiszugeben», sagte er mir an jenem Abend an der Bar. Verletzlichkeit? Verletztheit. Einst galt der mähnige Beau aus Texas als kommender Superstar, doch bald verstörte er mit metallenem Blues die eigenen Fans, und nachdem der Musikkonzern Sony ihn 1997 mangels Rendite hatte fallen lassen, wurde seine Musik zunehmend düster. Je mehr er die Liebe beschwörte, desto mehr brannten seine Lieder vor Einsamkeit. Keines seiner Zuhause – Houston, New York, New Orleans, Brüssel, Dresden – war ihm je Heimat. «Heimat?» Ein einziges Mal hellte Whitleys Gesicht sich zum An-flug eines Lächelns auf, und er, der seine Sätze zuvor mühselig hervorgewürgt und sie dann herausgebellt hatte, sagte ganz ungezwungen, mit warmer Stim-me: «Daheim ist für mich da, wo meine Tochter ist.» Trixie lebte in Belgien, zu ihr kehrte er immer wieder zurück. «Home is where my daughter is» – wie ein Refrain klang das, aber es war nicht Dichtung, sondern nackte Wahrheit, viel-leicht die einzige Wahrheit, die ihm geblieben war. Kinder, heisst es oft, seien bei ihren Eltern geborgen. Aber ist es nicht umgekehrt?

Chris Whitley starb, fünfundvierzigjährig, vor sechs Jahren. Trixie muss jetzt vierundzwanzig sein. Ich würde ihr gern sagen, wo ihr Vater sich zu Hause fühlte. Denn längst empfinde ich genauso: Die Kinder geben einem Halt. Man muss es nicht einmal verlangen.

O DUSELIGE ZEIT